KB210194

도서출판 대장간은
쇠를 달구어 연장을 만들듯이
생각을 다듬어 기독교 가치관을
바르게 세우는 곳입니다.

대장간이란 이름에는
사라져가는 복음의 능력을 되살리고,
낡은 것을 새롭게 풀무질하며, 잘못된 것을
바로 세우겠다는 의지가 담겨져 있습니다.

www.daejanggan.org

목회세습, 하늘의 법정에 세우라

중대형 교회의 목회세습 반박문 95개 조항

민종기

목회세습, 하늘의 법정에 세우라

중대형 교회의 목회세습 반박문 95개 조항

지은이 민종기
초판 2017년 12월 28일

펴낸이 배용하
본문디자인 윤순하
등록 제364-2008-000013호
펴낸곳 도서출판 대장간
  www.daejanggan.org
등록한곳 대전광역시 동구 우암로 75-21
편집부 전화 (042) 673-7424
영업부 전화 (042) 673-7424전송 (042) 623-142

분류 교회개혁 | 목회세습
ISBN 978-89-7071-431-8 03230
CIP제어번호 2017034746

 값 15,000원

차례

추천의 글

손 봉 호

고신대 석좌교수, 서울대 명예교수

100여 년의 역사에서 한국 교회가 저지른 가장 큰 잘못은 신사참배였다. 물론 그 때도 이를 반대하는 분들이 있었고 심지어는 그 때문에 순교하거나 옥고를 치른 분들도 계셨다. 그러나 가장 큰 교단이었던 장로교 총회가 그런 우상숭배를 공식으로 결정한 것은 분명한 범죄였고, 지금은 한국의 모든 교단과 교인들 대부분이 그것을 인정한다.

그러나 신사참배의 수치는 한국 기독교계 내부 문제였다. 그 때문에 일반 사회에서 기독교의 명예가 실추되거나 전도가 방해를 받지는 않았다. 그리고 그 때는 일제가 교계에 엄청난 물리적 압력을 행사했기 때문에 비록 그 결정에 동의하지 않더라도 오죽했으면 그런 결정을 했겠는가 하고 어느 정도 이해는 할 수 있다.

그러나 최근에 문제가 되고 있는 한국 중대형교회의 세습은 외부의 압력에 의한 것이 아니라 자발적으로 십자가의 도를 무색하게 하는 죄를 지은 것이다. 신사참배가 제 2계명을 어긴 것이라면 중대형 교회의 세습은 제 10계명을 어긴 것이다. 물론 당사자들과 세습을 용인하는 사람들은 이에 동의하지 않겠지만 대부분의 한국 그리스도인과 비그리스도인들은 세습이 인간의 동물적 욕망인 탐심에서 비롯되었다고 보고 있다. 바울은 탐심도 우상숭배라 했다.골3:5 신사참배 못지않은 범죄라 할 수 있다. 당사자들은 물론 이런 이해에 동의하지 않을 것이다. 그러나 그런 것은 신사참배의 경우에도 마찬가지였다. 신사참배는 국가의 의례로 우상숭배와 무관하다고 주장했다. 물론 궤변이었다. 세습도 개교회의 안정과 사역을 위하여 불가피하다느니, 교인 다수의 동의로 이뤄졌기 때문에 하자가 없다느니 등의 핑계는 물론 궤변이다.

광림교회, 왕성교회, 명성교회 등 대형교회의 세습은 한국 교회의 명예와 사역에 신사참배보다 훨씬 더 큰 상처를 입혔다. 돈, 명예, 권력 등 세속적 가치를 포기하고 오직 사랑을 위하여 희생하신 예수님을 섬기고 그의 십자가를 진다고 선언하고는 막대한 재산을 가진 교회의 목회 자리를 자식에게 세습하는 것을 보고 그것을 좋게 보는 사람이 과연 몇이나 되겠는가? 그리고 그런 비난의 화살은 바로 한국 교회 전체, 기독교 자체, 나아가서 예수님과 하나님께 향할 수밖에 없다. 실추된 명예는 전도에 큰 방해가 되고 한국 사회에 대한 교회의 목소리를 무력하게 만들고 있다. 지금 전 세계의 가장 심각한 문제가 돈을 신으로 섬기는 물질주의고 그 때문에 격심한 빈부격차

등 온갖 문제들이 야기되는데 이를 비판할 세력은 기독교뿐이다. 그런데 교회가 자발적으로 그런 배금주의에 함몰되어 있는데 기독교가 무슨 체면으로 물질주의 문화를 비판할 수 있겠는가? 그러므로 세습의 문제는 결코 해당 교회나 교단의 문제가 아니라 모든 교회, 모든 그리스도인의 문제고, 따라서 모든 그리스도인이 나서서 비판하고 반대할 권리와 의무가 있다.

　이미 여러 사람들이 세습문제에 대해서 비판의 목소리를 냈다. 그러나 이 문제를 민종기 목사처럼 철저하게 파헤친 적은 없다. 마침 종교개혁 500주년에 출판하기 때문에 루터의 95개 조항을 빗대어 95개 항목으로 중대형교회 세습 문제를 속속들이 들여다본다. 세습의 현상, 국내·국외의 사례, 원인, 의미, 배경, 오류, 해결 방법 등 세습의 거의 모든 요소를 성경, 신학, 교회사, 한국역사, 한국 문화와 종교, 개인의 경험 등 매우 다양한 측면에서 상세하게 다루고 있다.

　세습에 대한 저자의 관심은 단순히 한국 기독교인의 한 사람, 혹은 목회자 가운데 한 사람의 의분에서 비롯된 것이 아니다. 그의 영적 아버지라 할 수 있는 고 김창인 목사가 한국에서 최초로 세습을 감행했고 그 때문에 일생동안 온갖 희생을 다 감수하면서 수행한 모범적인 목회로 얻은 교계의 존경과 명예가 하루아침에 땅에 떨어지고 그것을 크게 후회하면서 눈물을 흘리는 참담한 모습에서 그는 큰 충격을 받았다. 그런 점에서 세습에 대한 그의 관심은 거리를 두고 객관적으로 관찰하고 평가하는 나 같은 사람의 입장과는 좀 다르다. 세습의 잘못은 말할 것도 없고 그것의 비참한 열매를 지근의 거리에서 뼈저리게 보고 느낀 것이다. 그러나 그는 윤리학으로 철학 박사학위를 받은 학자로서 이 모든 것을 감정적으로 접근하지 않는다. 인간 현상을 취급할 때 꼭 필요한 "안에 있으면서 거리를 두는" detached within 태도를 잘 견지하고 있다.

때마침 명성교회의 세습 문제가 기독교계뿐 아니라 일반 언론에서도 큰 관심거리로 대두되고 있는 상황에서 이 책이 발간되는 것은 절묘한 하나님의 뜻일 수밖에 없고 큰 다행이라 하지 않을 수 없다. 세습 문제를 다양한 관점에서 공정하고 객관적으로 평가하고 비판하는데 좋은 길잡이가 될 것이다. 세습은 단순히 당사자들의 문제가 아니다. 그런 잘못에 동조하고 그런 오류를 묵과하는 교인들이 있기 때문에 가능하다. 그런 사람들일수록 열린 마음으로 이 책을 읽고 하나님과 교회에 큰 해를 끼친 잘못을 스스로 고칠 수 있기 바란다.

추천의 글

김 동 호
높은뜻 연합선교회 대표

올해는 마틴루터가 종교개혁을 한 지 꼭 500년이 되는 뜻 깊은 해이다.

이러한 뜻깊은 해에 어느 우리 한국의 한 대형교회가 교단의 법을 무시하고 힘으로 부자세습을 감행하는 만행을 저질러 교계와 세상을 부정적으로, 충격적으로 놀라게 한 사고가 터지고 말았다.

목회세습은 이제 대형교회만의 문제가 아니다.

조사에 의하면 이미 전국적으로 300여 개 이상의 중대형교회들이 세습을 완료하였고 또 진행 중에 있다고 한다.

이에 항의하는 운동이 들불처럼 일어나고 있다.

이러한 때에 때맞추어 LA 충현선교교회 담임목사이신 민종기 목사께서 목사세습의 신학적 부당성을 마틴루터와 같이 95개조로 분석하여 논박하는 저술을 출판하였다.

세습을 반대하는 운동을 할 때 가장 중요한 것은 세습을 반대해야만 하는 정확한 성서적, 신학적 이해와 해석이다.

그에 대한 이해 없이 그냥 흥분만 하여 싸운다면 그 싸움은 성공하기 어려울 것이다. 유행처럼 번지고 있는 목회자 세습의 고리를 끊어 내기 어렵게 될 것이다.

지금 이러한 때에 민종기 목사께서 꼭 필요한 책을 출판해 주셨다. 필독을 권한다.

때에 맞게 좋은 연구를 해 주신 민 목사님에게도 감사를 드린다.

추천의 글

권 연 경

숭실대기독교학과 교수

한국사회의 재벌 세습을 뒤따라간 교회 세습은 돈과 권력의 욕망에 휘둘리는 한국교회의 슬픈 현실과 거기서 드러나는 신학의 부재를 웅변적으로 증언한다. 이제 세습은 개별 사건을 넘어, 한국교회의 영적 상태를 집약하는 하나의 상징이 되었다. 단호히 반대해야 할 범죄이면서 동시에 철저한 분석과 치밀한 숙고를 요구하는 신학적 주제이기도 한 것이다. 그런 점에서 담임목회직 세습이라는 "한국적" 현상을 다각도로 분석하면서 그 속에 게재된 문제들을 드러내고 다양한 대안을 제시하는 이 책의 출판은 더없이 반갑다. 학자로서의 신학적 관심과 오랜 일선 목회 경험이 어우러져 나온 연구라 더욱 의미가 크다. 세습이라는 현상을 계기로 삼아, 우리의 신학적 현실을 반성하고 보다 건강한 교회로 자라가려는 노력에 좋은 도움이 되리라 생각한다.

추천의 글

박 득 훈

교회개혁실천연대 공동대표

목회세습 때문에 건강했던 교회가 갑자기 부패하는 게 아니다. 이미 교회가 썩을 대로 썩어서 목회세습을 하지 않고는 자신을 도저히 유지할 수 없게 된 것이다. 저자는 조국교회를 향한 깊은 애정과 슬픔 그리고 희망을 담아, 그 점을 치밀하게 분석하여 해법을 제시해 주고 있다. 500년 전 마틴 루터의 면죄부 논박 95개조가 종교개혁의 기폭제가 되었다. 저자의 목회세습논박 95개조를 통해 한국교회에서 제2종교개혁운동이 더욱 뜨겁게 불타오르길 진심으로 갈망한다.

추천의 글

이 상 명

미주장로회신학대학교 총장

세습은 물신주의라는 바벨론에게 포획된 교회의 가장 두드러진 특징 가운데 하나입니다. 세습은 교회 생태계의 음습한 곳에서 자라 공교회성을 해치는 독버섯과 같습니다. 정치윤리신학자 민종기 목사의 『목회세습, 하늘의 법정에 세우라』는 세습이라는 교회의 부끄러운 민낯을 개혁자의 심장으로 고발하는 책입니다. 단순한 고발 차원을 넘어 통전적 신학의 관점에서 세습이 지닌 문제점들을 일목요연하게 지적한 최초의 연구물입니다. 나아가 이를 극복할 수 있는 대안적 목회철학까지 소개하고 있어서 현대 목회자들이 필독해야할 목양심서牧羊心書라 할 수 있습니다.

신자에게 있어서 목회자는 영적 아버지와 같은 존재이다. 로만 카톨릭 교회에서는 사제를 아버지로 부른다. 영적인 아버지를 대부라 부르기도 한다. 할리우드 영화 대부代父, Godfather를 통해서 의미가 많이 달라지기는 했지만, 대부는 원래 강력한 영향력을 미치는 마피아 두목, 실력있는 후견인을 의미하는 말이 아니었다. 이 단어는 다분히 종교적인 말이다. 초대교회 이후 종교적으로 중요한 예식인 세례나 입교식에서, 교회의 예식을 방금 마치고 새로운 신앙생활을 하는 사람의 영적인 성장을 도우려는 영적 후견인을 대부라고 하였다. 실제 부모와 함께 대부나 대모는 이제 막 신앙의 결단을 하게 된 사람에게 영적인 영향력을 미치는 중요한 인물이 되었다. 부모가 우리를 낳고 성장을 돕기 위하여 노력하시는 분이라면, 믿음 안에 있는 아비들과 어미들은 그가 교회의 지도자이든 평신도이든 영적으로 중요한 영향을 미치게 되어있다. 이처럼 우리에게는 우리 마음에 깊이 남아있는 스승들, 아비들이 존재한다. 마음의 고향 같은 아비들이 있다. 더욱이 하나님의 첫사랑의 은혜를 전달해주었던 어른, 신앙의 실천에 큰 영향을 준 아비와 같은 잊을 수 없는 존재가 있다.

2012년 나는 영적 아버지의 눈물을 보았다. 물론 나를 길러주신 아버지도 나 때문에 우셨다. 지금은 돌아가셨지만, 고교시절 나를 위하여 교육적으로 마음껏 투자하지 못했다는 하소연을 하시면서 우셨던 아버지의 모습을 나는 지금도 잊을 수가 없다. 그런데 신앙의 아버지라고 할 수 있는 한 목회자가 울고 있는 모습을 보았다. 이민사회에서 목회를 하면서, 매스컴을 통해서 모교회인 서울 충현교회의 김창인 원로목사가 우는 모습을 본 것이다. 그것을 보면서 나도 모르게 눈물이 흘러내렸다. 아들에게 목회세습을 시킨 것을 참회하면서 자신의 평생에 그것이 최대의 잘못이라고 말씀하셨다. 그분은 당시 96세의 나이로 장수하셨다. 대형교회 목회세습 1호가 되어 비판의 표적이 된 목사님께서는 자신의 실수를 인정하시고 난 후, 그 다음 해에 돌아가셨다. 나는 휠체어에 의지하신 채로 눈물로 잘못을 회개하신 그분의 모습을 잊을 수가 없다.

목회 당사자의 잘못된 결심으로 말미암은 아픔도 크겠지만, 당시에 함께 동역하시던 선배, 후배 목회자의 아픔은 어떠하였을까? 충현교회를 다니던 많은 신자들이 교회를 떠났다. 주변에 있는 친구들, 선후배들도 무수히 교회를 떠났다. 그리고 그곳에서 처음 신앙생활을 시작한 우리 가족들도 내가 목회를 위하여 도미한 이후, 점차 모교회의 출석을 포기하고 떠나는 것을 내가 막을 수 없었다. 다행히 주변의 사람들은 다른 교회로, 개척한 교회로, 자기 집 주변의 교회로 신앙생활의 터전을 찾아 떠났다. 그런데 상처로 말미암아 교회마저 등지는 사람이 없었을까 걱정이 되었다. 실제로 어렸을 때부터 알았고 나중에는 교역자로 충현교회에서 성실히 근무한 한 목회자는 교역자이기를 포기하고 섬으로 내려가 칩거하기도 했으니 말이다.

충현교회의 목회세습이 시작되던 1997년은 내 개인적으로 굉장한 변화의 시간이었다. 1988년 정치철학을 공부하기 위하여 유학을 나갔던 나는 미국에서 전공을 바꾸어 윤리학으로 학위를 받고, 1997년 그리던 조국으로 다시 돌아올 수 있었다. 전공이 정치학에서 신학, 윤리학으로 바뀌었지만, "정치"라는 화두는 지속적으로 이어졌다. 신학대학원에서도 관심사는 "정치윤리" 혹은 "정치신학"으로 관심사가 계속 이어졌기 때문이다. 들어오자마자 겪게 된 IMF 구제금융을 받아야 하는 안타까운 국내 상황, 학위를 마치고도 금방 직업을 가질 수 없는 상황에서, 거의 누구나 그러하듯이 여러 학교에 시간강사로 활동하는 시간을 보냈다. 그 해에 모교회인 충현교회는 대형교회 목회세습의 1호가 되었다. '모교회로 돌아오지 않겠느냐'는 의사타진이 있었지만, 나 자신도 잘 설득이 되지 않았다. 솔직히 논리적으로 신학적으로 깊숙이 생각할 겨를이 없었지만, 이것은 아니라는 생각도 들었다. 한 교회의 담임목사를 기립투표로 결정하는 것은 내가 생각했던 신앙과 윤리에 대한 일종의 기습이었다. 나는 아버지 같은 목사님이 하신 일이 틀렸다고 생각하였으나, 이에 대한 구체적인 행동이나 비판적인 글을 쓰지는 않았다. 주변의 학자들도 기습적인 목회세습에 대한 입장을 분명히 하지 못한 채, 그렇게 한

해가 지나가고 있었다.

2000-2001년에 이르러 대형교회 목회세습의 또 다른 장이 열렸다. 광림교회의 목회세습이 발생된 것이다. 이때는 웨스트민스터신학대학원에서 교수로 기독교윤리실천운동의 멤버로 활동하고 있었기 때문에, 기윤실의 정신적 울타리 역할을 하시는 손봉호 교수님과 열심히 활동하는 여러 집행위원들과 건강교회운동 분야의 목회자, 교수 및 간사들과 함께 상황을 파악하고 반응할 수 있었다. 성명서 문건을 만드는데 참여하기도 하고, 항의집회에 나가기도 하였다. 개인적으로는 미국에 있는 이민교회인 충현선교교회의 청빙이 진행되는 과정에 있었으나, 묵과할 수 없는 문제라는 생각이 들어 반대운동에 참여하였다. 대형교회들이 목회세습을 한다는 것은 폭발적인 영향력을 가지고 있었다. 강남에 있는 교회들은 크기와 영향력에서 남달랐다. 그리고 그러한 교회들의 행위는 교회 전체의 생태계를 향한 강력한 파급효과가 있는 경우가 대부분이었기 때문이다. 목회를 위하여 도미하게 된 관계로 목회세습의 반대운동이 더욱 조직화되는 것을 자세히 볼 수는 없었다. 그러나 기윤실 산하의 건강교회운동본부에서 교회개혁연대가 출범되고, 그리고 교회개혁연대에서 나중에는 교회세습반대운동연합으로 분화, 전문화되면서, 그 이후의 목회세습 반대운동이 이어지는 것을 멀리서나마 볼 수 있었다.

2012년 6월 김창인 목사의 공개회개가 있은 후, 2012년 왕성교회는 목회세습 반대여론을 거스르며 부자간의 교회를 합병하는 편법세습의 중대 사례가 되었다. 그동안 교단의 입장들이 구체화되면서 감리교, 장로교 등에서 교단적인 결정으로 목회세습을 불허하는 제도적 장치를 마련하였다. 그러나 명성교회는 2017년 3월 19일 총회의 목회세습 금지명령을 우회하는 편법세습을 또 다시 결정하였다.

영적 아비들이 흔들리고 있는 시대를 우리는 맞이하고 있다. 복음의 불모지에서 천막과 판잣집에서 목회의 터전을 일구었던 위대한 아버지들이 이제는 풍요와 기득권 속에서 영적으로 흔들리고 있다. 복음의 감격에 건강과 열정과 사재를 털어 헌신해왔던 영적 지도자들이 이제는 교회를 대물림이 가능한 사유화私有化의 대상으로 잘못 생각하지 않나 심히 우려하지 않을 수 없는 현실이 되었다. 더구나 대형교회의 이 영적 흔들림은 경인지역 약 120여개의 중형교회들의 목회세습, 편법세습 현상으로 확산되어 나가고 있다. 주님의 교회를 맡은 대부들이 지금은 향기로운 영적 대부가 아니라, 기득권과 영향력의 대물림을 위한 냄새나는 대부로 전락한 것은 아닌지 우려스럽다. 지역교회 목회자로서는 뛰어들기 부담스러운 기관의 대표자로 헌신한 훌륭한 교회지도자들, 공적인 현장에서 기독교를 대표했던 분들, 멀리 해외에까지 나와서 연합활동을 하였던 분들이 목회세습으로 현장에서 기득권을 극복하지 못하고 본능적인 욕망에 점거된 모습을 보면, 안타까운 마음이 그지없다.

좋은 일을 칭찬하는 것보다 '그릇되다'고 여겨지는 일을 지적하고 권면하는 것은 훨씬 어렵다. 특히 이민교회에서 목회하는 사람이 조국에서 벌어지고 있는 일에 대하여 이야기 한다는 것이 좀 주제넘을 수도 있다. 더구나 내게는 목회세습에 참여하는 사람들이 남이 아니라는 것이다. 그들 중의 어떤 사람은 나의 영적 대부였다. 그리고 다른 사람도 내게는 낯설지 않은 목회 선배들이다. 세습을 결행한 어떤 목회자 경우는 내가 그 교회 강단에 서서 설교를 하였던 교회의 선배 목사이다. 어떤 목회세습을 한 선배는 또 우리 교회나 미주교회의 공석 상에 오셔서 말씀을 전해주시고 도움을 주시고 가르침을 주던 분이다.

같이 밥을 먹고 물을 마시던 영적 후배 된 자가 이렇게 다른 생각을 할 수 있다는 것을 보여주려는 것이 이 글의 목표이다. 그리고 이민교회에 있는 목회자를 대신하여 늘 사랑과 관심과 기대를 떨어버릴 수 없는 조국교회와 그 지도자들에게 목회세습에 대한 나의 고언苦言을 드리려는 것이 이 글의 의도이다. 물론 나름 다른 생각을 가진 이민 목회자도 없지 않을 것이다. 필자가 그들 모두를 일방적으로 대표할 수 없다는 것도 알고 있다. 그러나 내 주변의 많은 이민교회 목회자들이 나의 노력에 지원과 격려를 보내고, 특히 종교개혁 500주년을 맞이한 이 시점에서 연구한 것을 발표해 달라는 주문도 미리 해오고 있다. 나는 내가 괴로움 속에서 비판의 대상으로 삼은 목회자들이 안타깝게도 나에게 개인적으로 사랑을 베푸시고 따뜻하게 배려하셨던 분들이라는 사실도 알려드리고 싶다. 나는 그분들과 가졌던 교제와 받았던 선한 영향력을 모두 거부하는 것은 아니다. 그러나 목회세습의 문제에 관한 한 나는 다른 의견을 가지고 있다는 것을 분명히 말씀드리고 싶고, 목회세습이나 편법세습을 결코 해서는 아니 된다는 것을, 그리고 그렇게 했다면 반드시 회개하여야 한다는 사실을 말씀드리고 싶은 것이다.

　여러 차례 루터의 "면죄부에 대한 95개 조항의 반박문"[1517]을 읽으며, 목회세습에 대한 반박이 95개에 이를 수 있을까 생각도 해보았다. 그러나 목회세습에 대한 문제제기만이 아니라 대안에 대한 모색을 하다 보니 95개라는 숫자를 채우게 되었다. 공부하는 기간만 길었을 뿐, 학문은 얕고 재능이 없는 소위 천학비재淺學非才임에도 불구하고, 하나님께서는 목회세습 반대를 위한 95개 조항을 작성하도록 나를 도우셨다. '하나님이 도우셨다' 하심은 개인적인 열망을 풀어서 글로 쓸 수 있도록 마음과 환경을 허락하시고 그리고 그치지 않는 열정과 내용을 주셨다는 것이다. 하나님께서 도우셨다 하심이 곧 '내가 한 말이 다 옳다'는 강변을 하려는 것은 아니다. 목회세습을 거부하는 내 입장이 옳다 하여도, 내 글의 논리적인 전개과정은 흠이 있을 수도 있음을 부인하지 않는다는 것이다. 더구나 내가 쓴 글이 타인의 마음을 한 올이라도 강제할 수는 없다. 다만 이 글이 성령께서 사용하시는 글이 되었으면 좋겠으며, 목회세습에 대한 또 하나의 성찰의 계기가 되었으며 좋겠다. 바라기는 목회세습에 대한 하나님의 뜻이 무엇인가를 다시 묵상하여, 우리의 생각을 조정하고, 나아가 한국교회를 위한 새로운 결단과 행동의 동기로 삼았으면 좋겠다. 오직 주께 영광을!

인사말

교회로부터 귀중한 안식학기를 받았다. 두 달 만에 우리 부부는 미국 대륙횡단이라는 즐겁고도 힘든 여행을 마쳤다. 그 과정에서 만났던 뉴욕의 모자이크 교회의 장동일 목사님 부부와 성도들, 워싱턴 중앙장로교회의 류응렬 목사님의 격려에 감사를 드린다. 빨리 글을 마무리하고 진정한 안식년을 가지라는 말씀에 이제야 부응하게 된 것 같다. 버지니아에서 숙소를 마련하여준 김태원 집사와 김희진 전도사 부부의 사랑에 감사를 전한다. 그들은 지혜로운 방법으로 원고를 마무리 할 것을 독촉했다.

안식학기를 가지는 중에 필요한 비용을 마련하여준 충현선교교회의 사랑의 지원에 감사한다. 교역자들과 당회원과 성도들은 내가 안식할 수 있도록 자주 연락도 하지 않는 인내에 송구할 뿐이다. 많은 교회의 성도님들에게 개인적으로 사랑과 기도의 빚을 지었음에 감사할 뿐이다. 한국에 머물며 교정을 하는 동안에 좋은 곳에 게스트하우스와 제반 필요한 환경과 비용을 공급하신 태양금속의 한우삼 회장님, 배시학 권사님 부부의 사랑을 잊을 수 없다.

로키산맥을 넘어선 동부에서의 60일 중에 40일은 미시간 주, 그랜드 래피즈의 캘빈대학교에 머물렀다. 그곳에서 안식년을 보내시는 오세택 목사님을 만났다. 목회세습반대운동의 선봉에 섰던 목사님과의 만남 자체가 이 글을 쓰는 것을 격려하는 하나님의 사인과도 같다는 생각이 들었다. 여러 귀중한 조언을 들을 수 있었다. 오랜 동안 캘빈대학교에서 근무하신 이원우 교수님은 헨리미터센터와 도서관의 시설을 사용할 수 있도록 인도하여 주셨고 격려하여 주셨다. 캘빈대학교신대원은 40일 동안 머무는 나그네에게 파킹장을 무료로 사용하게 허가를 주고, 도서 대출증을 만들어 주며, 도서관을 사용하게 해 주었다. 인터넷, 전용책상과 개인 캐비닛을 마련해준 것도 감사하다.

40일 동안에 쓴 글을 읽어주신 여러 교수님들에게도 감사를 드린다. 손봉호 교수님은 이 글을 쓸 수 있도록 격려하여주셨다. 김세윤 박사님의 강연과 책은 한국교회를 걱정하는 분으로서 신학적인 갈피를 잡도록 늘 도전을 주셨다. 친구이자 선후배로서 같은 마음으로 비평하고, 교정하며, 격려하여 준 박문규 학장님, 이상명 총장님, 권문상 교수, 오형국 박사, 권연경 교수, 고승희 목사, 김태석 목사와 김장교 목사에게 감사를 드린다. 안식년으로 들어와 우리 교회에 출석하면서 가르치시는 권연경 교수는 세세하게 교정을 해주셨는데, 무딘 필체로는 조언을 다 살리지 못한 것 같다. 2012년부터 아주사신학대학원에서 목회실습, 교회와 사회, 기독교 윤리학, 윤리와 예배, 목회지도력과 교회행정 등의 과목을 월요일마다 가르칠 수 있는 기회를 제공하여 주신 변린다 교수님께 감사한다. 학생들과 만날 기회가 없었으면 이러한 생각을 지속적으로 진행시키지 못했을 것이다. 목회자로서 강의를 할 수 있는 기회를 가진 것은 목회의 경주를 하고 있는 자신을 성찰할 수 있는 기회를 가지도록 하였다. 그 기회가 아니면 목회현장을 텍스트로 삼고 묵상할 시간을 따로 가질 수 없었을 것이다.

글을 써가는 가운데 이미 같은 생각을 주장하신 분들의 귀한 노고가 큰 도전이 되었고 생각을 펼쳐나갈 수 있는 묵상의 소재가 되었다. 특히 목회세습 반대운동의 선두에서 이미 2000년대를 열며 기독교윤리실천운동에서 만들어진 성명서와 문서, 그 이후에 교회개혁연대와 교회세습반대운동연대의 집적되어진 자료가 많은 도움이 되었다. 교개연, 세반연 사무실을 방문하였을 때, 안내와 함께 격려해 주시고 출판을 위하여 수고하신 김애희 국장님께 감사를 드린다. 초고를 보시고 출판을 위한 격려를 아끼지 아니하신 성서 유니온의 김주련 대표님과 박대영 목사님께 감사를 드린다.

무엇보다도 감사한 것은 목회세습의 가능성을 뜻과 명분을 가지고 거부한 일선 목회자들과 기록을 남기지 아니하였으나 동일한 뜻으로 세습반대운동에 참여한 이름 없는 분들에게 존경을 보낸다. 투사의 열정과 사명감으로 이 인기 없는 문제를 지속적으로 제기하여 주신 목회자 김동호, 김승진, 박득훈, 박철수, 오세택, 유종필, 이영재 목사에게 감사한다. 아울러 목회세습을 학문적 대상으로 삼고 글을 써주신 강영안, 고세훈, 고재길, 김동춘, 김명용, 김영한, 김응

교, 김판임, 박영신, 배덕만, 백종국, 오덕호, 유경동, 이만식, 이승
종, 이정석, 임성빈, 전성민, 조성돈, 최현종, 현요한, 황광민^{가나다}
^순 교수 제위에게 감사드린다.

더구나 쉽지 않은 상황에서 이 원고를 보시고 선뜻 출판을 결정해
주신 도서출판 대장간의 대표 대장장이 배용하 목사님과 출판의 수
고로움을 아끼지 아니하시고 난삽한 원고를 책으로 벼려낸 수많은
대장장이들에게 심심한 감사를 보낸다.

I

서 론

수업시간에 생긴 일

2012년 가을 로스 엔젤레스Los Angeles에 있는 아주사대학Azusa Pacific University 신학대학원의 수업시간에 생긴 일이다. "교회와 사회"Church and Society라는 수업에서 한 신학생이 발제를 시작하면서 다음과 같이 비장한 이야기를 전했다.

이 수업이 지금의 결과를 가져오게 한다는 사실을 미리 알았더라면, 나는 이 과목을 듣지 않았을 것입니다. 나는 사실상 소위 '세습'을 준비하기 위하여 이 신학교에서 공부하고 있습니다. 나는 마지막 학기를 지금 보내고 있습니다. 나는 이 공부를 마치면 아버지의 목회를 이어받기로 되어있습니다. 나의 아버지께서 시무하시는 교회는 서울의 대형교회는 아니지만, 지방의 중형교회입니다. 아버지와 당회원은 나를 기다리고 있지만, 나는 아버지와 그 교회로 돌아가지 않기로 결심하였습니다. 나는 나의 목회지를 스스로 개척하여 나가겠습니다.

모든 학생들이 충격을 받은 듯 발제자를 주목했다. 대개 자신의 발표를 준비하기 위하여 몇 사람은 고개를 숙이고 있었는데, 그들도 일제히 고개를 들었다. 실내의 분위기가 경직되면서 모두 그 학우의 발표를 경청하지 않을 수 없었다. 그의 발표는 그리 길지 않았지만 인상적이었다. "중대형 교회의 세습을 반대하는 25가지 이유"가 그 학기 과제물이었고, 학생들이 그 과제물을 간략하게 정리하여 발표하는 중이었다. 지금 그가 말한 모든 것을 기억할 수는 없지만, 한 조항 한 조항이 격정에 차있었으며, 그는 과제물을 발표하는 것이 아니라 괴로움 속에서 자신의 권리를 포기하여 나아가는 결단을 하는 것으로 들렸다. 그것은 연구한 지식의 전달이 아니라, 매었던 자신을 풀어놓는 결단이었다. 이것은 자신을 얽매고 있었던 의무감으로부터의 해방 선언이자, 고뇌에 가득 찬 자기포기의 고백이었다.

나는 그 학생을 향하여 일종의 책임감을 느꼈다. 나는 "목회세습"이 현재 한국교회가 가진 여러 문제 중의 하나이지만, 이는 빙산의 일각처럼 드러나 있는 교회의 심각한 병리현상임을 말했다. 목회세습의 문제는 한국교회의 타락과 무디어진 양심이 드러난 표상이라고 이야기하였다. 이러한 상황에서의 목회세습의 부당함을 강조하였는데, 이에 대한 학생의 반응은 너무 진지하였다. 이 학생은 온몸으로 나에게, 나의 강의에, 아니 내가 아니라 교회를 향한 의로운 소명에 반응한 것이다. 나는 졸업을 앞두고 있는 학생이 학점 때문에 연극을 하고 있다고 생각할 수가 없었다. 나는 바른 지식을 전달하는 선배로서의 사명이 얼마나 중요한 것인지를 자각하게 되었다. 그리고 그 학생을 향하여 내 마음에 떠오르는 언어를 전달할 수밖에 없었다. "하나님께서 당신을 더욱 선한 곳으로 이끌게 되기를 바랍니다. 하나님 나라의 관점에서 더욱 효과적인 장소에 당신이 세워지기를 바랍니다." 마음속으로는 이 학생의 미래에 어떻게 도움을 줄 수 있을까 걱정도 생겼고 두려움도 생겼다. 그리고 지금도 그 학생의 앞길을 위하여 기도하는 마음을 포기할 수 없다. 그 학생이 지금 어떻게 지내는 지, 그의 발언이 강의실용이 아니라 실제로 그가 아버지와 교회의 요청에 어떻게 반응하였고 고난의 길을 어찌 걸어갔는지 궁금해진다.

목회세습의 문제는 진행형

대형교회의 세습 문제는 이미 흘러간 어제의 이야기가 아니다. 2017년에 들어서는 이 문제는 계속 터지고 지속되는 현재진행형이다. 이는 2017년 국내 최대 교회 중의 하나인 명성교회가 3월 19일 저녁예배 후에 공동의회를 열고 김삼환 목사의 아들 김하나 목사가 시무하는 새노래명성교회와 합병하기로 결정함으로 다시 불붙어 올랐다. 겉으로 보기에는 명성교회가 다른 교회인 새노래 명성교회와 합하는 모습을 가지고 있지만, 사실은 담임목사를 구하지 못한 아니면 구하지 않은 명성교회의 김삼환 원로목사가 자신의 아들이 시무하는 새노래명성교회와 합하므로 결국 명성교회를 아들에게 물려주려는 변칙세습을 위한 결정을 하게 된 것이다. 이날 교회를 합하는 사안과 아울러 김하나 목사를 명성교회의 담임목사로 청빙하자는 안건도 연이어 가결했다. 명성교회의 공동의회는 총 8104명이 참석하여 먼저 새노래명성교회와 합병하는 사안을 찬성 5860표$^{72.3\%}$, 반대 2128표, 무효 116표로 의결정족수인 3분의 2인 5,403명을 약간 넘김으로 가결되었다. 이어진 투표에서 김하나 목사를 담임으로 청빙하는 안건 역시 찬성 6003표$^{74.7\%}$로 통과되었다. 이에 대한 반대는 1964표, 무효는 137표에 그쳤다. 이로서 명성교회는 교회 합병에 필요한 행정절차를 마무리했으며, 이에 대한 새노래명성교회의 반응만을 남겨놓게 되었다. 그러나 정작 새노래명성교회 김하나 목사는 명성교회와 합병할 의사도 없고, 명성교회의 후임으로 갈 생각도 없음을 피력하였다고 알려졌다. 당사자인 새노래명성교회 담임목사의 생각이 이러하니, 명성교회의 결정이 일방적인 것으로 끝날지 앞으로의 결과가 주목된다.

여러 주변의 유관단체와 기관들은 이미 이에 대한 우려를 표명하였다. 무엇보다도 이러한 결정이 있기 전에 같은 명성교회가 소속하고 있는 통합측 교단 산하 교수들은 이에 대한 반대 호소문을 채택하여 발표하고 장신대 홈페이지에 올렸다. 통합측 교단신학교 교수 78명은 7개의 교단신학교 중에서 장로회 신학대학교를 비롯하여 호남신대, 한일장신대, 부산장신대, 서울장신대 5개 신학대 교수가 동참하였다. 그들이 명성교회와 새노래명성교회와의 합병을 반대하

거나 우려하면서 작성한 호소문 전체는 다음과 같다.[1]

명성교회 당회의 편법적 세습 시도에 대한
교단 신학교수들의 호소문

대한예수교장로회통합 소속 신학교 교수인 우리는 최근 명성교회 당회가 새노래명성교회와 합병 및 김하나 목사의 위임 청빙 안을 공동의회의 안건으로 상정한 것에 대해 깊은 우려를 표명합니다.

교회는 주님의 몸입니다. 더불어 우리는 성령을 통한 교회의 거룩한 공교회성을 믿고 고백합니다. 그렇기에 본 교단 총회는 2013년 제98회 총회에서 세습금지를 골자로 법을 개정하였습니다. 이는 교회의 주인이 예수 그리스도이며, 교회를 사유화해서는 안 된다는 사실을 천명한 것입니다. 최근 명성교회 당회가 시도하는 합병 및 위임 청빙 계획은 교단법의 근본정신을 훼손하는 편법적 세습 입니다.

명성교회는 단지 하나의 개교회가 아니라, 한국사회와 한국교회가 주목하는 대표적인 교회입니다. 그에 따른 책임 또한 크다 할 것입니다. 따라서 명성교회는 이에 걸맞은 결정을 신중하게 내려줄 것을 요청합니다. 또한 김하나 목사의 신앙적 양심에 따른 분별력 있는

---

1) http://veritas.kr/articles/23910/20170315/장신대-교수들-명성교회-변칙세습-반대-호소문

결정을 요구합니다.

종교개혁 500주년을 맞이하는 시점에, 본 교단의 총회장을 배출한 명성교회가 한국사회와 한국교회 앞에 본이 되어 줄 것을 간곡히 요청드립니다.

2017년 3월 15일 교단 산하 신학교 교수 일동

강성열 강정희 고원석 고재길 김 정 김석주 김선권 김선종
김성중 김영동 김운용 김은주 김은혜 김정형 김충렬 김호경
김효숙 나진규 노항규 류은정 민경진 박 만 박경수 박보경
박상진 박성규 박영호 박용범 박재필 박종균 박형국 박화경
박흥용 배정훈 배현주 배희숙 백상훈 백승남 백충현 서원모
성석환 손은실 신옥수 신재식 신형섭 양금희 오현선 유선희
이만식 이병옥 이상억 이상일 이수연 이은우 이재호 이지현
이창규 이창호 이치만 이현웅 임상필 임희국 장보철 장신근
정기묵 조해룡 채은하 천병석 최광선 최영현 최재덕 최중화
최진봉 탁지일 한국일 현요한 홍지훈 황홍렬 총 78명

　　장신교단의 교수들이 한 대형교회에 대한 간곡한 호소문을 발표한 것은 단지 한 지역교회가 아니라 교단적, 전국적 영향을 미치는 교회를 향하여 정의로운 결정을 갈구하는 충정어린 행동일 것이다.

아울러 양심적인 호소는 예방적인 차원에서 바른 판단을 위한 귀중한 의사표현을 한 것으로 여겨진다. 더구나 마르틴 루터의 종교개혁 500주년을 맞이하여 개혁적인 정신을 드높이는 것에 대하여 역행할 뿐 아니라 종교개혁의 대상으로 전락해가는 교회의 중대한 과오를 범하려는 상황에서 개혁교회의 바른 판단이 무엇이어야 하는지를 생각하게 하는 귀중한 계기를 제공하여 주었다. 아울러 교회개혁실천연대의 방인성 목사는 당일 명성교회의 김삼환 원로목사를 직접 만나서 분명한 반대 입장을 전달하고, 명성교회의 영향력을 충분히 감안하여 잘못된 결정을 내리지 않기를 간곡하게 부탁하였다. 그러나 두 교회의 통합을 위한 결정은 이루어지고 말았다. 기독교윤리실천운동과 교회개혁실천연대 등의 시민단체는 결국 이루어지고 만 교회합병의 결정이 "교회를 사유화"하고 "한국교회의 신뢰도를 떨어뜨리는 행위"라고 질타하였다.[2]

성도의 낙심과 세상의 냉소를 기억하라

본이 된다는 것은 쉬운 일이 아니다. 일생을 교회를 위하여 산 지도자라 하여도 자신의 퇴임 후에 이르기까지 자기부인self-denial의 본을 보인다는 것은 쉬운 일이 아니다. 한국교회에서 십자가로 시작하여 육체로 목회사역을 마치는 경우를 찾기란 그리 어려운 일이 아니니 비극이다. 치적을 나열한 목회자의 평가가 나온 후에도 그 명성

---

2) 장신대 홈페이지 게시판, "대형교회 세습문제, 논란 중심에 서다" 기독신문 2017년 3월 21일(2097호) 8면.

이 무색하게 되는 일은 비일비재하니 아픔이다. 한때 지역교회의 지도자로서 전국적, 세계적 명성을 가진 사역자가 돈 문제, 성적인 문제나, 퇴임을 당하여 벌어지게 된 목회현장의 불상사로 명예스럽지 못하게 역사의 뒤안길로 물러나는 경우가 얼마나 많은지 모른다. 이도 비극이다. 이 비극의 원인은 무엇일까?

이 비극의 출발점은 그리스도와 사도의 가르침을 따르지 않기 때문이다. 아니 원리적으로는 다 그리스도를 따른다고 하면서 실제적으로는 그리스도를 따르는 행동과 열매가 없으니 그것이 문제이다. 자신이 알고 있는 그리스도의 길을 가르치는 대로 실천하면 되는데, 그렇지 못하니 재난이다. "나를 따라오라"마4:19 이는 교회의 머리 되신 예수님이 제자를 부르면서 우리의 순종을 요구하는 외침이다. "너희는 나를 본 받는 자가 되라"고전11:1 사도 바울의 이 외침은 교회 지도자로서의 영적 자긍심과 자신의 사도적 권위를 드러내 보여주는 말씀이다. 초대교회에서 지도자란 교회를 위하여 누구보다도 고통을 많이 당하는 사람이었다. 인간적 지혜에서 보면, 성도들의 행진이란 고난을 자처하는 "바보들의 행진"이었다. 예수를 믿는다는 것은 십자가를 확실히 보장받고, 가난과 핍박을 친구처럼 가까이하는 삶이었다. 그 길이 이 땅에서도 백배나 받고 영생을 얻지 못할 사람이 없는 참된 길막10:29-30인데, 교회가 그 길에서 벗어나 방황하고 있는 것이 문제이다. 목회세습의 문제는 바로 이러한 방황의 대표적인 모습이다. 다른 윤리적 문제도 많은 비판의 여지가 있겠지만, 목회세습은 이제 그리스도의 교회까지 사유화하는 일이기 때문에 오류의 정점에 서 있는 문제이며, 이제는 가파른 교회의 퇴보와 파국을 남겨놓은 가장 타락한 대표적 문제임에 틀림이 없다.

고통의 시대가 지나고 기독교가 로마제국에서 인정받게 되면서 교회가 타락하기 시작한 것처럼, 중대형교회가 목회자에게 기득권의 온상처럼 여겨지기 시작하면서 문제가 발생되기 시작하였다. 세상의 소금과 빛이 되기는커녕, 세상의 비웃음과 냉소의 대상이 된 목회세습의 모습은 성도들의 한숨과 낙심의 대상이 되고 있다. 고난 속에서 성미誠米를 받아가면서 목회하시던 눈물의 목회자들의 전통은 온갖 탐욕, 성욕, 그리고 물욕을 주체하지 못하는 타락한 목회자들로 말미암아 무너짐으로, 성도들의 눈물과 실망과 낙심과 분노의 대상이 되었다.

교회의 지도자된 목회자들의 타락은 무엇보다도 더욱 그리스도를 욕보이는 것이다. 그들의 윤리적 과실은 그리스도를 다시 못 박고 있는 것이다. 고난이라는 보이지 않던 문턱이 없어진 현재의 한국교회에서 점차 교권의 핵심에 서게 된 목회자는 교권을 남용하여 기득권의 확대를 위해 사용하는 우려스러운 일을 발생시켰다. 지역교회와 교단의 일각에서 성도들의 헌금이 어떻게 쓰이는가를 보라. 지방의 작은 교회와 대조되는 경인지역의 중대형교회에서 예산이 어떤 정신에 의하여 사용되는지 살펴보라. 짐 월리스Jim Wallis에 의하면 교회예산서는 그 교회의 영적 자화상이자 영적인 문서임을 주장한 바 있는데, 그러한 관점에서 예산집행의 구조를 보라. 그러나 그것보다도 더 거대한 부도덕의 핵심은 담임목사의 목회 직분을 통째로 자식이나 혈연에게 넘겨주는 행위이다. 이는 예산사용의 비율의 문제를 넘어서 교회의 목회권을 그리스도에게서 빼앗아 사람에게 떠 넘겨주는 행위이다. 하나님의 은총이 목회자의 리더십과 열심과 능력을 통하여 나타나는데, 이미 형성된 중대형교회의 목사가 이제 하나님의 은총을 잊어버리고 교회를 전횡적으로 운영하게 된다는 것은 개탄스러운 일이다. 담임목회자가 교회를 사유화하여 혈연에게 세습하는 "족벌주의"族閥主義, nepotism는 그리스도의 은총을 부인하고 그 권한을 심각하게 훼손하는 일이다. 세습이라는 부정적인 뉘앙스를 가진 용어는 이렇게 교회의 소유권과 주권을 왜곡하는 사건에 대하여 사용되기 시작하였다.

"세습"이란 말의 부정적인 뉘앙스는 그 용어를 사용하는 사람이든 또한 세습을 강행하고 있는 사람이든 모두가 함께 느끼고 있다. 북한의 3대 세습, 재벌세습, 세습무당 그리고 목회세습은 모두 한 가지로 부정적인 느낌을 불러일으킨다. 배덕만 교수의 발견에 의하면, 세습이라는 말이 한국교회에서 처음으로 공식적으로 쓰인 것은 1997년이다. 당시에 이미 도림교회1973, 통합, 부평교회1980, 기감, 길동교회1986, 합동, 대구 서문교회1995, 합동, 그리고 기둥교회1995, 기감가 모두 아들에게 교회를 물려주었으나 세습이라는 말을 사용하지는 않다.[3] "성직세습"이라는 부정적인 용어를 처음 사용한 것은 1997년 충현교회의 경우를 맞이하여 감리교회의 감독회장을 지낸 장기

---

3) 배덕만, "교회세습에 대한 역사신학적 고찰: 한국교회의 세습 그 뒤틀린 역사," 교회세습, 신학으로 조명하다 Ⅲ., pp. 25-28.

천 목사의 경우이다. 그는 아직 목회세습에 대한 이론적으로 비판의 준비가 되어있지 않던 교계에서 발생한 아버지와 아들의 목회자 교체현상을 일컬어 개탄스럽게 여기면서 "세습"이라는 언급을 하였다. 그는 "거룩하고 은혜로운 교회 안에서도 이런 일이 벌어지고 있다니 부끄럽고 두렵기조차 한 일이 아닐 수 없다"고 탄식하고 있다.[4] 그가 우려한 것처럼 장로교, 감리교를 필두로 한 여러 교단의 중대형교회는 봇물이 터진 것처럼 앞 다투어 세습을 시행하였다. 대형교회의 목회세습은 이제 중형교회까지 영향을 미쳐 목회세습을 하면서 도덕적인 알리바이를 형성시키게 된 것이다.[5] 어떤 경우에는 목회자들 중에서 세습을 한 것을 기뻐하고 자랑하는 분위기 까지 형성되었다.

교회를 위하여 드리는 대를 이은 가족의 헌신은 얼마나 아름다운가? 그러나 아름다운 가족의 헌신이 기득권이 되지 않도록 조심을 한 흔적이 이미 초대교회에서 나타났다. 341년 안디옥 공의회는 전임 지도자가 후임 감독을 지명하지 않는다는 교회법을 만들어내었다. 11세기에 이르러 중세교회에서는 비교적 독신의 문제가 선택으로 오랫동안 남아있던 융통성 있는 상황이었다. 그러나 주교가 목회하는 지역의 중심적 교회에서 친족에게 교회를 물려주는 족벌주의

---

4) 장기천, "한국교회 성직세습의 문제," 기독교사상, 통권 제466호 (1997, 10), p. 12. 배덕만, "교회세습에 대한 역사신학적 고찰" p. 28 재인용.

5) 중형교회라는 그 숫자에 의하여 분명하게 구별할 수 있는 학문적인 논의의 일치가 있는 것은 아니다. 다만 편의상 500명 이상 1,000명 이하에 이르는 교회를 구별하여 중형교회라고 말하려고 한다. 대략적으로 수천 명의 교인을 가진 교회를 우리는 대형교회, 수만 명에 이르는 교회를 초대형 교회라고 말할 수 있겠다.

의 폐해를 막기 위하여, 그곳 대교회에 부임하는 사람은 독신이 되어야 한다는 신부의 독신제도가 시행되었다. 종교개혁의 시대에는 족벌주의가 너무 횡행하여 교회의 성직자 지원금, 성직록聖職祿이 원래의 목적에 부합하지 않게 사용되는 것이 비일비재하였다. 이 때에도 족벌주의에 의하여 부정하게 교회의 예산이 남용되는 상황이 발생되었다.

족벌주의는 교회를 타락시킨다. 족벌주의라는 영어의 단어 '네포티즘'nepotism은 조카라는 의미의 "네포테"nepote라는 라틴어에서 나왔다. 나중에 로마교회의 아들이 없는 신부들이 자식이 없으니까 조카에게 교회를 물려준 것이다. 겉으로는 조카에게 물려주지만, 실제로는 불륜에 의하여 생긴 아들을 조카로 불렀고 그 자식에게 교권을 상속하였으리라는 추측도 무성하다. 이러한 족벌주의는 결국 종교개혁에 이르기까지 오래 지속되었다는 사실을 우리는 캘빈의 『기독교 강요』를 통해서도 발견한다. 이처럼 교권의 사유화가 오래도록 진행된 것이다.

교회는 누가 소유하거나, 사거나 팔거나, 자식에게 물려줄 수 있는 사적인 재산이 아니다. 교회는 공적인 기관이다. 교회를 공동체community라고 부르는 것과 공영체commonwealth라고 부르는 것은 교회가 공적인 특성을 가지고 있다는 것이다. 교회는 예수님을 머리로 하고 하나님의 말씀으로 세워졌으며, 그리스도의 소유 하에 있고, 성도에게 맡겨진 영적 공동자산이라는 말이다. 감독의 사후 결정, 신부의 독신주의 그리고 종교개혁은 타락한 교회내부의 족벌주의와 부패를 배격하려고 생긴 오래된 전통이다. 개신교는 특히 이러한 부패를 대항하여 종교개혁을 하였음에도 불구하고, 스스로 다시금 목회세습의 잘못을 범하므로 개혁대상이 되고 있는 안타까운 상황에 있다. 중대형교회의 목회세습은 타락한 과거를 다시 개신교회 속에 살려내는 슬픈 오류가 아닐 수 없다. 인간의 탐욕에 관한한 이처럼 해 아래 새것은 없는 것인가? 오래된 교회사의 오류는 이 시대의 한국교회에서 다시 시작되고 있는가? 종교개혁이 일어난 지 500년이 되는 이 때에, 한국교회가 복음으로 주춧돌을 놓은 지 130년여에, 이러한 비극적인 일이 발생하고 있으니 아픔이다. 성령의 역사는 그러나 죄의 중력과 운명적 침윤을 돌릴 수 있지 않은가? 솔로몬의 관조觀照에서 벗어나, 한국교회의 갱신과 부흥을 사모하는 것을 영적 사치라고 할 수는 없지 않은가?

"이미 있던 것이 후에 다시 있겠고 이미 한 일을 후에 다시 할지라 해 아래에는 새 것이 없나니 무엇을 가리켜 이르기를 보라 이것이 새 것이라 할 것이 있으랴 우리가 있기 오래 전 세대들에도 이미 있었느니라."전1:9-10

II

목회세습의 서론적 관찰 10개 조항

 중대형 교회의 목회세습을 "목회 청빙"^{請聘}이라 함은 거짓이다

청빙의 정신은 교회의 머리시요 왕이신 그리스도의 명령에 따르는 것이다. 그러나 목회세습은 그리스도의 왕권에 복종함이 아니라 혈육의 요청에 의하여 이루어지는 것이다. 청빙을 목회세습과 혼합시키지 말라.

우리는 성도들의 삶과 신앙을 돌보아 줄 일꾼을 청하여 모시는 것을 "청빙"이라고 부른다. 목회자를 청빙하는 것은 참으로 중대한 행위이다. 이는 영혼의 구원과 성숙을 책임질 스승을 모시는 것이기 때문이다. 이러한 교회의 중요한 행위가 하나님의 뜻이나 성도들의 기도와 상관없이 다만 전임 목회자와 혈통적으로 지근거리에 있다는 이유로 결정된다면, 이는 "청빙"이라는 단어 자체를 무색하게 하는 것이다. 담임목사직의 "세습"世襲이라는 말이나 "승계"承繼라는

말이 다소 부정적인 의미를 가진 것은 사실이다. 그러나 중대형 교회의 대물림의 현상을 청빙이라는 긍정적인 표현으로 사용한다는 것은 목회세습이라는 사실의 심각성을 위장한 표현이다. 중대형 교회의 후임자 청빙과 목회세습은 확연히 구별되는 행위에 대한 차별적인 현상의 지적이다. 우리는 목회자 청빙과 목회세습을 구별하여야 한다. 전자는 선이고 후자는 악이다. 전자는 교회의 본질에 부합하는 행위이고 후자는 교회의 본질에 역행하는 범죄행위에 다름 아니다.[6]

청빙이란 목회 전임자인 아버지의 명령에 따름은 물론 아니요, 전임 목회자의 부름에 따름 또한 아니다. 그것은 또한 성도들의 부름에 부응함도 역시 아니며, 오직 그리스도의 명령에 따르는 행위이다. 목회자는 사람의 종이 아니라 주님의 종이다. 그러므로 주님의 부르심 곧 소명召命, calling에 따르는 것이 청빙이다. 목회세습에 관련된 교회의 문제는 바로 그리스도의 소명을 고려하지 않는 것으로부터 잘못되어 다른 많은 문제를 불러일으키고 있다. 그리스도에 대한 소명이 불확실하기 때문에, 목회지를 떠나는 것도 인위적으로, 자의적으로 행하는 목회자가 많다. 부르심에 대한 응답으로서의 목회

---

[6] 세습이라는 부정적인 표현을 사용하여야 하는가, 아니면 부자계승이라는 말을 사용하여야 하는가, 아니면 그것도 청빙이라는 말을 사용하여야 하는가에 대한 논쟁은 다음의 자료를 참고하라. 박득훈, "일부대형교회 담임목사직 세습을 반대한다" (대형교회 담임목사직 세습문제와 대응방안 기윤실 복음과 상황 공동포럼, 2000년 9월 5일). 이 논쟁은 10여년 후 다시 기독교윤리실천운동과 홍재철 한국기독교총연합회의 회장과의 성명전(聲明戰)으로 재현된다. 교회세습반대운동연대 문서자료실에 있는 다음의 두 성명서를 참고하라. 홍재철, "후임담임목사 청빙" (한기총 2012년 7월 19일); 기윤실, "한국기독교총연합회의 '세습옹호' 성명서에 대한 기독교윤리실천운동의 입장"(기윤실, 2012년 7월 24일).

라는 가치가 무색하여지고, 큰 교회로 불리어가는 것을 영전이라고 생각하는 것은 목회를 세속적으로 판단하는 것이다. 보라! 우리의 조상들이 왕명을 받들어 사령장을 받고 임지로 떠날 때, 왕이 있는 곳을 향해 하직인사를 하고 공적인 일을 받들어 시행하리라 즉 봉공奉公을 사명으로 생각하면서 떠나지 않았는가?

만왕의 왕이요 만주의 주되신 예수 그리스도를 섬김에 있어서 자의로 판단하고, 욕심대로 판단하여, 목회지를 주고받음으로 그리스도의 권세를 찬탈하는 자에게 화있을진저! 임금의 명령 없이 자신의 직분을 다른 사람에게 물려주는 것은 배신이요, 반역이다. 주님의 허락 없이 담임목사직을 혈연에게 물려주는 자에게 화있을진저! 임박한 환란에서 어찌 판단을 받으려고 두려움 없이 그리스도에게 반역을 꾀하였는가? 욕심에 따라 인간의 부름에 응하는 목회자에게 화있을진저! 주님의 명령 없이 목회를 혈육의 부름에 대한 응답으로 시작하는 자에게 화있을진저! 하나님의 일을 감당하기 위하여 길을 떠난 목회자가 단지 목회를 혈육의 요구에 의하여 직업적 차원의 행위로 받은 실제적인 이신론자deist, 理神論者의 무책임을 어떻게 회개할 수 있을까? 청빙의 정신은 왕이신 그리스도의 인도하심에 의하여 이루어지는 것이다. 그러나 목회세습의 정신은 혈육에 의하여 이루어지는 것이다. 청빙을 목회세습과 혼합시키지 않는 것이 옳을 것이다.

2 중대형 교회의 목회세습이나 교회세습은 동일한 현상에 대한 다른 이름이다.

교회는 세습할 수 있는 실체가 아니다. 더욱 정확한 표현은 목회자의 직분을 세습하는 것이다. 목회직분의 세습이라는 말이 몇 가지 이유에서 더욱 사용하기에 적합한 말로 여겨진다. 여기서도 목회세습이라는 용어를 사용할 것이다.

아버지 목회자가 아들이나 사위에게 혹은 여러 변칙적인 모습으로 혈연에게 담임목사직을 물려주는 현상을 우리는 한국 교계를 통하여 반복적으로 보고 있다. 1997년 충현교회의 목회세습 사건이 발생한 이후, 대형교회의 목회세습은 잊을 만한 정도가 되면 다시 야기되었다. 세습의 문제는 2000-2001년의 광림교회, 2012년 왕성교회의 세습, 그리고 최근 2017년의 명성교회가 세습을 의도하여 아들이 시무하는 새노래명성교회와 교회연합을 기도함으로 다시 나타났다. 이러한 현상이 진행되는 수면 이하에서는 드러나지 않은 경인지역의 약 120 중대형교회가 세습, 혹은 변칙세습에 참여하는 상황이 지속되었다.

이에 대한 교계의 반대 입장표면과 시위도 지속되었다. 2000년에는 기윤실로부터 시작된 운동이 기윤실 산하의 건강교회운동본부에서 벗어나와 2002년 교회개혁실천연대로, 목회세습에 대한 전문성을 가진 기관으로는 2012년 교회세습반대운동연대약칭 세반연가 운동주체로 부상하게 되었다. 약 20년에 걸친 세습반대운동 사역 속에서 이 현상을 부르는 이름도 다양하였다. 어떤 목회자는 이 현상을 일컫는 말로 부정적인 "세습"이라는 말을 사용하지 말고 "목회자 청빙"이라는 말을 사용하자는 주장도 하였다. 그러나 그리스도의 주권을 인정하지 않는 목회자의 교체라는 점에서 부정적인 함의를 가진 "세습"으로 그대로 많은 사람들이 사용하고 있다. 다만 목회세습, 교회세습, 성직세습과 같은 세습에 대한 수식어의 차이가 있을 뿐이다.

첫 번째로 지난 5년 동안 이 문제에 대한 세습반대 운동을 주도해 오는 세반연에서는 "교회세습"이라는 말을 사용하고 있다. 그러나 교회세습이라는 말은 해당되는 현상을 적확하게 표현하는 용어인지 따져보아야 할 이유가 있다. 교회의 소유권과 주권이 그리스도에게 있고, 교회가 그리스도의 몸이라면 "교회"라는 말과 일정한 소유물을 누구에게 실효성 있게 물려주는 "세습"이라는 말은 전혀 같은 지평에 있는 언어가 아니다. 오덕호 교수는 교회세습이라는 말이 없어져야 할 말이라고 주장한다. 그 이유는 어떤 사람의 소유물이 아닌 것을 세습한다는 것이 불가능하기 때문이다. 여기서는 오덕호 교수의 입장을 따르도록 하겠다. 담임목사직은 세습할 수 있어도 교회는 엄밀한 의미에서 세습할 수가 없기 때문이다.

> 우리가 흔히 사용하는 '교회세습'이라는 단어는 없어져야 할 말이다. 왜냐하면 교회는 어떤 사람의 소유물도 아니므로 어떤 직분이

세습되어도 그에 따라 교회가 세습되는 것은 아니기 때문이다. 교회는 세습되어서도 안되고 세습될 수도 없다. 담임목사직은 세습될 수 있어도 그에 따라 교회까지 세습될 수는 없는 것이다. 중략 만일 한국교회가 교회다움을 회복하면 이런 용어는 없어질 것이다. 속히 그렇게 되기를 바라며 교회의 정의에 맞지 않는 '교회세습'이라는 용어는 여기서 사용하지 않기로 한다.[7]

아울러 오덕호 교수는 이 현상을 "담임목사직 세습"이나 "자녀 청빙"의 문제로 다루어져야 한다고 설명한다. 그는 아울러 많은 "자녀 청빙"의 의도를 가진 사람들도 "세습"이라는 용어를 싫어한다고 지적한다. 그 부당성을 지적하는 말로서 세습은 용어로서 선택하는 것은 나쁘지는 않다는 것이다.

오덕호 교수의 개념규정에서 살펴볼 수 있는 것처럼, 교회세습보다는 목회세습이란 말이 현상에 더욱 부합하며, 그는 "담임목사의 직분을 혈연에게 세습하는 것"이라고 바로 표현하였다고 생각한다. 그러나 담임목사 직분의 세습은 엄밀하게 말한다면 타이틀과 그것에 관련된 권한의 세습이다. 누구든 그러나 타이틀만 세습하려는 사람은 없다. 직분에는 그 직분을 통한 영향력이 내포되어 있기 때문이다. 그리고 그 직분은 목회자로서의 목회와 관련되어 있는 직분이

---

7) 이 논문은 주재용, 김성수, 김인수 박사의 발표에 대한 논찬으로 주어진 자료이지만, 논찬보다는 세습과 그와 유사한 행위에 대한 반대의 근거를 A4 용지 8페이지에 걸쳐서 제공하였다. 당시의 호남신학교에 있던 오덕호 교수는 나중 한일장신대의 총장이 되었다. 오덕호, "한국교회는 한국사회의 소금과 빛이어야 한다" 한국교회의 세습문제에 대한 신학적 조명에 대한 세습반대 논찬 (2001년 2월), p. 1.

다. 보다 더 직접적이고 분명한 내용을 담고 있는 언어는 내가 주장하건대 "목회세습"이다. 아버지의 목회, 장인의 목회사역을 혈연적 관계라는 이유로 세습하는 것이다. 목회세습에는 타이틀인 직분과 함께 인적, 물적인 자원들에 대한 관리권이 모두 포함된다. 용어 선택을 함에 있어서, 이미 세습의 현상은 존재하고 있고, 용어도 다양하게 사용되고 있다. 다만 표현상의 경제성과 적확성을 따져서 "목회세습"이라는 말을 사용하려고 한다. 아울러 이러한 현상이 중대형 교회를 통하여 압도적으로 나타나기 때문에 "중대형 교회의 목회세습"이라는 말을 반복적으로 사용할 것이다.

3 중대형 교회의 목회세습은 악이다

목회세습을 반대하는 이유는 그것이 악이기 때문이며, 결코 대교회의 목회자에 대한 시기猜忌에 의한 것일 수 없다. 여기서 목회세습이라는 부정적인 언어를 사용하려는 것은 그 악함을 드러내어 회개하도록 하려는 의도 때문이다.

중대형 교회에서 혈연에 기반을 둔 후임자 선정을 해 놓고 이것을 청빙이라고 불러 달라는 한기총의 요청은 악행을 한 악인이 "선행을 하였다"는 평가를 해 달라는 것과 무엇이 다른가? 이 목회세습이라는 현상은 목회자의 강력한 권한을 이용하여 사적인 이익을 추구한 탐욕의 결과물이다. 우리는 재벌의 탈법적 부의 세습에 대하여 문제를 제기한다. 김일성, 김정일, 김정은의 3대로 이어지는 세습을 우리는 정권의 과도한 신비화를 통한 일종의 우상숭배로 규정하고 질타한다. 목회자의 세습 또한 매우 악한 일이다. 이는 교회에 대한 일반의 신뢰를 저버리는 일이며, 그리스도의 머리되심에 대한 부정이고, 무엇보다도 담임목사직을 사유화한 증거이며, 권위주의적 제왕적 담임목사직의 연장이기 때문이다.

목회세습을 반대하는 이유는 그것이 악이기 때문이며, 결코 대교회의 목회자에 대한 시기에 의한 것일 수 없다. 목회세습이라는 부정적인 언어는 빠른 시일 내에 속히 사라지고, 실체가 없어진 과거의 흔적으로 남아있으면 좋겠다. 목회세습이라는 용어를 사용하는 사람들은 주변의 목회자들이 잘되는 것을 보고 질투하여 사용하는가? 감리교 세습의 핵심인물이 된 김홍도 목사가 '조선일보'에서 언급한 것처럼, 시기로 목회세습이라는 부정적인 용어를 사용하고 있다는 것은 이 목회세습이라는 용어를 사용하는 사람들에 대한 일종의 모독이다.[8] 많은 평신도들이 목회자들을 시기하여 목회세습이라는 말을 사용하는가? 많은 목회자들이 이 용어를 사용하는 것은 이

---

8) 교회세습반대운동 연대 기획, 배덕만 책임집필, 『교회세습, 하지맙시다』(서울: 홍성사, 2016), pp. 62-63. 이 책은 2013년 2월 19일 교회세습반대운동에서 기획하고 많은 학자들과 목회자들이 참여하여 열린 학술심포지엄에서 발표된 논문을 기초로 하고 있다. 전체 사회는 기독연구원 느헤미야의 김근주 교수가 보았고, 여기서 교회세습에 대한 구약학적인 고찰 전성민 교수(웨신대원), 신약학적 고찰에 김판임 교수(세종대학), 역사신학적 고찰에 배덕만 교수(복음신대원), 조직신학적 고찰에 현요한 교수(장신대), 윤리학적 고찰에 유경동 교수(감신대), 사회학적 고찰에 박영신 명예교수(연세대) 등이 논문을 기고하고 발표하였다. 앞으로 이 책을 인용할 때는 일반적인 인용의 방법에 따라 배덕만 편, 『교회세습, 하지 맙시다』로 인용함.

시대의 교회가 저지르는 죄악에 대한 괴로움의 표현이고, 교회의 타락에 대한 아픔의 표현이라는 생각을 해볼 수는 없는가? 교회의 본질에 부합되지 않는 말을 사용하고 있는 아픔을 덜어줄 개혁적인 목회자들이 많이 나왔으면 좋겠다. 개혁적인 심성을 가진 목회자들이 온 나라와 세상에 가득히 채워짐으로 목회세습이라는 말이 신속하게 현상 없는 추상적 용어가 되기를 간절히 기도하고 바라는 바이다. 목회세습은 그리스도의 다스림을 거부하고 교회에 대한 성도들의 기대를 저버린 원로목사와 자녀인 후임 목회자를 중심으로 해서 저질러진 구조적인 악이다.

 중대형 교회의 목회세습이라는 악은 제도적 특성을 가진다

악은 교묘하게 저질러 질 수 있다. 목회세습이라는 악은 제도적인 특성을 가지므로 종종 공적이고 합리적인 결정과정의 산물이라는 착각을 불러일으킨다. 많은 악은 종종 구조악의 형태로 존재하여 잘못을 지적하지 쉽지 않게 자신을 위장한다.

악evil이란 선의 파괴이다. 악이란 인간에게 고통을 가져다주는 실체로 존재하게 되는데, 가장 깊은 곳에는 악령이 존재하고 악령에 의하여 영향을 받는 악인 그리고 악한 제도의 형태로 존재한다. 폴 리꾀르의 악에 관한 기념비적 연구인 『악의 상징』*The Symbolism of Evil*

에 의하면 악은 언어를 통한 고백의 형태로 우리에게 모습을 보여주는데, 그것은 첫째로 거룩하고 신성한 것의 파괴, 금기taboo의 위반, 즉 선한 삶의 오염으로서의 "허물" 혹은 "더러워짐"defilement이다. 둘째로 악이란 하나님 앞에서 그의 계명을 위반하는 것으로 생기는 윤리적 반역인 "죄"sin이다. 그러므로 죄는 항상 "하나님 면전에서" 혹은 "하나님 앞에서"in the presence of God라는 의식을 동반한다. 셋째로 악은 보다 더 내면적인 관점에서 "죄의식"guilt의 형태로 존재하는데, 이는 심령에 체험되어지는 범죄 상태이자 죄악을 범하였다는 불행한 의식의 상태로서의 허물이다. 악이 광범위하고 일반적인 과실過失, fault을 의미하는 용어라면 죄는 보다 종교적이고 신학적인 용어이다.[9] 이러한 악은 인격적으로는 개인과 공동체의 성숙, 나아가서는 하나님 형상의 회복이라는 원대한 삶의 목적을 이루지 못할 뿐 아니라, 결국은 행위자 자신과 주변에 관련된 사람들, 더 나아가서는 주변의 공동체가 성숙할 수 있는 기회를 박탈하는 결과를 낳는다.[10]

이러한 의미에서 중대형 교회의 목회세습은 일반적으로는 악이요, 종교적인 차원에서 보면 죄이다. 이는 목회현장에서 거룩한 사역을 욕심으로 오염시키는 일이며, 자신뿐 아니라 주변의 사람들을

---

9) 악에 대한 대 대한 귀중한 연구는 폴 리꾀르의 다음 책을 참고하라. Paul Ricoeur, *The Symbolism of Evil*, trans. by Emerson Buchanan(New York: Harper & Row, 1967), 양명수 역, 『악의 상징』(서울: 문학과 지성사, 1999).

10) 악에 대한 정신의학적 논의는 다음을 참고하라. 스카트 펙 박사는 인간의 목적을 인격의 "성숙"이라고 파악한다. 그리고 악이란 이러한 성숙의 기회를 박탈하거나 막는 것이다. 악한 영으로서의 사탄, 거짓에 오염된 악한 사람과 집단적인 제도의 해악이 인간의 성숙을 막는 악이다. M. Scott Peck, *People of the Lie: The Hope for Healing Human Evil*, 윤종석 역, 『거짓의 사람들: 인간 악의 치료에 대한 희망』(서울: 비전과 리더십, 2007).

불행한 범죄의식으로 오염시키는 행위이다. 더구나 악은 종종 강력한 전염성을 가진다. 그것은 부끄러운 자신의 탐욕을 가리기 위하여 위장이라는 술책을 쓰기 마련이다. 그리고 객관적으로 그 탐욕을 숨기기 위하여 목회자의 목회에 도움을 주는 행정기구를 사적으로 도구화하여 합리적인 결정과정으로 위장한다. 목회자의 허물진 의도는 이제 제도적인 절차에 의하여 합리화되고 그럴듯한 합리적 과정이라는 제도적 외피外皮, 즉 위장된 절차적 과정을 두르게 된다.

독재자들이 벌거벗은 권력으로 통치하지 않는다는 것에 착안하라. 현대의 전제군주들이 오직 칼과 권력만을 가지고 일하지 않는다는 것을 주목하라. 강력한 종교지도자들이 강력한 정신적인 영향력만 가지고 목회하지 않는다는 사실을 알라. 강력한 영향력만큼이나 강력한 제도적 장치를 가지고 활동을 하는 것은 여러 지도자들이나 목회자에게 마찬가지 현상임을 잃어버리지 말라. 그것은 조직의 효율성과 운영의 능력이 부족하거나 악한 것이 물론 아니다. 문제는 조직에 영향력을 불어넣는 지도자의 능력과 윤리가 어떤 정신과 의도에 의하여 고취되고 있는가가 중요하다.

목회자가 종종 잘못된 의도를 가지게 되면, 이 의도는 교회 행정을 맡은 사람과 그 운용되는 장치와 제도를 오염시킨다. 그 결과 목회자는 제도를 타락시킨다. 여기서 개인적인 탐욕이라는 악은 점차 제도적인 오염을 통하여 주변의 사람을 타락시키고 목회자의 의지는 주변의 사람들에게 혐오스러운 결정으로 나타나기 시작한다. 권위주의적인 목회자가 이러한 일을 성사시키기 위하여 이제는 제도적인 결정과정에 속한 사람들을 도구로 사용하며, 그들을 설득하며 위협하거나, 그들을 회유한다. 그리고 후임자의 결정 후에도 지속적인 기득권을 누릴 수 있도록 배려하는 기득권의 유지라는 일종의 당근을 사용하게 된다. 악은 순진하지 않다. 악은 교묘하게 저질러질 수 있다. 목회세습이라는 악이 제도적인 특성을 가지는 이유 때문에, 종종 공적이고 합리적인 결정과정의 산물이라는 착각을 불러일으킨다.

 ## 중대형 교회의 목회세습을 가능하게 하는 것은 목회자의 악한 의지意志, will이다

목회자의 의지는 그리스도의 의지, 즉 그리스도의 뜻 아래에 두어야 한다. 그러나 목회세습의 결정을 내리는 목회자의 의지는 그리스도에 뜻에 자신의 뜻을 복종시킴이 아니라, 자신의 뜻 때문에 그리스도의 뜻을 포기한다.

악은 오염된 의지에서 나온다. 우리의 의지행위가 다 악한 것은 아니나, 과도한 욕망과 열망은 악의 근원이 된다. 열망 혹은 열정은 불붙은 의지이다. 만일 목회자가 자신의 권위를 무기삼아 목회적 권위를 기득권으로 삼고 세습을 열망하게 된다면, 이 권위주의적 목회자의 열망은 악의 근원이 된다. 이 탐욕스런 의지는 자신의 영성을 바꾸어 왜곡하고, 이어서 주변의 환경에 영향을 미쳐서 악한 의도를 관철시키려는 구조를 만든다. 목회세습이라는 목표에 함락된 목회자의 열정은 자신의 이성을 사용하여 논리적으로 자신의 의도를 합리화한다. 목회세습을 향한 자신의 열정은 감성적 지원을 통하여 자신의 의지를 더욱 견고히 한다. 감성적으로 세습의 목표를 좋아하고, 상상하며, 즐거워하고, 목회 퇴임 이후의 미래에 대한 불확실성을 해결하는 것에 대한 만족을 느끼기 시작한다. 목회자가 가진 이러한 목회영향력의 지속이라는 프로젝트는 자신의 이성과 감성에 의하여 더욱 확인이 되고, 그 만족을 위하여 이제는 서서히 주변의 환경을 바꾸려고 한다.

이제 환경의 문제를 극복하기 위하여 세습의 의지를 가진 목회자는 두 가지 면에서 노력을 시작한다. 여기서 환경이란 물리적, 자연적 환경environment라기 보다는 주변의 상황이나 성도의 상황과 같은 인적 환경milieu이다. 그러므로 가장 중요한 문제는 목회자의 의지의 문제이다. 이어서 중요한 문제는 가장 지근거리에 있는 인적 환경이 목회자의 의지를 지원하는 가가 문제이다. 상식적인 차원에서 교회의 목회세습을 즐거움으로 받아들이는 목회자 주변의 사람들이 얼마나 많이 있을까? 이러한 상식상의 문제를 해소하기 위하여 세습을 결행한 많은 목회자들은 자신의 아들을 후임자로 준비시키기 위하여 신학교를 보내고, 학위를 받도록 준비시키며, 오랜 동안에 걸쳐서 아들을 후임자로 좋은 자격조건을 갖추기 위하여 준비시킨다. 그리고 이러한 준비가 어느 정도 끝났다고 생각되면, 서서히 주변의 사람들을 설득하기 시작한다. 현직 목회자는 후임자 아들이나 사위를 위한 경영수업을 시키되, 종종 다른 부목사들을 공정한 경쟁에서 배제시킨다. 여기서 담임목회자의 인척이 되는 후임자는 소위 귀족 목회자 혹은 목회귀족이 된다. 이때에 목회의 현장은 기업의 논리를 따르는 착오를 범하게 된다.

사회 속에서 기업의 소유주는 배타적으로 그 소유를 처분하며 소유권을 행사하거나 포기할 가능성이 있지만, 목회자는 목회지와 교회의 소유주가 아니다. 그럼에도 불구하고 현직 목회자의 열망과 열정은 그리스도의 교회와 위임된 목회자의 권한을 사유화하여 자신의 욕망을 이루려는 허탄한 목표를 가진다. 목회자의 의지는 그리스도의 의지, 즉 그리스도의 뜻 아래에 두어야 한다. 가요니체크라는 유태인 사형수를 대신하여 아사 감방에서의 죽음을 택한 막시밀리안 콜베 신부의 말처럼 우리의 작은 의지will는 그리스도의 큰 의지 Will 아래에 있을 때 선할 수 있다. 그러나 목회세습의 결정을 내리는 목회자의 의지는 그리스도에 뜻에 자신의 뜻을 복종시키는 것이 아니라, 자신의 뜻 아래에 그리스도의 뜻을 복종시키는 것이다. 악은 타락한 우리의 의지의 승리will 〉 Will이며, 그리스도의 의지가 이기는 것will 〈 Will을 용납하지 못하도록 하는 것이다. 이는 종이 주인의 의지를 거스르는 것으로서 윤리적 반역이라고 말할 수밖에 없다.

6 중대형 교회의 목회세습은 목회자의 권위를 권력으로 바꾸면서 시작된다

목회자가 위임받은 권위는 섬김을 위한 것이다. 이 섬김의 권위를 군림의 권력으로 변화시킨 것이 목회세습이다. 목회세습은 종종 권위주의적 리더십을 가진 목회자를 통해서 나타난 그릇된 열매이다.

많은 목회자들이 보람된 목회의 일에 자녀들마저 동참하여주기를 바라는 것은 잘못된 생각이 아닐 것이다. 비록 현장 목회가 힘들고 괴로운 일이라 할지라도, 목회자는 사람이 변하는 것을 체험하며 기쁨을 누리는 특권을 가진다. 불신자가 회심을 경험하고, 중생한 신자로서 하나님 사랑, 이웃 사랑을 위하여 실천하는 인격의 변화를 볼 때, 목회자가 누리는 이보다 더 큰 보람은 없다. 목회지에서 목회를 통한 값진 체험을 한 목회자는 종종 자녀를 보람 있는 목회의 현장으로 인도하고 싶은 의도를 가진다. 그러나 대를 이어서 하나님과 교회를 섬긴다는 경건한 열망이 자신의 목회현장을 물려주려는 것으로 귀결된다면, 이는 하나님의 주신 권위를 명백하게 오용한 것이다. 이것은 자녀를 향한 경건한 열망을 기득권의 승계라는 본능적인 욕구에 굴복시키는 것이다.

목회자의 범죄적 의도를 실천가능하게 하는 것은 이미 목회의 권위를 권위주의로 타락시킨 목회현장에서 종종 나타난다. 목회세습을 위한 목표를 실행하겠다는 의지가 확고하여진 상황에서 이를 가능하게 하는 것은 주변의 인적 환경의 변화라는 징검다리를 통해서이다. 인적 환경을 변화시키는 능력은 그 목회자의 확보된 영향력에 기반을 두는데, 이는 악한 의도를 관철하기 위하여 반대하는 성도의 요구를 바꾸는 일종의 그릇된 능력의 행사로 가능해진다. 여기서 목회자의 "권위"가 중요한 문제가 된다. 권위는 권력과 달리 목회자의 의도에 타인을 자발적으로 굴복시키는 힘이다. 권력이 성도를 강제하는 측면이 있다면, 권위는 성도의 신뢰를 바탕으로 한 목회자의 긍정적인 능력이라고 할 수 있다. 여기서 목회세습을 생각하는 목회자는 자신의 이익과 욕망을 위하여 권위를 권력으로 이전시키는 심각한 오류를 범하게 된다. 하나님이 목회자에게 주신 권위는 섬김을 위하여 주신 것이다. 이 섬김의 권위를 군림하기 위한 권력으로, 더구나 목회의 현장을 탈취하기 위한 권한의 사유화로 타락시킨 것이 권위주의적 담임목회자의 오류이다.

지도력의 긍정적인 행사로 말미암아 목회현장에서 나타난 반복된 성취는 종종 성도로 하여금 목회자의 권위에 대한 과도한 신뢰와 의존성을 낳게 된다. 더욱이 목회의 영역에서 거둔 많은 성취는 지도자의 목회세습을 위한 결정을 용이하도록 만들고, 주변의 제도적 견제기능이 작동하는 것을 무력화시킨다. 실제로 목회세습을 강행한 많은 목회자는 교계에서 총회장이나 각종 단체의 기관장을 역임함으로서 교계 내외에서 강력한 리더십을 인정받은 목회자가 많다.

종종 권위를 권력으로 사용하는 목회자의 모든 결정이 옳은 것은 아니기 때문에, 목회를 돕는 모든 제도적 장치는 동시에 목회자의 그릇된 결정을 제한시키고 막아주는 일을 통해서 목회자를 도와야 한다. 그러나 혁혁한 성취와 카리스마를 가진 목회자에 대하여 다른 의견을 제시하거나 반대의 견해를 표시하는 목회 환경은 쉽게 주어지지 않는다. 목회세습을 거부하는 바른 결정은 목회자 자신의 겸손함과 성숙한 장로회의 확보 없이는 쉽게 이루어지지 않는다. 무비판적인 목회 장치는 담임목사의 자의적 행정 집행을 거부하지 못한다. 결국 담임목회자는 그리스도의 일을 위하여 확보된 자신의 권위를 이제는 자신의 기득권을 지속시키기 위한 권력화를 위한 계획을 위하여 사용한다. 섬김의 권위가 목회자 자신을 위한 권력으로 바뀌는 상황을 적절하게 견제하지 못하는 한, 목회자에 대한 실제적 도움과 견제를 제공하는 제도적 장치가 제대로 작동될 수 없다.

중대형 교회의 목회세습은 성공한 목회자에게 나타나는 유혹이다

강력한 목회적 카리스마를 가진 목회자는 후임자의 결정에 까지 지대한 영향력을 미친다. 더욱이 이러한 경우 목회적 권위는 종종 후임 결정에까지 확장되어 교인들의 의지와 당회나 공동의회의 의사를 무시하는 오류를 범한다.

목회세습이 가장 현저한 문제로 한국교회에 등장하기 시작한 것은 1997년 충현교회의 경우이다. 충현교회는 모범적인 합동 측 교회로 한 때 3만 명 이상의 초대형교회로 성장한 보수적이고 복음적인 교회이다. 이 교회의 창립자이자 은퇴 이후 원로목사가 된 김창인 목사는 1987년 퇴임하면서 후임자 이종윤 목사를 1988년 담임목사로 세웠다. 그러나 1991년 이종윤 목사는 아름답지 못한 몇 가지 이유로 급작스럽게 사임하게 되었고, 이러한 과정에서 원로목사가 목회에 깊이 개입하게 되었다. 이종윤 목사의 후임으로 교회는 같은 해 1991년 10월에 신성종 목사를 세우게 되었다. 이 모든 과정에서 원로목사의 불가피한 관여는 교회의 정책결정과정에 상당한 영향력을 미쳤고, 1995년도에 이루어진 신성종 목사의 퇴임은 원로목사를 다시 목회의 현장으로 들어오도록 만들었다.

김창인 원로목사가 처음부터 목회세습의 의도를 가지지 않았던 것은 분명한 것 같다. 그는 자신이 일정부분 훈련시키고 양육하여 세운 두 목회자이자 학자를 처음부터 일시적으로 임용한 뒤에 퇴임시키려는 생각으로 세우지 않았다는 것은 그분의 인격이나 올곧은 이전 행적을 통하여 미루어 짐작할 수 있다. 그러나 두 후임자의 취임과 퇴임에 미친 영향력은 이제 원로목사로서 제 4대 담임목사를 청빙하는 과정에서도 그대로 행사되는 상황이 되었다.[11] 지도자가 급작스럽게 퇴임하여 지도력의 공백이 생긴 상황에서 교회의 인사와 행정에 대한 원로목사의 지속적인 영향력의 행사는 이제까지의 영적, 목회적 영향력, 즉 그의 강력한 권위가 점차 권력화되는 계기가 되었다. 그 결과 그는 방금 기초적인 목회준비를 마치고 안수를

---

11) 배덕만 편, 『교회세습, 하지 맙시다』, p. 59.

받은 지 얼마 되지 않은 아들 김성관 목사를 1997년 제4대 담임목사로 세웠다. 신성종 목사의 퇴임해인 1995년부터 김성관 목사의 취임해인 1997년에 이르기까지 김성관 목사의 강도사, 목사 준비과정이 신속히 진행되었다. 강력한 권위를 가진 원로목사의 권위적 주도와 지도력에 주변의 당회원들과 교인들은 별 큰 저항 없이 순응하였다. 2, 3대 두 담임목회자의 퇴임을 통하여 교회는 이미 상당한 위기의식 속에 있었고, 이 위기를 타개하려는 많은 방법 중 원로목사의 후견을 받는 아들 담임목사의 사역이 교회에 안정을 가져다 줄 것이라고 많은 사람은 기대하였을 것이다.

2012년 6월 12일 원로목회자 위로예배에서 김창인 목사는 미리 준비한 성명서를 통하여 몇 가지 중요한 사실을 참회하였고, 이는 매스컴을 통하여 일반에 퍼졌다. 그 회개의 내용은 첫째, 교회의 4대 담임목사를 세우는 일에 깊이 관여하였다는 것, 둘째는 목회 경험이 없고 목사의 기본자질이 되지 않은 아들 김성관 목사를 세웠다는 것, 셋째는 그 과정에서 기립 투표라는 무리수를 두었다는 것이다. 아울러 그는 무리한 목회세습이이 자신의 "일생 일대 최대의 실수였다"고 고백한 후에 "그것이 하나님 앞에서 저의 크나큰 잘못이었음을 회개 한다"고 천명하였다.[12]

대형교회의 경우, 강력한 목회적 카리스마는 후임자의 결정에 까지 지대한 영향력을 미친다. 결국 당회장의 목회적 권위는 종종 후

---

12) "충현교회 원로목사 김창인 '세습 회개합니다'", https://www.youtube.com/watch?v=FqQnGqJbTi8; 위의 책, pp. 63-64.

임 결정에까지 권위주의적으로 확장되어 교인들의 의지와 책임 있는 결정기관, 여러 교회의 경우 장로회나 당회의 의지를 넘어서서 권력으로 변화하는 것이 드물지 않은 사례이다.

8 중대형 교회의 목회세습과 맞물린 권위주의적 목회자의 권력화는 지금도 계속된다

권위는 위로부터 부여받고 아래로 인정받는 것이지만 그 권위를 자신의 탐욕을 위하여 사용하기 시작하는 순간부터 권위주의적 권력이 된다. 이 때에 목회자의 청지기 정신은 사라지고, 욕심을 채우려는 열망을 위하여 목회 장치를 권력 장치로 바꾸게 된다.

중대형교회의 목회세습이 만들어낸 부작용에도 불구하고, 많은 목회자들이 지속적으로 권위를 권력화 하는 실수를 거듭하고 있다. 권위는 하나님의 은혜 속에서 하나님께서 부여하시면서 공동체로부터 확인되고 인정받는 것이지만, 자신의 탐욕을 위하여 사용하기 시작하는 순간부터 권위는 권력이 된다. 청지기 정신은 이 순간 바로 사라지고, 욕심을 채우려는 열망을 위하여 목회의 장치를 권력 장치로 바꾸어 사용하게 된다. 이러한 실례는 비일비재하다. 목회세습을 결행한 많은 목회자의 경우가 교회의 창립자, 개척자, 한 세대에 이르는 장기목회자, 대형교회나 초대형교회를 이룬 자, 교단의 총회장이나 연합기관의 리더십을 행사한 목회자이다. 이러한 중대형

교회나 초대형 교회의 목회자, 장기간 목회로 카리스마를 인정받은 목회자의 경우, 강력한 영향력으로 아들, 혹은 사위 등을 지근거리에 세움으로 그 영향력을 지속적으로 행사하려고 한다.

2013년 교회개혁실천연대에서 3월 12일부터 6월 28일까지 이메일, 전화, 언론보도 등을 통하여 세습이 완료되거나 진행 중인 것으로 의혹이 제기된 세례는 총 128건이었고, 이중 62교회가 이미 세습을 완료하였고, 22교회기 진행 중인 것으로 알려졌다. 세습을 단행한 교회 62개 중 교단별로 보면 기감 17, 예장합동 17, 예장통합 6, 예성 4, 기침 3, 예장합신 2, 기성 2 기타 11이었다. 유형별로는 담임목사의 직계세습이 56곳이었다. 특이한 것은 세습을 단행한 특정 교단이나 교회 규모와 상관없이 62개 교회 중 절반에 해당하는 28개 교회의 선임목사가 교단 총회장, 감리교 감독, 한기총 대표회장 등의 유력한 교회 정치의 영향력을 행사하고 있거나 행사한 경우인 것을 보면, 결국 교권을 체험한 사람들의 경우가 압도적으로 많이 그리고 용이하게 목회세습을 이룬 것으로 보인다.[13] 따라서 강력한 교단지도력과 목회지도력은 목회세습과 상관관계가 있음을 자료를 통해 발견할 수 있으며, 결국 목회자의 유력한 권위주위와 권력화가 목회세습을 이루는 중요한 출처임을 미루어 짐작하게 한다.

---

13) 위의 책, pp. 74-75.

9 중대형 교회의 목회세습이라는 악은 변칙세습이라는 방법으로 은폐되는 경향이 있다

교단 차원의 세습방지책의 제정은 목회세습의 부당성에 대한 깊은 성찰을 하는 계기가 되었다. 이에 일부 중대형교회의 목회자들은 편법적인 목회세습을 계획하기 시작하였다. 그리고 이러한 편법이 현재 시행되고 있다.

악을 자신을 감춘다. 악인은 자신을 위장한다.[14] 악한 제도는 스스로를 합리적인 의사결정과정이라고 강변하고, 절차적 민주주의라는 관점에서 흠 없이 이루어진 결과라고 옹호한다. 악은 자신의 무죄선언을 확보하기 위하여 제도적인, 절차적인 우회로를 확보한다. 목회세습에 있어서도 종종 목회자의 권위주의적 의도를 당회나 기획위원회 운영위원회 등의 목회 장치를 통한 의사결정과정이라는 합리적 청빙절차를 만들어 비난을 피해가려고 한다. 유능한 목회자일수록 의사결정과정을 사용하는 능력은 탁월하다.

절차적 합리성을 통해서 목회세습을 하는 경우에 대하여, 개신교 일부 교단은 세습방지법을 제정하여 목회세습을 근절시키려는 법적 장치를 세웠다. 기독교감리회는 2013년 9월 25일 임시입법회의에서 "부모가 담임자로 있는 교회에 그의 자녀 또는 자녀의 배우자는

---

14) 악의 은밀성과 위장에 대한 고전적인 연구는 다음을 참고하라. M. Scott Peck, *People of the Lie: The Hope for Healing Human Evil*, 윤종석 역, 『거짓의 사람들: 인간 악의 치료에 대한 희망』(서울: 비전과 리더십, 2007).

연속해서 동일교회의 담임자로 파송할 수 없다. 부모가 장로로 있는 교회에 그의 자녀 또는 자녀의 배우자는 담임자로 파송할 수 없다"교리와 장정 제3편 조직과 행정법 17항 36조는 규약을 통과시켰다. 2001년의 광림교회와 2008년의 금란교회와 2013년의 임마누엘교회의 세습 혹은 변칙세습으로 문제가 되었을 뿐 아니라 교단적으로도 세습교단이라는 오명을 쓴 감리교단에서 먼저 강경한 법적 대응의 반응이 나타났다.[15] 이에 이어서 예장통합은 총회헌법 제2편 정치 제5장 28조를 통하여 목회세습을 법적으로 방지하되 "자립대상교회에는 이를 적용하지 아니 한다"는 예외항목을 추가함으로 부당한 세습과 자기희생적인 승계를 구분하여 법적인 구별을 두었다. 기장교단 역시 이러한 전례를 따라서 세습방지법을 통과시켰다. 이러한 교단적 차원의 세습방지책의 제정은 목회세습의 부당성에 대한 교단자체 내에 경종을 울리는 일이 되었을 뿐만이 아니라, 담임목사의 권위주의적 영향력에도 불구하고 목회의 사유화에 대하여 깊은 성찰을 하게 만드는 계기가 되었다.

그러나 일부 중대형교회의 목회자들은 이제 편법적인 목회세습을 계획하기 시작하였다. 악은 스스로를 위장한다. 목회세습은 법적인 방지책을 교묘히 피하는 아주 세련된 기법을 사용하는 것으로서 교단이 규정한 불법을 위장하기 위한 "악의 정교화"evil sophistication의 과정을 밟게 된 것이다. 이는 교묘하게 위장된 목회세습이다. 편법세

---

15) 김동춘, "변칙세습 무엇이 문제인가: 교회 사유화에서 교회 공공성으로," (교회세습반대운동연대 변칙세습포럼, 2015년 5월 26일), p. 4.

습은 또 다른 형태의 목회세습으로서 법망을 교묘하게 회피하는 위장된 악이다.

10 중대형 교회의 목회세습은 변칙세습을 통하여 악을 정교화한다

법망을 피하여 세습을 환성시키는 방법은 다양하다. 변칙세습은 법적인 흠이 없이 혈연에게 목회를 승계시키는 더욱 공교하게 발전된 목회세습의 또 다른 형태이다. 다양한 형태에도 불구하고 기득권의 대물림이라는 면에서 공통점을 가진다.

2015년 5월 26일 변칙세습포럼에서 연구되어 제시된 편법세습의 경우는 다음의 여덟 가지 사례가 있다.[16] 첫째는 지교회 세습으로 지교회를 개척하여 이전 교회에 경제적 부담을 주면서 아들을 담임 목사로 가게 하는 경우이다. 둘째로는 교차세습인데 이는 비슷한 규모의 교회 목회자끼리 아들 목사의 목회지를 서로 교환하는 세습의 방법이다. 이는 개교회를 넘어서서 여러 교회가 함께 목회세습에 참여하는 경우이다. 셋째는 다자간세습으로 셋 이상의 교회가 서로 교차적으로 세습을 이루는 경우를 말한다. 이는 기독교감리회의 한양제일교회나 은혜교회에서 시도한 경우이다. 넷째는 징검다리 세습

---

16) 김동춘, "변칙세습 무엇이 문제인가: 교회 사유화에서 교회 공공성으로," pp. 6-7.

으로 할아버지가 목회하던 곳에 손자가 들어와 목회를 하도록 하는 경우이다. 다섯 번째는 분리세습으로 아버지 목사가 개척한 여러 교회 중에 하나를 자신의 아들에게 맡기는 경우이다. 여섯 번째는 통합세습으로서 분리세습과는 정반대의 형태로서 이미 아들이 목회를 하고 있는 지교회 격의 교회를 아버지가 목회하고 있는 교회와 통합함으로서 세습을 하는 것이다. 이는 왕성교회의 길자연 목사가 사용한 방법으로 길요나 목사의 과천왕성교회를 통합하여 자신은 은퇴하고 아들을 담임목사로 세운 것이다. 이러한 상황은 2017년 명성교회에서 새노래명성교회를 통합하려고 함으로 다시 재연되었다. 일곱째는 동서간의 세습이다. 여덟째는 쿠션세습으로 아버지 목사가 자신과 가까운 목사에게 교회를 형식적으로 이양한 다음에, 이어서 다시 아들 목사에게 물려주는 방법이다. 이는 쿠션을 위하여 사용하는 목회자에게 반대급부를 줌으로 결국 악은 당사자뿐 아니라 공범을 통하여 확산되는 것이다. 악의 특징은 오염이다. 악은 여러 가지의 방법으로 자신을 위장한다.

III

성경적 배경에서 본 목회세습 10개 조항

 중대형 교회 목회세습의 근거를 구약 제사장의 혈연주의
에서 찾을 수 없다

구약의 제사장은 목회자의 상징이 아니라 유일 중보자 그리스도의 예
표이다. 종교개혁의 정신은 왕적 제사장인 그리스도가 가진 멜기세덱의
반차를 따라 모든 성도들이 다 왕 같은 제사장이라는 가르침이다.

하나님과 인간을 매개하는 구약의 3대 중보자mediators는 제사장,
선지자와 왕이다. 가정의 제사장에서 씨족의 제사장에 이르기까지,
제사장 사역은 성경에서 가장 먼저 생긴 중보직분으로 여겨진다. 아
브라함, 이삭, 야곱은 족장으로서 제사를 주관하였다. 족장시대에
살던 것으로 여겨지던 욥도 가정의 제사장으로서 제사를 드리는 직
분을 감당하였다. 아담에서 시작하여 가인과 아벨, 홍수 전의 다른
조상들도 여호와의 이름을 부르며 제사를 드렸다.창4:26 오랜 제사장

의 역사 속에서 한 민족 히브리 족속의 제사장으로 한 가문을 불러 세운 것은 백성들이 이집트에서 해방되어 시내산에 이르렀을 때이다. 이 출애굽 시대에 아론은 대제사장이 되었고 그의 네 아들들은 한꺼번에 제사장으로 세움을 받았으며 그 제사장 계보의 전통은 오랜 동안 혈연에 의하여 계승된다.

그러나 구약에서 모든 제사장이 혈연으로만 계승되었다고 생각하는 것은 잘못이다. 필요에 따라 정규 제사장 이외의 사람이 제사장의 직무를 수행하는 것을 성경은 인정하고 있다.삿6:18, 24, 26, 13:16 더구나 아론의 질서를 따라 난 제사장과 함께 멜기세덱의 질서를 따라 생긴 제사장 직분이 있었는데, 그리스도는 왕이면서 거룩한 제사장인 이 멜기세덱의 질서를 따르는 왕적 제사장이라고 말하고 있다.

아론의 제사장직도 잠정적인 것이었다. 구약에 제사장이 혈연으로 승계되었으니 '지금도 혈연에게 한 교회의 목회직분을 승계하는 것이 괜찮다'는 것은 다분히 견강부회이다. 레위지파의 제사장직을 세우는 하나님의 의도는 모든 이스라엘 민족의 장자를 유월절의 심판에서 구하였기 때문에, 하나님이 소유권을 주장하는 이스라엘의 장자를 대신하여 영적 지도자를 세우려는 것이었다. 이 때문에 이스라엘의 장자의 숫자를 맞추어서 레위인의 수효를 계수하고, 그 숫자에 모자란 분량을 사람을 대신하여 하나님께 바치는 속전으로 드린다. 하나님의 뜻은 백성의 장자를 하나님의 소유 즉 제사장으로 세우려는 것이었다. 이스라엘을 이집트의 마지막 장자 재앙에서 구한 것을 기억시키기 위하여, 영적인 장자, 곧 제사장의 역할을 감당하는 레위족속을 선택한 것이다.

이스라엘의 장자를 대신하여 레위사람을 택한 것이니, 하나님은 기력의 출발인 장자를 받으시기를 원하신 분이다. 저주로 말미암아 온 땅에 흩어져 살게 된 레위 사람을 하나님의 장자의 공동체로 세워서 제사장 가문을 만들었으니, 레위인의 모임은 이스라엘의 장자의 모임, 장자의 총회를 대신하는 것이다. 그 중에서도 대제사장은 아론의 후손으로 세워서 사역을 감당하게 한다. 구약의 이러한 가르침은 잠정적인 것으로 이 시대의 목회자를 레위인으로 간주하는 것은 바른 해석이 아니다.

구약의 제사장 제도가 예표하고 있는 것은 신약시대의 목사가 아니라 바로 예수님이시다. 대제사장된 예수님에 대한 예표로서의 구약의 제사장 제도가 그림자라면, 온 제사장의 제도는 현재의 목회자를 의미하는 것이 아니라 이 시대의 온 성도들을 의미하는 것이다. 너희는 다 "왕 같은 제사장"벧전2:9이라고 말하고 있는데, 이 제사장 직을 목회자 혹은 교회의 특별한 직분자로 해석하는 것은 성경의 가르침에 대한 왜곡이다. 이 제사장의 자리를 사제priest라는 명목으로로만 카톨릭이나 혹은 동방정교가 교역자의 위상을 높인 것은 종교개혁의 대상이 되었고, 왕 같은 제사장은 오직 그리스도의 지체와 몸이 된 성도를 지칭하는 것이다. 그리스도가 아론의 반차가 아니라 멜기세덱의 반차로 오셨고, 우리 모든 성도가 "왕 같은 제사장," 즉 멜기세덱을 따르는 질서에 들어간 존재라면, 지금 종교개혁 이후의 시대에 와서 목회자가 제사장이라는 것은 성경의 잘못된 해석에 의

거하고 있는 것이며, 종교개혁 이전으로 돌아가려는 발상이다.

21세기에 들어와 종교개혁 500주년이 지나는 지금, 종교개혁의 대상이 되었던 구약적인 사제의 직분으로 돌아간다는 것은 종교개혁의 산실에서 태어난 개신교회가 스스로 개혁대상이 되겠다는 주장이 아니고 무엇이겠는가? 목회자의 전문성을 거부하려는 것이 아니다. 모든 성도들이 자신의 직업적 소명을 통하여 하나님을 섬기는 것처럼, 목회자들도 고유의 목회적 사역을 통하여 교회와 성도들을 세우는 중차대한 사역을 맡고 있다. 종교개혁의 정신은 모든 성도들이 다 왕 같은 제사장이라는 점이다. 삶의 모든 영역에서 이 성도들이 자신의 직분을 감당하여 "그리스도를 왕 되게 하려함"이 목회자들의 섬김의 이유일진대, 목회자가 이 양육과 선교의 거룩한 장, 교회와 목회를 사유화하는 것은 옳지도 않고 바람직하지도 않다. 오직 예수님은 왕 같은 제사장으로서 멜기세덱의 반차를 쫓는 분이시며, 우리도 다 왕 같은 제사장이라는 사도의 말씀을 왜곡하여 목회자가 성직독점을 하는 것은 성경의 가르침을 거스르는 것이다. 목회자가 교회영역의 전문성을 가져야 할 필요성을 말할 수는 있지만, 목회자의 독점적 권한을 주장하는 것은 성경에서 온 가르침은 아니다. 구약의 제사장 제도는 그리스도와 교회에 대한 상징적인 함의를 가진 말씀이다. 그러므로 구약의 제사장직의 승계로 목회세습을 설명하려는 시도는 논리적 근거가 너무도 희박하고 이론적으로 가능하지도 않다.

12 중대형 교회 목회세습의 근거는 유대 왕조사에서도 발견되지 않는다

목회자가 자신의 직분을 왕조의 왕권처럼 승계 가능한 것으로 생각한다면, 이는 시대착오일 것이다. 목회자의 지역교회를 향한 직임은 소명에 있는 것이지 혈연에 있는 것이 아니다. 일방적으로 목회세습을 강행한 것에 대하여 하나님은 반드시 그 책임을 물을 것이다.

그리스도의 3중 직분 중에서 왕의 직분은 상당부분 제사장의 직분처럼 승계되어 온 것을 이스라엘의 역사 속에서 살펴볼 수 있다. 그러나 엄밀하게 말하면 수천 년의 이스라엘의 역사 속에서 세습되는 왕조가 존재했던 때는 다윗의 시대 약 기원전 1,000년경으로부터 시작하여 기원전 586년에 이르는 약 400년에 걸친 기간이다. 다윗은 나단 선지자를 통하여 "나단의 신탁"삼하7:1-17, 즉 다윗가문이 영원한 왕조를 이룬다는 통보를 받는다.

그러나 이러한 나단 선지자를 통한 언약도 영원한 혈통승계를 무조건적으로 약속받은 것은 아니다. 역사 속에서도 이 다윗왕조가 지속된 기간은 우리나라의 고려시대나 조선시대의 세습적 왕에게 미치지 못한다. 이 의미는 더욱 깊이 해석되어야 한다. 첫째로 나단의 신탁은 일차적으로 다윗을 향한 축복의 언약이다. 삼하7:8-9, 11-12 다윗이 하나님의 집, 성전을 건축하려는 의도를 가진 것을 기뻐하시고, 하나님 자신이 다윗의 집, 곧 가문을 세우고 평안한 삶과 나라와 견고한 승계를 이루게 하겠다는 것이다. 둘째는 영원한 왕조를 세우고 혈통을 통한 왕권의 승계는 하나님의 말씀에서 떠나지 않는 것을 전제로 한 "조건부 언약"이다. 이는 바로 다음 왕 솔로몬이 하나님을 떠났을 때, 왕국의 분열이 선포되는 것으로 예증된다. 악한 유대의 왕들이 하나님의 계명과 법도를 버리자 유다는 이웃나라의 침략을 받는다. 그리고 결국은 우상을 섬기는 므낫세로 말미암아 하나님은 유대왕조를 멸망시키기로 작정하신다. 그 결과 유대민족의 왕정은 바벨론의 포로생활로 중단된다. 셋째로 이 말씀은 다윗의 혈통을 통하여 영원한 왕이 오시는데, 그가 아브라함에게 약속했던 열방의 복이 되시는 영원한 메시야이다. 결국 다윗에게 한 영원한 왕조의 약속은 예수 그리스도를 통하지 않고는 이루어질 수 없는, 그리스도와 그에 의하여 세워지는 메시야 왕국에 대한 예표로 해석함이 가능하게 된다.

하나님과 자신의 백성을 향한 언약은 편무조약片務條約과 쌍무조약雙務條約의 두 가지로 나눌 수 있다. 전자는 하나님이 일방적으로 우리에게 주시는 은혜이다. 온 인간을 향하여 복 주시는 하나님은 우리를 창조하시되 창조의 면류관으로 지으시며, 하나님의 형상으로 지으시며, 생육하고 번성하라는 복을 주시고, 온 피조물을 다스리고 하나님의 영광을 드러내는 존재로 일방적으로 복을 주신다. 이는 하나님 편에서 전적으로 인간을 향하여 베푸시는 강복降福의 의무를 지겠다고 함으로서 이루어지는 언약이므로 편무조약이다. 이와 사뭇 의미가 다른 조약은 쌍무조약이다. 이 같은 형태의 조약으로 하나님께서는 자신의 의무와 함께 상대방의 의무를 요구한다. 시내산 언약은 대표적인 쌍무조약이다. 이는 하나님의 백성들과 계약을 맺으시는 하나님이 율법을 조건으로, 율법을 매개로 하여 이스라엘 백성과 언약관계를 가지겠다는 것이다. 따라서 세습적인 왕조라 할지라도 하나님이 계명과 법도를 떠나면 언약이 폐기된다는 두려운 의무 위에 서는 것이다. 하나님은 언약에서 신실하시다. 문제는 언약의 당사자인 사람이다. 반복적으로 주어진 시내산 언약과 모압 평지에서 주어진 신명기를 통하여 그 언약의 법전이 지켜지지 않으면 언약관계가 청산된다는 사실은 반복되어 나타난다. 특히 두 번째로 주어진 언약문서인 신명기는 당시 중근동의 종주언약suzerain-vassal treaty의 형식을 취함으로 언약관계가 파괴되는 것에 대한 저주와 멸망의 조건을 달고 있다. 유대왕조의 몰락은 언약의 의무를 다하지 않은 것에 대한 하나님의 심판이다. 그러므로 세습의 언약조차도 책임과 의무의 조건 속에 있는 것이라 해석함이 가능하다.

　왕가의 세습에서 중대형 교회의 목회세습을 찾는 것은 매우 어려운 일이다. 왕정에서 세자를 통한 세습은 왕가의 독특한 권위로 말미암은 세습이며, 이는 다윗에게 언약한 하나님의 결정에 기인한다. 목회자 자신이 자신의 지역교회에 대한 목회적 책임을 후손에게 승계가 가능한 것으로 생각한다면, 이는 시대착오일 것이다. 하나님과의 관계 속에서 이루어진 소명과 관련한 계약조건도 따져보지 아니하고 일방적으로 지역교회의 목회적 직임을 승계한 것에 대하여 하나님은 반드시 목회자에게 책임을 물을 것이다. 목회세습을 한 전임자뿐 아니라 그 후임자도 책임에서 벗어나지 못할 것이다. 주범도 처벌을 받지만, 공범도 그 책임을 면할 수 없는 것과 같은 이치이다. 하나님의 규칙에 대하여 몰랐다는 것도 이유가 되지 않는다. 종종 무지는 죄를 범하고 나서도 양심의 가책도 느끼지 않는 몰염치를 낳는다. 무지가 범죄에 대한 용서를 확보하리라고 오판하지 말라. 무지는 죄를 느끼지 못하는 영적 문맹이요, 이는 자기의 심판의 이유조차도 알지 못하는 파렴치이다.

13 중대형 교회 목회세습의 근거는 유대의 나머지 정치사에서도 발견되지 않는다

유대의 정치사 속에서 선지자 정치, 군인정치, 사사정치, 왕정, 총독정치, 그리고 제사장 정치의 다양한 정치형태가 등장하지만, 세습의 기록은 일반적이지 않은 것이 성경의 역사이다.

유대민족의 정치사 속에서 정치지도자를 배출한 그룹은 선지자로부터 제사장과 왕가, 총독에 이르기 까지 다양하다.[17] 그러나 여기서 왕조를 제외한 정치영역의 세습을 발견하는 것은 쉽지 않다. 첫번째로 이스라엘의 정치사 속에서 첫 민족국가의 정치지도자는 모세라는 선지자직분을 가진 사람이다. 그러므로 "선지자 정치"는 최

---

17) 이에 대한 더욱 자세한 논의는 다음의 저술을 참고하라. Michael Walzer, *In God's Shadow: Politics in the Hebrew Bible*(New Haven: Yale Univ. Press, 2012).

초의 이스라엘 민족에게 나타난 정치형태이다. 그러나 이 카리스마적 리더에게 권력이 대물림되지는 아니하였다. 모세에 의하여 시작된 은사와 능력의 도구로서의 선지자 정치는 거의 모든 선지자들이 세습을 허용하지 않는 것처럼 모세의 두 아들들, 게르솜과 엘리에셀에게 대물림 되지 않는다. 오히려 혈연과 상관이 없는 모세의 시동이자 휘하 장수이던 여호수아에게 민족의 지도력은 계승된다.

가나안 땅을 정복하는 여호수아에게 나타나는 정치의 형태는 "군인정치"이다. 이스라엘의 첫 번째 정치가는 하나님의 율법의 말씀을 받아 전한 선지자 모세라면, 그를 계승하여 나타난 여호수아는 군대의 총사령관으로서 정복전쟁을 펼친다. 군사지도자로서의 여호수아는 온 민족의 역량과 12지파의 조직된 군대를 통하여 가나안 땅의 성읍을 점령하고 많은 민족들을 몰아내는 데 성공한다. 그러나 전국적인 군사지도자로서의 여호수아의 지도력은 후대에게 지명되지 않는다. 에브라임 지파였던 여호수아는 그의 자녀 중 어떠한 사람도, 혈족인 에브라임지파의 어떤 사람도 세습적인 권력의 중심에 세우지 않는다.

여호수아와 갈렙과 같은 군사지도자들의 시대가 지나고 혈연의 승계와는 거의 상관이 없는 "사사정치"士師政治 곧 재판관정치가 시작된다. 사사 시대는 이스라엘의 12지파가 느슨한 부족연맹체 수준으로 살아가던 때이다. 전국적인 지도자는 별로 나타나지 않고, 지파를 중심으로 그리고 강력한 경우 다른 몇 지파의 지지를 얻어서 활동하는 양상으로 나타난다. 따라서 민족 전체를 영도하지 못하는 지방적인 리더십parochial leadership을 보여준다. 사사는 많은 경우 세습되지 않았으며, 그 정치적인 권한도 크지 않아 목가적인 시대의 정치형태로 남는다. 더구나 사사들은 왕이 되지 않는 것을 규범으로 생각하였다. 하나님이 왕이라 생각하였기 때문에, 왕이 되어 대대로 통치하라고 하는 백성들 앞에서도 기드온은 '여호와께서 통치하리라'삿8:22-23는 사실을 확인하며 세습적인 지도력을 거부한다. 그는 실제로는 아들을 70명이나 두며 왕처럼 살았지만, 세습하는 왕으로서의 위임은 원리적으로 부정하였다.[18] 그러나 주변의 민족국가의 왕 제도를 보는 유대 사람들은 사사시대의 종말에 세습적인 왕의 제도를 세워달라고 마지막 사무엘 사사에게 요청한다. 사사시대에도 거의 대부분의 사사들이 혈연에 의하여 승계된 것은 아니다. 마지막 사사 사무엘조차도 엘리 제사장의 아들이 아닌 가까이서 훈련받은 제자로서 엘리의 후임자로 세워지고 리더십을 발휘할 뿐이다.

사사시대가 지나고 "왕정정치"가 가진 함정에 대한 마지막 사사인 사무엘의 경고와 함께 왕정이 시작된다. 왕정이 가진 모험에도 불구하고, 백성들의 요청에 따라 하나님께서는 이스라엘에 왕 제도를 허락하신다. 이상적 왕에 대한 신명기의 가르침신17:14-20은 정치의 발전과정에 있어서 왕제도가 필요할 것을 하나님께서 미리 내다보시고, 왕의 권력을 제한하고 중근동의 전체주의적 왕과 같지 않은 인류 역사상 최초의 "제한군주제"制限君主制, limited monarchy를 가르쳐주

---

18) 전성민, "교회 세습에 대한 구약학적 고찰" 심포지엄 자료 교회 세습 신학으로 조명한다(교회세습 반대운동연대, 2013년 2월), pp. 9-10.

신 귀중한 말씀이다. 함무라비 왕과 같이 이스라엘의 왕은 입법자가 아니며, 선지자에 의하여 견제를 당하면서 제사장이 분립되어있는 역사상 보기 드문 제한군주가 다스리는 왕정을 가지게 된다. 사울이 아들들과 함께 죽고 나서, 다윗은 세습 가능한 군주로서 등장한다. 그의 왕권은 영원한 왕권이라고 하지만, 이는 하나님의 율법의 말씀을 지키는 쌍무조약에 의하여 언약을 맺은 것이다. 분열된 왕국에서 북조 이스라엘은 반복되는 구테타에 의하여 왕조가 바뀌다가 기원전 721년에 망하고, 마침내 남조 유다도 결국 기원전 586년에 멸망하게 된다.

세습적 왕조가 끊어지며 바벨론은 예루살렘을 황폐하게 만들었고, 예루살렘과 유다는 폐허가 되어 70년을 지나게 된다. 바벨론이 망하고 페르시아가 들어선 다음에 세습과는 상관없는 "총독정치"가 시작된다. 페르시아 치하에서 유대 총독이 회복된 나라를 다스린다. 스룹바벨과 느헤미야 총독은 유다의 회복된 제사제도와 신앙의 부흥으로 민족의 공동체성을 회복한다.

총독정치도 오래가지 않는다. 페르시아가 무너지고 난 다음, 그리스의 통치 아래 들어가게 된 유다는 독립의 기회를 잡기 위하여 저항한다. 총독정치 이후에 그리스의 통치에 저항하여 일어난 제사장 하스모니안 가문에 의하여 "제사장 정치"가 시작된다. 마카비의 부흥운동으로 말미암은 이러한 제사장 정치는 로마제국이 오기까지 길지 않은 기간 동안 펼쳐진다.

로마에 의하여 세워진 헤롯대왕의 통치는 왕가의 통치형태와 세습의 형태를 취하지만, 헤롯왕가는 로마총독의 직할통치와 혼합되어 이스라엘을 나누어 다스린다. 헤롯왕가는 교회가 생기기 시작하는 기간 동안 유지되다가, 서기 66-70년에 이르는 로마에 대한 유대인의 저항이 시작되면서 소멸된다. 더욱이 서기 135년의 바르코크바 반란이 정리되면서 유태인의 나라는 20세기에 이르기까지 역사상에서 흩어진 디아스포라 형태로 남는다.

이처럼 선지자 정치, 군인정치, 사사정치, 군주정치, 총독정치, 제사장정치 등의 모든 유대 정치사 속에서 다윗왕가의 군주정치와 제사장 가문의 제사장정치의 시대를 빼놓으면 대부분의 경우 세습을 공식화시키는 것은 일반적이지 않은 현상이다. 더구나 구약의 역사 속에서 목회자의 세습을 찾을 수 있는 근거는 거의 존재하지 않는다.

 중대형 교회 목회세습의 근거는 선지자에게서도 발견되지 않는다

선지자가 후계자를 지명하는 경우는 거의 존재하지 않는다. 선지자 가문 역시 존재하지 않는다. 선지자는 하나님의 소명에 의하여 혜성과 같이 나타났고 활동하였다. 엘리야가 엘리사를 지명한 경우는 예외적이며, 그것조차 자신의 혈육을 선택한 것이 아니다.

하나님의 말씀을 대언하는 중보자인 선지자는 율법을 시행하도록 왕과 백성을 향하여 설교하고, 여호와 신앙을 옹호하는 역할을 감당한다. 선지자는 왕과 제사장처럼 기름부음을 받았는데, 그들은 종종 시민들 앞에서 공중설교를 하거나 미래의 비전을 제시하면서 말씀을 떠난 현실의 불신앙을 질타하였다. 그들은 시인으로서 노래하고 계시로 받은 사회평론을 전함으로 왕과 백성이 하나님과의 언약 관계를 회복하여, 그 언약의 중심인 계명을 따라 살도록 인도하였다. 왕정으로 통치의 형태가 변화되고 난 후, 왕은 군사적이고 법적이고 정치적인 역할을 맡은 반면, 선지자는 미래를 보는 선견자의 카리스마를 가지고 하나님과의 교통을 맡았다. 그러나 왕과 달리 선지자가 자신을 위한 후계자를 지명하는 경우는 거의 존재하지 않는다. 엘리야가 엘리사를 정한 경우를 빼고는 선지자는 대개 하나님의 소명에 의하여 혜성과 같이 나타났다. 왕과 제사장은 국가의 지도부에 존재하는 사람들이었으나, 선지자는 거의 모든 사회계층에서 등장하였다. 다양한 출신의 선지자는 사회 각처에 임하는 상세한 하나님의 말씀을 전하도록 불림을 받았다. 선지자의 직분은 왕이나 제사장이 그러하듯이 여성에게는 거의 주어지지 않았다. 그러나 그 가능성이 막혀 있는 것은 아니다. 여선지 드보라처럼 특별하게 사명을 받는 자도 있었다.[19]

후계 선지자를 지명한 유일한 경우인 엘리야에게도 엘리사의 혈연을 고려하였다는 증거는 전혀 없다. 아론이나 다윗처럼 세습의 위

---

19) Michael Walzer, *In God's Shadow: Politics in the Hebrew Bible*(New Haven: Yale Univ. Press, 2012), pp. 75-76.

치를 가지는 선지자 언약은 존재하지 않았고, 오직 그들은 하나님께로부터 개인적으로 불림을 받았다는 사명감으로 가득 차 있었다. 그러므로 선지자 가문의 족보가 존재한다는 것은 불가능한 일이다. 많은 선지자들은 누구인지 잘 알려지지 아니한 아버지의 이름을 거명하고 나오거나, 아모스나 미가는 아버지의 이름조차도 밝히지 아니하고 드고아의 목자로 모레셋 사람으로 소개하면서 역사의 무대에 갑자기 등장한다. 그들에게 선지자 직분은 직분 자체의 중요함보다 그가 전하는 하나님의 말씀에 사로잡혀 소명을 좇는 사람이었다.

그러므로 현대의 목회자 직분을 선지자 직분과 대응시키는 것은 쉽지 않은 일이다. 더구나 세습되지도 않은 선지자 직분을 생각할 때, 여기서 목회세습과의 관련성을 찾는 것은 거의 불가능하다. 왕과 제사장의 직분은 당시의 상류사회와 연루되어 있었고 세습이 가능성이 있었으나, 선지자는 철저하게 "외로운 늑대"처럼 활동하였으며, 설교를 통하여 세력을 형성한다거나 파당을 만들어 영향력을 행사하는 것이 아니라 오직 하나님의 말씀을 전하는 사명감으로 충만하였다. 그러므로 선지자 사역을 어떤 지속적으로 지켜야 하는 기득권으로 여긴 적도 없었고, 또 그것으로 직업적인 소득을 얻으려는 사람들도 찾기 어렵다.[20]

직분상의 선지자로 그것을 통하여 생계를 해결하는 사람이 있다면 그는 거짓선지자였다. 왕은 자신의 통치에 부합하는 어용선지자를 고용하기를 원하였다. 특히 미래를 예언하는 은사를 가진 선지자

20) Walzer, *In God's Shadow: Politics in the Hebrew Bible*, pp. 78-81.

는 특별히 왕에 의하여 선호되었다. 국가의 대사, 즉 전쟁과 같은 일을 치르기 위하여 많은 선지자들의 예언이 필요하였다. 아합은 400명의 선지자 무리를 거느리고 있었다. 아합은 그러나 흉한 일만 예언하는 미가야를 싫어하였다. 신실한 선지자는 종종 왕의 심기를 뒤흔드는 예언을 하나님으로부터 받아 전하였다. 이러한 면에서 선지자는 윤리적인 대결을 하지 않는 박수나 점쟁이와 위상을 달리하면서, 그의 예언활동이 하나님의 통치를 세우려는 백성과의 언약으로 돌아가게 하려는 의도를 가지고 있음을 알 수 있다. 미국의 사상가 마이클 월쩌에 의하면, 선지자는 "사회평론가"였다. 종종 고난을 자취하는 선지자의 활동무대로서 "왕의 면전"을 빼어 놓을 수 없다. 그러나 그들은 궁정을 떠나서 성읍의 저잣거리, 재판이 이루어지는 성문 앞에서 백성들을 직접 만나기도 한다. 엘리야와 엘리사는 국가를 순회하였으며, 아모스는 베델의 성소에 들어가서 국민을 대상으로 예언활동을 한다. 이사야, 예레미야, 스가랴가 다분히 왕의 지근거리에 있었다면 아모스와 같은 선지자는 백성들에게 말씀을 전한다.[21] 백성들이 정치적인 혁명이나 동원을 위하여 이용된 것은 결코 아니지만, 선지자이 이들에게 미치는 정치적인 영향력을 배제할 수 없었다. 이러한 점에서 목회자의 역할이 선지자적인 측면이 없는 것은 아니지만, 목회자가 선지자적인 역할을 한다고 해서, 선지자의 직분으로 목회세습을 합리화할 수 있는 논리적 가능성은 희박하다.

---

21) Ibid., pp. 86-88.

15 중대형 교회의 목회세습은 예수님의 가르침과도 조화되지 않는다

예수님을 통하여 우리는 목회세습의 어떤 단초도 발견할 수 없다. 그리스도께서 가르치신 제자도나 제자들의 실제 사역은 오히려 목회세습과는 대척점에 서 있다고 말하는 것이 더 진실에 가까운 말이다.

예수님은 자신의 사역을 권력화시키지도 아니하셨고, 가족에게 교권을 가지도록 허락한 적도 없으며, 따라서 교권을 세습시킨 적도 전혀 없다. 예수님은 어머니에게 십자가의 고난을 보여주며 복음을 전해드렸지만, 명예스런 직분이나 부요함을 넘겨드리지는 못했다. 이는 예수님의 식구들에게도 마찬가지이다. 그리스도는 부모님 요셉과 마리아로부터 왕, 제사장, 선지자 직분을 넘겨받지 못하였으나, 오직 하나님의 아들로서 세 가지 중보적 사역을 감당하셨다. 그러나 그 어느 이 세상의 제도적 직함을 어머니나 형제들에게 세습시킨 적이 없다. 이러한 예수님의 영적인 전통은 복음서의 가족에 관한 가르침을 통하여 잘 나타난다.[22]

공관복음에 공통으로 나오는 예수님의 가족관을 살필 수 있는 사건에 대한 말씀이 있다.마12:46-50, 막3:31-35, 눅8:19-21 비교적 사역 초기에, 예수께서는 제자들과 함께 여러 사람들이 모인 자리에서 말씀

---

22) 김판임, "교회 세습에 대한 신약학적 고찰: 신약성서에서 바라본 한국 교회의 세습 문제" 심포지엄 자료 교회 세습 신학으로 조명한다(교회세습 반대운동연대, 2013년 2월).

을 나누고 있었던 상황으로 여겨진다. 이러한 정황에서 군중에 막혀 접근할 수 없는 그의 어머니와 형제자매들이 찾아와서 문밖에서 예수님 자신을 부르고 있다는 소식을 듣는다. 이에 예수께서는 "누가 내 어머니이며 동생들이냐"막10:33고 반문하시며, 그와 함께 둘러앉은 사람들을 향해 "내 어머니와 내 동생들을 보라"막10:34 하셨다. 이어서 예수님은 "누구든지 하나님의 뜻대로 행하는 자가 내 형제요 자매요 내 어머니이니라"막10:35고 가르치신다. 이 말씀은 하나님 나라 운동의 핵심에는 '혈연'이 있는 것이 아니라 '언약'이 있다는 것을 가르치는 말씀이다. 하나님의 뜻과 그에 대한 순종을 통해서 얻어지는 새로운 언약공동체의 영적인 가족 됨이 혈연보다도 더 우선하고 중요함을 가르쳐주는 것이다. 이는 가족을 사랑하지 말라는 것이 아니다. 하나님께 대한 의무를 위하여 가족을 사랑하지 않고는 보이지 않는 하나님을 사랑할 수 없다고 말씀하신다. 다만 하나님을 아버지로 섬기며 영적인 가족을 위하는 것이 혈연을 따르는 것보다 더욱 중요하다는 가르침이다. 이러한 우선권에 대한 경고를 예수님은 다음과 같이 말씀하신다. "아버지나 어머니를 나보다 더 사랑하는 자는 내게 합당하지 아니하고 아들이나 딸을 나보다 더 사랑하는 자도 내게 합당하지 아니하며 또 자기 십자가를 지고 나를 따르지 않는 자도 내게 합당하지 아니하니라"마10:37-38 하나님의 나라와 그의 의를 사랑하는 것은 가족사랑 위에 있다는 사실을 준엄하게 가르치시며 경고하고 있는 것이다.

이런 맥락에서 볼 때에, 혈연을 내세워 목회세습을 하는 것은 하나님 나라의 복음과 예수님의 가르침에 전혀 부합되지 않는 일이다. 목회세습은 예수 그리스도께서 하나님의 뜻을 행하는 것을 앞세우고 가족을 부차적으로 여기라고 하신 말씀에 대한 불순종이다. 하나님 나라 운동은 오히려 그리스도 안의 아버지와 어머니, 그리스도 안의 형제와 자매가 단순한 혈연관계보다도 더 우선적인 것이라는 놀랄만한 가르침을 베풀고 있는 것이다. 가족사랑은 절대적으로 중요한 것이지만, 이 사랑이 하나님 사랑, 하나님의 뜻에 대한 복종을 넘어서지 않아야 한다는 것이다. 이는 교회와 하나님의 나라를 위하여 최선의 선택을 하고 최선의 배려를 하라는 예수님의 명령이다. 구약시대에 율법의 말씀을 중심으로 민족 공동체가 세워진 것처럼, 하나님 나라 공동체가 가족공동체의 지평을 뛰어넘고, 이제는 복음을 매개로 해서 생긴 바 된 신령한 가족인 교회가 바로 최선의 희생을 바칠만한 공동체임을 가르치시고 계신 것이다. 이는 복음 안에서 혈연을 넘는 하나님 나라의 원리를 이야기 하고 있다. 그리스도는 혈연의 매임을 풀고 넘어서는 진정한 영적 가족주의, 천국의 초혈연주의, 즉 언약중심사상을 우리에게 가르쳐주고 있다. 예수님의 이 말씀은 오히려 목회세습을 부인하시고, 진정한 의미의 교역자 승계 정신을 우리에게 가르치고 계신 것으로 해석할 수 있다.

16 중대형 교회의 목회세습은 제자들의 가르침과 실천과 조화되지 않는다

그리스도의 승천 이후 사도의 시대가 시작되며, 제자들에게 가족의 기득권이 문제가 된 경우는 전혀 존재하지 않는다. 사도들은 그리스도의 십자가와 부활을 전하면서 그리스도와 같이 고난과 순교를 당하는 것을 삶으로 보여주었다. 목회세습의 흔적은 발견하기 어렵다.

신약성경에서 사도들의 가족에 대한 언급을 거의 찾을 수 없다는 것은 놀라운 일이다. 그들의 결혼생활이나, 자녀들이나, 사도들의 사역을 이어받은 자녀들의 이야기조차도 찾기 힘들다. 베드로의 장모가 열병에 걸려 예수께서 기적적으로 치유하였다는 이야기, 어리석은 이야기임을 전제하면서 자신의 가문과 경력을 이야기한 바울 등의 몇몇 언급을 제외하면, 혈연은 초대교회를 구성하던 중심적 주제가 아님을 우리는 어렵지 않게 곧 바로 발견할 수 있다.

비교적 부유했던 세베대의 두 아들 야고보와 요한에 대한 어머니의 요청은 두 아들의 출세를 열렬히 소망하는 모정을 우리에게 보여준다. 마태복음 20장 20-28절의 기사는 야고보와 요한의 어머니가 예수님에게 왕적인 통치가 시작될 때, 주님의 좌우에 앉는 출세를 요청하지만, 마가복음 10장 35-45절에서는 야고보와 요한이 직접 예수님께 자신들이 예수님의 좌우에 앉는 직분을 요구한다. 두 기사의 핵심은 야고보와 요한이 제자들로서 예수께서 메시야 왕국을 여실 때에 다른 사람보다 영향력 있는 자리에 앉게 해달라는 요청이다. 예수께서는 그들이 하나님 나라에 대하여 오해하였음을 가르치신다. 그리고 그런 영광의 권력은 자신이 분배할 것이 아니고 아버지의 권한 안에 있다고 단호히 말씀하신다. 이어서 주께서 가르치시기를 "너희 중에 누구든지 크고자 하는 자는 너희를 섬기는 자가 되고 너희 중에 누구든지 으뜸이 되고자 하는 자는 모든 사람의 종이 되어야 하리라"막10:43-44고 말씀하신다. 자식의 영광을 구하는 어머니의 요구는 거절되고, 십자가의 잔을 마시겠다는 제자들의 개념 없는 허락은 나중에 성령으로 거듭난 후에 고난과 순교를 당하는 것으로 세베대의 아들들에게 성취된다.

이러한 사건은 그리스도의 십자가와 부활의 사건을 통과하기 전 제자들에게 있었던 세상적인 욕구와 경쟁심이라는 맥락에서 일어난 사건임을 복음서는 보여주고 있다. 예수님의 답변은 자신의 나라가 이 세상의 권세와 능력을 차지하고 백성들을 억압하면서 은인이라 불리는 로마와 유대민족국가와 동차원의 나라가 아니라 한다. 주의 나라는 십자가를 통해서 이루어지는 하나님의 나라임을 제자들에게 가르친다. 예수님의 나라에 대한 확실한 이해는 부활하신 예수님과의 만남과 승천, 성령강림을 통하여 이해되고, 이 나라는 혈육의 나라가 아니라 성령충만을 통하여 교회라는 새로운 믿음의 공동체를 세우는 것으로 성취되는 나라임을 깨닫는다. 사도들은 거의 대부분이 순교적 자세로 로마제국에 복음을 전하였으며, 베드로, 마가, 도마, 빌립 등의 대부분의 사도들은 실제로 순교를 통하여 복음전파를 한다.

가족을 사랑하는 것은 천륜이다. 그것은 하나님에게서 인류의 번성과 문명의 계승과 발전을 위하여 주신 가장 중요한 축복의 하나이다. 그러나 하나님의 최고의 선물 중의 하나인 그 가족도 복음 앞에서는 결코 우상이 될 수 없고, 오직 하나님의 나라 앞에서 가정은 다만 도구적 중요성을 가지고 존재함을 성경은 말하고 있다. 예수님을 통하여 우리는 목회세습의 어떤 단초도 발견하기 힘든 것처럼 사도들의 사도행전적 활동을 통해서도 목회세습의 맹아를 전혀 발견할 수 없다. 뿐만 아니라 그리스도의 명령은 오히려 고난으로 얼룩진 십자가의 길을 가장 사랑하는 제자들에게 제시하고 있을 뿐이다. 그리스도의 제자사랑은 목회세습과는 대척점에 서 있다고 말하는 것이 더 진실에 가까운 평가일 것이다.

 중대형 교회의 목회세습은 바울의 가르침 속에서도 찾기 힘들다

교회는 혈육으로 구성되는 존재가 아니며, 오직 사랑과 교제를 향하여 불림 받은 사랑의 공동체, 소명 공동체, 언약 공동체이다. 그러므로 목회세습을 바울의 서간문에서 찾으려한다면 전혀 그 답을 얻을 수 없다.

목회세습에 대한 명령이 예수 그리스도의 말씀에 나오지 않는다면, 혹 바울의 저술과 사역 속에서는 찾아볼 수 있을까? 그 대답을

얻기 위하여 바울의 가족관을 살펴보는 것이 필요하다. 바울의 가족
관은 그러나 바울의 신학사상 중에서 홀로 떨어져서 존재하는 것은
아니다. 이는 바울의 교회론과 아주 밀접하게 연결되어 있다. 바울
은 신약성경에 114회 사용되는 "에클레시아"라는 말 중에서 44회를
사용하고 있다. 교회라는 의미의 이 단어는 이미 존재하던 것이다.
이는 "세상으로부터 불러낸 사람들의 모임"이라는 그리스 도시국가
에서 국사를 의논하던 시민들의 모임인 "민회"民會를 의미했다. 정기
적으로 예배와 교제를 위하여 모이는 성도들을 지칭하여 사용된 이
"교회"라는 말은 신약성경에서 96개의 은유metaphors와 형상images으
로 나타난다.[23] 사도 바울이 사용한 수많은 은유를 통해서 표현된
교회에 대한 은유는 그리스도의 몸, 그리스도의 신부, 하나님의 가
족, 하나님의 집, 성령의 전 등이다. 이 같은 다양한 표현 중에서 사
도 바울이 사용한 "하나님의 가족"이라는 말은 교회의 정체성에 대
한 귀중한 호칭이라는 것이 유수한 신학자들의 주장이다. 그 중에
랩프 마틴은 신약성경의 교회 이미지 중에서 "가족과 교제"가, 로버
트 뱅크스는 공동체로서의 "하나님의 가족"이 교회의 중심적인 은유
라고 말한다.[24] 특히 뱅크스 교수는 하나님의 가족, 혹은 하나님의

---

23) 신약에 나오는 교회의 형상에 대한 고전적인 저술은 다음을 참고하라. 폴 미니어
는 책 전체에 걸쳐서 신약시대 교회에 대한 이미지가 96개가 있다고 한다. 그 중
에는 자주 쓰이는 것과 그렇지 않은 것, 또한 그 상징들의 상호연관성에 대하여
말하고 있다. Paul S. Minear, *Images of the Church in the New Testament*(Philadelphia:
Westminster Press, 1960).
24) 더 깊은 연구를 위하여 다음을 참고하라. Ralph P. Martin, *The Family and the Fel-
lowship: New Testament Images of the Church* (Grand Rapids: Eerdmans, 1979); Rob-
ert Banks, *Paul's Idea of Community*, revised ed. (Peabody: Hendrickson, 1994).

권속이라는 말이 가지고 있는 방대한 상징체계를 이용하여 교회를 설명하고 이 교회의 공동체성을 찾아낸다.

교회가 하나님의 가족이라는 말은 구약에서는 거의 쓰이지 않는 말이다. 예외적으로 아모스와 예레미야암5:25, 렘31:33에 의하여 쓰인 것을 제외하면 구약에 나타나지 않는다. 하나님의 가족이라는 말은 구약의 교회와는 아주 대조적인 특징을 가지는 말이다. 하나님과의 관련성 속에서 교회는 하나님의 백성이다. 그러나 하나님의 가족, 하나님의 권속이라는 말로서의 교회는 매우 신약적인 표현으로, 하나님께서 아버지 되신다는 그리스도의 가르침과 우리가 그리스도의 흘리신 피로 구속을 받아 하나님의 양자되었다는 신앙고백을 배경으로 가지고 있다. 아울러 당시 그리스-로마 전통에서 대가족을 지칭하는 "권속"household이라는 말은 주인과 노예가 함께 공동체를 이루고 있음을 연상시킨다. 하나님은 두려운 왕이실 뿐 아니라 자비로우신 아버지이시다. 그리스도는 아들로서 오셔서 우리를 큰 은혜로 구원하시고, 우리에게 양자의 영, 성령을 부어주심으로 하나님을 아바 아버지라 부르게 한다.

하나님을 아버지로 부르는 교회는 사랑의 공동체로서 하나님의 권속들 가운데 사랑의 나눔, 곧 코이노니아를 실천하는 교회이다. 뱅크스 교수에 의하면, 사랑의 공동체란 당위로서 주장되는 것이 아니라, 이미 그리스도의 은혜 안에 있는 지역교회에서 성도들이 체험하는 코이노니아가 있음을 배경으로 한다고 주장한다. 바울에 의하면 교회는 친밀한 교제 공동체이며 사랑의 공동체이다. 그리고 이 교회 안에 들어온 사람은 남자나 여자나, 이방인이나 유태인이나, 종이나 자유자나, 차별이 없다는 특징을 가진다. 바울은 이미 이러한 유기적 교회의 체험을 하였으며, 개척과 선교를 통하여 성령 안에서 이러한 교회를 이루어가고 있는 것이다.

이러한 가족적 관계는 사도 바울의 성도의 관계를 규정하는 중대한 상징이다.딤전3:15 성도를 대할 때마다 우리는 가족으로 대하여야 하며, 노인을 대할 때 아버지처럼 형제처럼 대하고, 나이든 여성도를 어머니처럼, 젊은 여인을 자매처럼 대하라고 가르친다.딤전5:1-2 아울러 바울은 성도를 형제, 자매라는 아름다운 용어를 사용하고 있다. 이러한 측면에서 볼 때, 사도 바울의 주변에 있는 많은 동역자들은 바울의 사랑하는 형제요 자매였다. 특히 개척을 한 교회에서 목회를 하고 있는 목회 동역자인 디모데를 향하여 "참 아들 된 디모데"딤전1:2, "사랑하는 아들 디모데"딤후1:2라는 가족적인 용어를 사용하고 있으며, 디도를 향하여도 역시 "나의 참 아들 된 디도"딛1:4라고 말하고 있다.

바울의 이러한 공동체적 교회관과 동역자관은 교회에 대한 예수 그리스도의 가족관을 그대로 계승하고 있다. 바울은 그리스도처럼 혈통과 혈연에 의지하여 교회를 바라보는 것이 아니라, 오직 그리스도의 피로 재창조된 가족, 즉 믿음 안의 성도들과 동역자를 형제요 자매, 아버지와 아들로 생각하고 있는 것이다. 이러한 관점은 혈연으로 나누던 친소관계를, 이제는 믿음으로, 성령으로, 그리스도 안의 새로운 피조물 됨으로 나누고 있음을 알 수 있다. 바울은 고린도 교회의 성도를 향하여 이렇게 선언한다.

> 그러므로 우리가 이제부터는 어떤 사람도 육신을 따라 알지 아니하노라 비록 우리가 그리스도도 육신을 따라 알았으나 이제부터는 그같이 알지 아니하노라 그런즉 누구든지 그리스도 안에 있으면 새로운 피조물이라 이전 것은 지나갔으니 보라 새 것이 되었도다고후
> 5:16-17

사도 바울이 그리스도와 함께 하는 교회론, 가족에 대한 관점은 이시대의 목회세습에 대하여 어떠한 관점을 제공하는가? 신약학자 김판임 교수의 말을 빌리면, 신약성경 속에서 세습의 근거를 찾는다는 것은 "참담한 결과"라 할 정도로 아무 근거가 없고, 성경의 한 구절도 그 근거를 찾을 수 없다고 말한다. 교회는 혈육으로 구성되는 존재가 아니며, 오직 사랑과 교제를 향하여 불림 받은 사랑의 공동체이며 영적인 가족공동체이다. 그러므로 목회세습을 성경에서 찾는 것은 전혀 그 답을 얻을 수 없으며, 오히려 거룩한 가족공동체를 보여주는 신약이 말씀 속에서, 우리는 동역자에 대한 새로운 가족관을 가지는 결과에 이르게 된다.

18 중대형 교회의 목회세습은 성경의 가르침 "재창조된 부자관계"에 대한 역행이다

목회에서 복음 가운데서 맺어진 거룩한 형제관계, 거룩한 부자관계를 추구하지도, 기대하지도, 만들지도 않는다는 것은 기독교 공동체가 성경에서 떠나 그 중심으로부터 무너지고 있다는 것에 다름 아니다. 담임목사에게 있어서 교역자는 자녀요, 형제요, 자매가 되어야 한다.

복음 안에서 주어진 교회는 이전의 인간관계를 안으로부터 새롭게 창조함으로 결국 새로운 차별적 공동체를 만들어 낸다. 로버트 뱅크스 교수는 바울이 발견한 공동체 사상이 당시의 사람들이 인식하고 있던 두 가지 공동체관 즉 "국가관"폴리테이아과 "가족관"오이코노미아을 근본적으로 바꾸었다고 주장한다. 바울은 회심하면서 자신이 만들지 않은 이미 존재하는 새로운 공동체를 만나게 되었다. 그리스도는 다마스커스로 가는 길에서 직접 그에게 나타나셨을 뿐 아니라, 그리스도의 현현을 보고 눈이 먼 자신이 묵고 있는 유다의 집으로 찾아온 제자 아나니아를 만났다. 당시 소경이 된 사울은 그리스도의 명령을 듣고 찾아온 아나니아를 통하여 그리스도의 자신을 향한 소명과 비전을 확인한다. 그리스도는 공동체를 통하여 바울 자신을 고치셨으며, 그에게 비전을 주셨으며, 선교를 위한 이방의 사도로 불리어졌다는 확신을 그가 가지게 된다. 새로운 공동체는 사람이 만든 것이 아니라, 그리스도의 은혜 안에서 주어진 것이었다. 이러한 공동체는 새로운 교회관을 가지도록 바울에게 기회를 주었다.

그리스도 안에서 만들어진 새로운 공동체는 곧 "하나님의 가족"이다. 이 하나님의 가족은 그리스도 안에서 새로운 하나님의 자녀가 됨으로 이루어지는 것인데, 이는 이미 요한복음 1장 12-13절에 드러나 있다. "영접하는 자 곧 그 이름을 믿는 자들에게는 하나님의 자녀가 되는 권세를 주셨으니 이는 혈통으로나 육정으로나 사람의 뜻으로 나지 아니하고 오직 하나님께로부터 난 자들이니라." 사도 바울은 이전의 유대교와 가말리엘의 배경과 정치적 영향력에서 벗어나와 이전의 육적 혈통에 얽매이는 것을 오물처럼 버릴 수 있었다. 그가 발견한 새로운 인간관계는 그리스도 안에서 누리는 새로운 교회 공동체 안에서 누리는 것이 되었다. 그는 교회를 향한 새로운 공동체적 비전속에서 죄와 사망과 율법과 악령으로부터 누리는 해방의 자유와 함께 이제는 성도를 향한 상호 종속적 헌신의 관계, 교제의 관계로 들어가게 되었다. 그는 죽음에 이르는 순간까지 교회의 성도들과 동역자를 향한 헌신의 삶을 살아가며, 혈육을 향한 도움을 구하는 것이 아니라 믿음 안에서 난 권속들의 도움 속에서 살아간다. 그는 로마 감옥에서 믿음으로 낳은 아들 디모데를 향하여 마지막 편지를 쓴다. 그에게는 영적인 아들인 디모데가 자신의 목회사역을 이어받아 잘 감당해주기를 간절한 마음으로 당부하고 있다. 그는 그리스도 안에서 만난 디모데를 향하여 "참 아들"딤전1:2이라 하고 마지막 편지에서 "사랑하는 아들"딤후1:2이라고 칭한다. 아울러 그리스도 안에서 영적인 관계를 가지게 된 디도를 향하여 디도서를 쓰면서

"참 아들"딛1:4이라고 부른다. 바울과 두 목회자의 관계는 한 마디로 그리스도 안에서 "재창조된 부자관계"이다. 복음 안에서 낳고 기르고 세운 동역자 디모데와 디도가 바울의 새로운 아들이요, 참 아들이라는 것이다. 이는 영적 관계가 복음 안에서 혈연관계도 뛰어넘는 새로운 관계가 될 수도 있다는 사실을 우리에게 보여주고 있다.

모두는 아니라 할지라도, 바울이 복음 안에서 낳은 진실한 동역자는 믿음 안에서 사랑하는 참 아들이다. 우리가 목회선상에서 만나는 사람들 가운데, 담임목사에게 있어서 부교역자는 친근한 형제요 자매이지만, 또 한편으로는 아들과 같은 관계도 있을 수 있다는 것이 바울의 본이다. 그러므로 목회세습을 시행하려고 준비하거나 이미 시행한 중대형교회의 담임목사는 자신의 옆에서 충성하면서 돕고 있는 동역자 중에서 바울이 말하는 아들과 같은 디모데와 디도를 발견하지도 키우지도 못한 것을 보여주는 것은 아닌지 돌아보아야 할 것이다.

부목사는 영적 전쟁의 소모품이 아니다. 동역자가 일종의 도구라는 관념은 신구약 성경에 존재하지 않는다. 담임목사에게 부교역자들도 일종의 양이며, 그들도 형제, 자매이며, 아들이요 딸이다. 목회의 선상에서 복음 가운데서 맺어진 거룩한 형제관계, 거룩한 부자관계를 추구하지도, 기대하지도, 만들지도 않는다는 것은 기독교 공동체가 성경적인 가르침에서 떠나 있다는 것에 다름 아니다. 담임목사에게 있어서 부교역자는 몇 년 머물다 가는 나그네가 아니라, 그들은 미래의 지도자이며, 그들은 다른 곳으로 나아가 지도력을 발휘하면서 그리스도의 일을 할 사람들이요, 다만 잠시 머물러 있으면서 훈련을 받고 난 후에 바로 다양한 지역교회에서 담임목사 사역을 이어받게 될 "참 아들" "사랑하는 아들"인 것이다. 혈연이 아니면 아니 된다는 현재 한국교회 중대형 교회의 담임교역자들은 과연 예수 그리스도와 바울의 영성을 나누어 가진 그리스도의 제자인가, 아니면 성경에서 떠나 배타적 혈연주의를 따르는 공자의 제자인가?

19 중대형 교회 목회세습의 기원을 예루살렘 교회의 야고보에게서 찾을 수 없다

그리스도의 젖동생인 야고보가 예루살렘 교회 감독의 직분을 맡은 것은 외견상 족벌주의가 초대교회의 초기부터 있었다는 오해를 불러일으킬 수 있다. 그러나 당시의 감독의 직분은 기득권이기 보다는 순교와 박해의 전면에 선 직분이었다.

주의 형제 야고보는 예수 그리스도의 바로 아래 동생이며, 요셉, 시몬, 유다의 형이었다. 그는 예수의 공생애 기간 동안 예수에 대한 바른 신앙이 없었다. 예수는 십자가 위에서 그에게 어머니를 맡기지 않았으며, 오히려 사도 요한에게 어머니의 봉양을 위임한다. 그러나 그리스도의 부활을 직접 목격한 후고전15:7, 그의 믿음은 급격하게 상승되었다. 그는 회심하여 제자단에 가입한 지 얼마가지 않아서, 주변 사람들에 의하여 "의인 야고보"라 불리었으며, 성전에 들어가 간절히 기도함으로 "낙타무릎"이라는 별명을 얻게 되었다. 그는 예루살렘 교회의 감독이 되어 히브리파 기독교계에 강력한 영향력을 미치는 지도자가 되었다. 그는 겸비하여 자신이 쓴 야고보서에서 자신을 "주의 형제 야고보"라 하지 않고 "주 예수 그리스도의 종 야고보" 약1:1로 칭하며 자신의 분명한 신앙고백을 보여준다. 그는 바울이 회심 후에 1차 예루살렘을 방문하였을 때, 이미 교회의 기둥과 같은 중요한 역할을 하였다. 그는 바울이 2차 전도여행 이후 이방인의 율법 준수문제로 예루살렘에 올라왔을 때에, 이방에서 이룬 바울의 사역을 인정하고 이방인 신자에게 율법의 짐을 지우지 않아야 함을 권면하는 중요 결정을 전달한다. 행15:4-29

　사도들보다 늦게 예수 그리스도에 대한 신앙을 가지게 된 예수의 젖동생 야고보가 급격하게 예루살렘의 기둥과 같은 지도자로 부상한 것을 외견상 혈연에 의한 정실주의로 볼 가능성이 없지는 않다. 그러나 그가 가졌던 감독의 직분은 지금의 지역교회를 대표하는 교회감독을 의미하는 것이 아니다. 야고보의 감독직분은 현재의 한국교회가 겪고 있는 목회세습이나 혈연주의, 혹은 족벌주의에 연루된 기득권을 점거한 위치가 아니라, 박해 가운데에 있는 교회에서 가장 먼저 순교의 피를 흘리는 표적이 되는 자리였다. 그러므로 예수 그리스도의 젖동생, 야고보가 예루살렘교회의 감독의 위치에 있었던 것을 혈연에 의한 세습도 아니며 특혜로 보기도 어렵다. 특히 예수 그리스도와 야고보의 관계가 부자관계도 아니며, 당시의 예루살렘 교회는 기득권을 가진 교회도 아니었다. 당시의 예루살렘 교회는 가난하여 성도는 극심한 경제적 어려움과 있었으며, 더구나 생명의 위협을 당하는 핍박 속에 있었다. 예수의 동생인 야고보 자신도 지금의 "감독"bishop이라는 명칭으로 불러야 할지 확실하지 않았으며, 더욱이 중세의 사제나 현재의 감리교의 감독과 같은 권위를 가졌는지는 더더욱 알 수 없는 일이다.

확실한 것은 종종 초대교회의 감독이 가난과 핍박의 어려움 속에서 죽음을 맞이하는 경우가 많았다는 것이다. 역시 야고보도 서기 63년에 순교를 당했다고 알려졌다. 다음 감독은 예수의 사촌이며 글로바의 아들인 시므온Simeon이 맡게 된다.[25] 당시의 예루살렘교회에서 대표가 되는 것이란 희생의 자리로 들어가는 것이므로, 지금의 중대형 교회의 목회세습과는 대척점에 서있다. 이러한 의미에서 결코 야고보나 시므온의 케이스를 현재 기득권을 위하여 목회세습을 단행하는 타락한 지도자의 전형으로 삼을 수 없다.

20 중대형 교회의 목회세습은 사도들의 양육관을 가지므로 방지할 수 있다

전임자는 성경이 제시하는 준비된 성숙의 단계를 통과하도록 후진을 양성하여야 한다. 신약성경의 사도들은 동역자들을 세워 사역을 나눔으

---

25) Williston Walker, *A History of the Christian Church*(New York: Charles & Scribner's Sons, 1959), p. 23; 김영한, "세습문제와 건강한 목회직 승계(Pastoral Succession) 리더십" 제8회 샬롬나비 학술대회: 세습문제와 건강한 목회지도력 계승(2014년 5월 30일), pp. 9-10.

로 교회를 견고하게 하였다. 복수의 좋은 지도자를 배출하는 것은 혈연을 대안으로 생각하는 오류를 피할 수 있게 만든다.

한 지역교회에서 담임목사의 직책이 참으로 중요하다는 사실은 모두가 잘 알고 있다. 지역교회의 발전과 부흥에는 잘 갖추어진 교역자진과 행정력의 지원이 필요하지만, 담임목사의 리더십은 무엇보다도 중요하다. 지역교회가 발전된 것을 담임목사의 리더십으로 돌리는 경우는 일반적인 현상이며, 사실 부목사의 설교를 듣기 위하여 교회를 선택하는 사람은 거의 없을 것이다. 훌륭한 부교역자들이 많을 수 있지만, 싫든 좋든 담임목사의 영향력은 교회에서 절대적이라고 할 수 밖에 없는 것이 현재 한국 교회의 실상이다. 이러한 상황에서 담임교역자는 미래를 위해서 차세대 지도자를 잘 준비시키는 것이 필수적이다. 20-30년이 되지 않아서 지도교역자를 교체하여야 하는 상황이 곧 도래하기 때문이다. 교회에서 잘 훈련된 교역자가 담임목사를 이어서 목회를 맡게 된다면, 그 교회로서는 더 없이 좋은 상황이 될 것이다. 그러기 위하여, 담임목사는 사역 기간 중에 복수의 좋은 지도자들을 키워낼 수 있어야 한다.

교역자의 리더십을 준비하는 과정은 소극적인 방법과 적극적인 방법이 있다. 소극적인 방법이란 모범을 통해서 가르치는 일이며, 각자가 자라날 수 있는 목회적 환경을 만들어 줌으로서 가능한 것이다. 여기서 바울의 천명은 지도자를 세우는 건강한 정신을 가르쳐준다. 사람을 기르는 것은 전적으로 담임목사 자신에게 속한 일이 아니다. 간접적으로 훈련을 시키는 것은 중요하지만, 키우시는 분은 오직 하나님이시다. 바울의 고백을 참조하라. "나는 심었고 아볼로는 물을 주었으되 오직 하나님께서 자라나게 하셨나니 그런즉 심는 이나 물주는 이는 아무 것도 아니로되 오직 자라게 하시는 이는 하나님뿐이니라"^{고전3:7} 지도자를 배출하는 데 있어서 사람이 하는 일은 매우 작은 일이다. 그러나 하나님이 하시는 일은 모든 것이다. 사역의 장을 만들고 선한 모범을 보이는 것은 우선적으로 사역자가 자신과 함께하는 교역자에게 하여야 할 준비이다.

이 교역자를 훈련시키는 소극적인 방법이 중요한 것은 안정된 목회환경을 만들어주는 것과 책임과 권한의 이양을 통하여 교역자는 하나님 앞에서 자신의 은사와 능력과 한계와 성도들 간의 관계를 훈련받고 복음을 전파하게 만들기 때문이다. 대개 많은 경우에 부교역자들은 목회의 환경이 안정스럽게 주어지지 않으므로, 고된 소모성 일만 하다가 상처를 받고 교회를 떠나가는 경우가 많이 있다. 교역자 공동체 사이에 신뢰와 역할의 분담, 충실한 배려의 관계가 원만히 이루어지지 않으며, 이를 통하여 목회에 대한 쓴 뿌리가 생기기도 한다. 담임목사의 권한의 집중과 권한의 남용은 목회의 세계를 통해 제대로 성도를 섬기고 복음을 위하여 사는 열정을 배우는 것이 아니라, 종종 잘못된 시범과 그로 인한 마음의 상처만 남게 되는 일이 빈번하다.

소극적인 목회교육에서 담임목사가 적극적인 후진 양성을 위하여 일할 수 있다면, 목회자는 하나님 앞에서 성도를 세울 뿐 아니라 자신과 함께 팀을 이루는 목회자를 세우므로 주의 몸 된 교회에서 좋은 공헌을 할 수 있다. 적극적인 부교역자 훈련 방법은 멘토링mentor-ing이다. 대교회의 현장에서 사실 담임목사가 모든 수십 명의 목회자들을 양육하기가 쉽지 않은 경우가 많다. 직원이 100명 이상 되는 교회에서는 목회자들이 담임목사의 얼굴 한 번 제대로 보고 대화를 나눌 수 있는 경우조차 자주 주어지지 않는다. 이러한 상황 속에서 목회의 멘토mentor가 되어 시행착오를 줄이고 사랑 가운데 양육시킨다는 것은 너무도 어려운 일이다. 대교회는 담임목사의 지도력을 대리하는 중간 지도자를 통하여 금방 목회를 시작한 멘티mentee를 도와야 한다. 한 교회의 지도자는 하나님이 준비하신다. 그러나 현재 사역하고 있는 교회뿐 아니라 다른 교회의 사역자가 될 사람을 위하여 미리 교육하지 않으면, 결국 지도자의 기근으로 자신의 혈육을 후임자로 생각하게 되는 시험에 떨어지게 된다.

이렇게 적극적으로 후임자를 세우는 대표적 성경의 모델은 베드로와 바나바를 통하여 마가가 세워지는 것, 바울을 통하여 실라와 디모데와 디도가 세워지는 것, 그리고 사도들을 통하여 직접 교육을 받은 속사도가 세워지는 초대교회의 모습을 볼 수 있다. 특히 바울의 경우는 많은 동역자들과 동행하며, 훈련시키고, 그들을 지역교회의 지도자로 세우는 것을 볼 수 있다. 바울은 멘토링의 좋은 모범을 보이는 사도이다. 릭 워렌 목사에 의하면, 바울은 디모데에게 3가지 면에서 멘토링을 하였다. 첫째는 "부모 되기"parenting를 통하여 기본적인 믿음과 행위를 세워주는 단계이다. 그가 디모데를 2차 전도여행 때에 루스드라Lystra에서 만나 세운 것은 복음 안에서 아들을 낳아 어린 제자로 세워 훈련시킨 것이다. 바울은 이 첫 단계에서 머물지 않고 두 번째의 단계로 지속적으로 성숙을 위한 "성숙 단계의 조정자"phase-setting 노릇을 한다. 바울은 사역을 통하여 디모데에게 점차 사역의 완급을 조절하면서 성숙된 사역자가 되게 하는 단계를 습득시킨다. 셋째로는 "동역자"partnering의 단계로 세워서 함께 같은 권위로 자신의 사역을 나누게 하여, 위임하고, 대행하며, 동등한 사역자의 위치로 세워나가는 것이다. 전임자가 성경이 제시하는 준비된 성숙의 단계를 통과하도록 후진을 양성할 때, 한국 교회는 좋은 목회지도자의 가뭄이 들지 않게 될 것이다.[26)]

---

26) http://pastors.com/paul-timothy/ Rick Warren, "3 Phases of a Paul and Timothy Relationship" (February 6, 2014), pp. 1-2.

IV

교회사의 배경에서 본 목회세습 12개 조항

21 중대형 교회의 목회세습은 초대교회에서도 거부한 기득권 추구를 답습한 것이다

현재 중대형 교회의 목회세습은 기득권의 추구와 밀접한 관련이 있다. 교회 개척이 점점 힘들어지고 목회자 채용 경쟁이 심각해지는 상황에서, 중대형교회의 목회자들은 목회지의 권한을 기득권으로 삼아 혈연을 후임자로 택하고 싶은 유혹을 받는다.

대형교회나 초대형교회에 있어서 담임목사의 권한은 막강하다. 개척교회를 통하여 대형교회를 이룬 경우, 설교권, 인사권과 재정권을 포함하는 행정권이 담임목사에게 집중되어 있다. 담임목사 스스로가 이러한 권한을 주변의 장로 및 당회와 나누지 아니하면, 담임목사의 권위가 전횡적 권위가 될 가능성이 높다. 이것을 담임목회자의 영성과 지도력에 의존하는 것이 종종 예기치 아니한 위험을 초

래할 가능성이 높다. 더욱이 목회의 가장 마지막 시기에 발생하는 지도자의 교체라는 문제에 있어서 주변의 의견과 정책결정기구의 조언을 억제하면서 자신의 기득권을 추구할 가능성이 농후하다.

서구에서도 초대교회가 3세기 정도 진행되면서 목회세습의 문제가 발생되기 시작하였다. 341년 안디옥 공회의에서는 감독과 장로와 집사의 직분과 사역윤리에 대한 25개의 교회규정을 제정하면서 23번 규정에서는 감독의 후임자 결정에 대한 사항을 적시하고 있다.[27] 이는 감독이 죽기 전에 자신의 이권과 기득권을 넘겨줄 차기 감독을 임명하지 않게 한 것이다. 더욱이 자기 동생이나 자기 아들이나 다른 친척을 감독으로 임명하는 것을 엄격히 규제하는 금령을 내리게 된다. 다음은 당시에 반포된 교회법 23조이다.

> 감독이 죽음에 임박해서 자신의 후임자를 선택하는 것을 합법적인 것으로 생각하지 말지니라. 만약 그런 결정을 했다면, 그 결정은 무효이다. 그러므로 다음의 교회법은 반드시 지켜져야 한다. 이것은 바로 감독은 공의회에서 감독들이 모여서 결정하는 것 밖에는 효력이 없다는 것이다. 그렇게 하여야 할 이유는 이 공의회가 해당 감독이 죽은 후에 합당한 자격을 갖춘 사람을 결정할 수 있는 유일한 권한을 가진 기관이기 때문이다.[28]

---

27) 캐톨릭에서 많은 백과사전을 종합하여 내어놓은 인터넷 사전에 의하면 안디옥 공의회(341년)에서 25개의 교회법이 통과되는데, 거기에는 당시의 사제들이 족벌주의(nepotism)에 떨어지지 않도록 법적으로 지시하고 있다. 다음을 참고하라. New Advent, "Synod of Antioch in Encaeniis (A.D. 341)."

28) http://www.newadvent.org/fathers/3805.htm New Advent, "Synod of Antioch in

초대교회가 중세교회로 넘어가기 이전에 이처럼 교회의 지도자 교체를 법으로 정하여 전임지도자가 후임지도자를 세울 수 없도록 만든 것은 전임지도자의 자의적인 결정에 의하여 자식이나 주변의 친척을 세울 수 없도록 한 것이다. 23조 법령의 해설에 의하면, 이 법처럼 중요한 것은 없다고 한다. 이 법령은 어떤 형태로든지 발생할 수 있는 "족벌주의"nepotism를 경계한 제도적 장치이다. 이렇게 공석으로 후임자를 남겨놓은 것은 전임자로부터 완전히 자유로운 감독들과 공의회의 결정에 전적으로 따르도록 한 것이다. 초대교회는 이러한 제도적 장치를 통하여 불의가 들어올 수 있는 통로를 미리 차단한 것이다.

이 법에 대한 주석은 어거스틴이 후임자 결정에 있어서 족벌주의에 대한 거부를 표명한 것에 관한 재미있는 고사를 예를 들어 설명한다. 이러한 법이 있는 것을 알지 못한 어거스틴의 전임자는 힙포의 감독으로 어거스틴을 결정하면서, 교회의 법을 고려하지 못했다. 나중에 이를 알게 된 어거스틴이 동일하게 후임자 제정을 종용받았다. 후임자를 미리 정하여 죽을 때가지 동역을 하다가 후임자에게 넘기는 것이 좋지 않겠느냐는 제안에, 어거스틴은 "내 경우에는 [감독 임명을 받을 때에] 비난을 받을 만한 일이 발생되었는데, 이렇게

Encaeniis (A.D. 341)," Cannon 23. 원문은 다음과 같다. It shall not be lawful for a bishop, even at the close of life, to appoint another as successor to himself; and if any such thing should be done, the appointment shall be void. But the ecclesiastical law must be observed, that a bishop must not be appointed otherwise than by a synod and with the judgment of the bishops, who have the authority to promote the man who is worthy, after the falling asleep of him who has ceased from his labours.

잘못한 것을 내 아들에게 또 이루지게 해서는 아니된다"는 거부의 견해를 분명히 표하였다. 어거스틴은 또한 "자신이 염두에 둔 사람은 장로[지금의 목사]가 될 것"이며, "그러나 그가 감독이 되는 것은 하나님이 결정하셔야 된다"고 말했다. 어거스틴은 후손이 목사가 되는 것을 말리지는 않았다. 그러나 자신처럼 감독이 되는 것은 자신이 정할 일이 아니라 하나님의 인도와 부르심이 있어야 하는 중대사로 생각한 것이다.

이로 볼 때 이미 초대교회의 말에 이르러 지금의 대형교회와 같은 그 지역의 강력한 대표적 지역교회가 존재한 것을 볼 수 있다. 그러나 족벌주의는 법으로 차단되고 있다. 목회세습은 법적인 장치를 통하여 거부되고 있는 것이다. 초대교회에서도 입법적인 제도화를 통하여 막은 것을 우리는 애써 시행하고 있는 잘못을 범하는 것은 중세의 타락한 관행을 그대로 따르고 있음이 아닌가? 목회를 통하여 하나님의 은혜를 체험한 사람이 아들에게 목회를 하라고 권면하거나, 또 아들이 즐거이 그 길을 가겠다고 하는 것도 복이고 은혜다. 그러나 감독교회와 같은 중대형 교회를 아들에게 물려주는 것은 1,700년 전의 교회사적 기준도 따르지 못하는 것이다.

지금의 한국 중대형 교회의 목회세습 문제도 이러한 기득권과 밀접한 관련이 있음을 부인할 수 없다. 이미 1997년 이후 2015년까지 목회세습이 된 123교회 중에 100명 이하의 교회는 3교회 밖에 없었다. 아울러 점점 교회를 개척하기가 힘들어지고 목회자 채용에서 경쟁이 심하여지는 상황 속에서 중대형교회의 목회자는 혈연을 후임자로 택하고 싶은 유혹을 거세게 받고 있다. 더구나 대형교회인 경우에는 천문학적인 예산을 집행하는 권한, 많은 사람을 채용할 수 있는 권한, 그리고 막강한 교계와 사회적인 영향력의 행사 및 명예 등이 기득권에 속하게 되는 것이다. 더구나 재정적인 불법과 탈법이 자행된 경우에는 자기 자식에게 물려주지 않으면 그 숨겨진 비리가 폭로되어 도덕성의 유지가 심각한 도전을 받게 된다. 더구나 목회자가 사용하는 판공비 및 퇴임 후에 받게 되는 거액의 퇴직금은 대부분의 어려운 상황에서 목회를 하는 목회자를 낙심시키거나 절망하게 만드는 정도이다. 이러한 기득권의 추구는 목회를 소명으로 깨닫고 움직여야 할 목사들을 타락시키게 된다. 목회자인 내가 그리스도의 종인가, 아니면 사람의 종인가? 내가 사람의 종 되기를 위하여 그리스도가 죽으셨다면, 그리스도께서 헛되어 죽으신 것이다. 우리가 기득권의 종 됨을 선택하는 것은 그리스도의 십자가를 무색하게 하는 것이다.

22 중대형 교회의 목회세습은 민족사의 선한 기독교 전통마저 유지하지 못하는 것이다

목회세습은 고난 가운데서 생명을 내어놓고 진리의 투쟁을 한 믿음의 조상들의 궤적을 상실하는 것이다. 목회세습은 한국 초대교회의 위대한 정신적 유산, 즉 민족의 고난에 참여한 역사에서 이탈하는 것이다.

신앙생활은 일종의 영적인 싸움이다. 기독교는 이 싸움을 위한 세계관을 제공한다. 한국에서 구교와 개신교의 전래는 핍박과 고난을 통하여 이루어졌다. 그 대부분의 핍박은 조선사회가 가진 유교적 사회이데올로기로 받아들이기 힘든 복음 진리와 그 절대성의 주장이 있었기 때문이다. 이 때문에 구교와 개신교는 많은 고난을 넘어서야 했다.

첫째로 구교는 당시의 지배 이데올로기인 유학儒學을 거스르는 일을 하게 되었다. 평민이 아닌 양반들이 모여서 예배를 드리고 주기적으로 성경공부를 하는 것, 그리고 중국의 선교사와 신자들을 통하여 들어온 서학을 받아들인 것은 당시의 조정과 양반사회에서 사회이데올로기가 된 유교의 강령과 실천을 와해시킨다는 것이었다. 현저한 사례로 윤지충, 권상연과 같은 양반은 신주를 불태우고 유교식의 제사를 폐지하였다. 이에 대한 전라감사 정민시의 사형구형 이유는 "멸륜패상滅倫敗常과 무군무부無君無父의 난행"이었다. 이는 유교를 국시로 하는 나라의 가장 중요한 부분인 상례喪禮를 거부한 것으로 최초의 기독교 세계관과 전통사상의 갈등을 드러내주는 것이다. 정민시의 심문을 받는 윤지충은 신주를 모시지 않는 것이 국가에 대항하는 행위라는 추궁에 다음과 같이 답하고 있다.

거듭 말씀드리거니와 천주교를 신봉함으로 제 양반 칭호를 박탈당해야 한다 해도, 저는 천주께 죄를 짓기는 원치 않습니다. 뿐만 아니라 신주를 모시지 않는 서민들이 그렇다고 하여 정부를 반대하는

것이 아니라는 것과, 또 가난하기 때문에 모든 제사를 규정대로 지
내지 못하는 양반들도 엄한 책망을 받지 않는다는 것을 고려하여
주십시오. 그러므로 제 낮은 생각으로는 신주를 모시지 않고, 죽은
이들에게 제사를 드리지 않으면서도, 제 집에서 천주교를 충실히
신봉하는 것은 결코 국법을 어기는 것이 아닌 듯합니다.[29]

신해사옥辛亥邪獄, 정조 15년, 1791을 통해 비록 윤지충과 권상연은 참
수되고 많은 양반 계층의 신자들이 배교에 이르렀으나, 유교적 세계
관을 거부하는 민초와 여성들은 지속적으로 신앙을 지키고 당시의
시대사조를 거부하는 것을 기독교인의 특징으로 삼았다.

여러 박해, 즉 신유사옥辛酉邪獄 순조 원년 1801 , 기해사옥己亥邪獄 헌종 5
년 1839을 거치며, 구교가 들어온 후 100년이 흘러갔다. 1885년 아펜
젤러와 언더우드 선교사의 입국을 전후하여 개신교는 좀 더 완화된
상황에서 제사와 조상숭배에 대한 거부의 실천이라는 대안을 마련
하였으나, 또한 국권의 상실이라는 더욱 어려운 상황을 맞이하게 되
었다. 더욱이 이제는 유교이데올로기가 아니라 전체주의국가의 국
가종교의 유혹에 맞서서 싸워야 하는 어려운 상황에 처하게 되었다.
그 가운데서도 신사참배라는 일본의 국가종교를 마지막까지 거부
한 것은 장로교 고신파를 비롯한 개신교에 속한 일단의 무리들이었
다. 신사참배를 국민의례라는 타협책에도 굽히지 않고, 순교적 각

---

29)『正祖實錄』, 33권, 정조 15년 11월 7일, "권지충, 윤상연 供案." 민종기, 한국정치
신학과 정치윤리 (서울: 고등신학연구소, 2012), p. 95. 재인용.

오로 오히려 시대사조와 맞서서 싸운 목회자와 평신도는 종교적 승리의 사람일 뿐만이 아니라 민족정기의 마지막 남은 보루가 되었다.

21세기를 맞이한 신자는 고난 가운데서 생명을 내어놓고 진리의 투쟁을 한 믿음의 조상들의 생명을 건 영적 투쟁을 잊어서는 아니된다. 고난을 통과한 한국교회가 이제 교권과 교회의 성취를 기득권으로 삼아 담임목사의 권한을 대물림하려는 것은 핍박을 통하여 지도력을 행사한 과거의 전통을 땅에 떨어뜨리는 죄를 범하는 것이다. 아담은 낙원에서 타락하였으나 그리스도는 광야에서 승리하셨다. 다윗은 광야에서 영성을 높였으나 왕이 된 후 풍요와 안정 속에서 유혹을 받아 타락함으로 국가와 가문을 혼돈에 빠지게 만들었다. 교회가 분배하여야 할 선물은 기득권이 아니라 고난의 분배가 되어야 하며, 교회의 유산은 목회세습이 아니라 십자가의 분여가 되어야 하지 않을까? 목회세습은 한국 초대교회의 위대한 정신적 유산, 즉 민족의 고난에 참여한 역사를 거부하는 것이다. 고난 가운데서 성령으로 시작한 교회가 풍요가운데서 육체로 마치려는 어리석음에 처하게 된 것이다.

23 중대형 교회의 목회세습은 종교개혁 정신의 망각이다

종교개혁의 관점에서 목회세습이라는 현상을 판단할 때, 한국교회는 개혁자가 아니라 개혁의 대상으로 전락하고 있다. 목회세습이라는 이기적이고 탐욕적인 기득권에 대한 탐닉은 자기개혁과 사회개혁을 이루어갔던 종교개혁자들과 반대의 길로 걸어가는 것이다.

목회세습의 문제는 우리 개신교회의 선한 전통에 대한 먹칠이자 개신교 자체의 가치에 대한 도전이다. 종교개혁의 선두주자들은 개인적이고 실존적인 회심을 중요하게 생각하였다. 마틴 루터는 자신의 구원이 하나님의 심판하시는 의가 아니라 그리스도의 십자가를 통한 대속의 의를 통해서 주어지는 용서의 의라는 사실을 깨달았다. 루터가 파악한 의는 그러므로 그리스도께서 십자가에서 흘리신 보혈로 인간의 죄를 용서하시고 그리스도 자신의 의를 덧입혀 주시는 "의의 전가"imputation of righteousness였다. 이러한 칭의론적 확신 속에서 그는 행위구원이라는 반半 펠라기우스semi-Pelagius적 중세교회가 강조하는 공로에 의한 구원의 굴레를 과감히 떨쳐 버렸다. 종교개혁의 시작점은 내면적이고 실존적이었지만, 그 결과는 사회적이고 세계관적이었다. 이는 중세의 사제와 평신도의 영적 위계질서를 바꾸고, 행위구원의 전통이라는 틀을 깨어버리므로, 성도의 자유를 진작시키는 시대의 변화로 귀결되었다.

이러한 종교개혁의 전통 속에서 목회세습이라는 현상을 판단할 때, 한국교회는 더 이상 개혁자가 아니라 개혁의 대상으로 전락하고 있음을 보여주는 것이다. 교회가 실존적인 차원뿐만 아니라 사회적인 차원에서 개혁을 주도하여야 하지만, 지금은 사회개혁을 주도할 수 없는 개혁대상이 되어가고 있다. 목회세습이라는 이기적이고 탐욕적인 기득권에 대한 탐닉은 사회적으로 강력한 악영향을 미치면서 자기개혁과 사회개혁을 이루어갔던 종교개혁자들을 무색하게 만들고 있기 때문이다. 목회세습이 확장되어가고, 목회를 상속해가는 교회는 교회의 본질에서 아주 멀리 떠난 교회이다. 공적 기관으로서의 교회가 아니라 사적 소유로서의 세습의 대상이 되는 교회는 종교개혁의 정신에 역행하므로 개신교의 본질을 상실한 이기적 집단이 되어가고 있는 것이다.

우리의 조상들은 고난 속에서 민족의 어려움에 동참하여 민족의 등불이 되었으며, 교회는 암울한 일본의 식민지배의 시대에 빛이 되었다. 고난 속에 있었던 교회는 민족정기에 있어서도 보루가 되어 신사참배 반대, 주초금지, 국채보상운동, 결혼의 신실함, 도박금지, 주일성수 등의 긍정적 변화를 일으켰다. 지금 교회는 이 시대를 향하여 어떠한 공헌을 하고 있는가? 작가 이청준의 말한바 "당신들의 천국"으로 만족하고 있는 것은 아닌가? 종교의 사회적 책임과 사회적인 영성을 상실한 것이 아닌가? 그 개혁적 영성을 말할 수 없는 정도로 현재의 교회는 타락한 것이 아닌가? 종교개혁자들은 중세의 적폐에 대하여 위대한 항거protest를 보였는데, 지금의 개신교는 적폐의 주체가 되어 개혁의 대상이 되고 있지 않은가?

24 중대형 교회의 목회세습은 개교회주의의 소산이다

중대형 교회는 개교회주의에 몰입하고 있다. 교회가 개교회주의에 몰두하여 목회세습을 하는 동안, 그 결과로 발생하는 주변 교계에 미칠 부정적 영향력을 거의 고려하지 않는다. 그들은 자신의 개교회 주의 이데올로기에 굴복되었기 때문이다.

탐심이 교회 속에 나타난 모습은 개교회주의이다. 개교회주의란 개별 교회가 "스스로의 생존과 발전을 궁극적인 목적으로 삼는 사고방식"을 말한다. 곧 집단이기심이 개個 교회에 반영되어 자신의 교회만을 가치의 중심에 두고 활동하려는 것이다.[30] 개교회주의의 특성은 다음의 모습으로 나타난다. 내 교회가 평안하면 주변의 교회가 어떠한 어려움을 당하든지 관심을 두지 않는 것이다. 내 교회가 발전하면 이웃교회의 성도를 뺏어오든, 이웃의 성도가 자진하여 오든 상관하지 않고, 경쟁을 통하여 이룬 교회부흥을 하나님의 은혜로 오해하는 것이다. 성령 충만한 목사는 이웃 교인을 도적질하여 교회성장을 이루는가? 교회가 중생과 세례를 통해 회심성도를 양산함이 아니라, 이웃교회의 수평이동 신자를 통하여 교회성장을 유도하는가? 교인쟁탈전이 성령충만의 열매인가? 개교회주의와 수평이동의 폐해를 보면서 어느 양심적인 목회자는 '타교회에서 오는 교인을 안 받겠다' 공언하기도 한다. 그 충정은 이해하나, 그것도 옳지는 않은 일이다. 교회의 회원권마저 자유롭지 못하다면, 어떻게 자유로운 교회라 할 수 있는가? 그렇다면 이미 그 교회 다니고 있는 사람들은 일류신자가 되고, 다른 신자들은 이류가 되지 않는가? 목회자가 무

---

30) 이학준, 『한국교회, 패러다임을 바꾸어야 산다』(서울: 새물결플러스, 2011), p. 79.

슨 권리로 오는 사람을 거절하며, 가는 사람을 막을 수 있는가?

개교회주의는 대형교회, 초대형교회가 가진 사회적 역할을 깨닫게 하지 못하거나 무관심하게 만든다. 개교회주의는 선교와 사회적 책임을 감당하기 위한 노력을 게을리하게 만든다. 개교회주의는 주변의 교회에 어떤 악영향을 주는지, 한국 교회 전체의 영적인 생태계를 어떻게 망가뜨리는지 생각하지 않는다. 개교회주의의 이기심은 결국 성도들의 신앙생활을 교회 내부로 돌리고, 모든 에너지와 열정을 안으로 축소시키고 제한할 가능성이 농후하다. 이러한 상황 속에서 하나님 나라의 확장은 개교회의 확장과 동일시되고 성도의 헌신은 개교회 내에서의 봉사나 단기선교 등으로 제한되게 된다.

자신의 교회가 타교회에 불이익을 주지 않는다면 모든 일을 다 할수 있다고 생각하는 목회자는 많지 않을 것이다. 그러나 중대형 교회가 개교회주의에 몰두하여 목회세습을 할 때에 이러한 일이 주변 교계에 미칠 부정적 영향력을 거의 고려하지 않는다. 그들은 지역 교회에서 이루어진 교회성장을 지속시켜 나갈 수 있는 방법의 하나가 이미 잘 훈련된 자녀, 이전 목회자의 카리스마를 지속할 수 있는 자녀를 후임자로 선택하는 것이라 생각한다. 내부적으로는 이전의 성장 기조를 유지하고, 지도자 교체를 통해 발생할 수 있는 지도력의 공백을 메울 수 있는 방법이라고 생각할 수 있다. 목회세습을 하는 교회가 대형교회, 혹 초대형교회인 경우는 자신이 인정하든 그렇지 않든 간에 그 교회가 대표성을 가진 교회라는 사실에 착념하여야 한다. 작은 교회의 세습이 가지는 악영향은 숨겨져 있을 수 있다. 그러나 중대형 교회의 목회세습은 타교회, 남은 교회에 영향력을 끼친다. 일반적인 교회의 도덕성을 무너뜨리는 일을 하게 되는 것이다.

목회자가 어려운 목회 생태계에서 주변교회를 생각하면서 목회를 한다는 것은 결코 쉬운 일이 아니다. 그러나 중대형교회는 적어도 교회의 부흥과 성장을 기득권의 연장을 위한 목회세습을 위한 기회가 아니라, 사회적 선교를 위한 재투자를 하는 선한 기회로 삼는 자각을 가져야 한다.

25 중대형 교회의 목회세습은 종교개혁자들이 가졌던 사회적 영성을 포기함이다

목회세습을 하는 중대형교회에서 만일 세계관과 사회적 영성을 생각하였다면 감히 그러한 일을 추진하려고 하지 않았을 것이다. 지역교회의 기득권을 향한 몰입은 목회세습을 하는 일을 수치스럽게 생각하지 않게 되었다.

목회세습은 종교개혁자들의 사회적 영성을 포기한 것이다. 개신교의 기반을 이루는 사상은 종교개혁 사상이다. 종교개혁 사상은 개교회주의가 아니며, 개혁사상은 당시의 로만 카톨릭의 세계를 개혁하여 세계를 하나님과 그리스도에게 바치려는 세계관적 차원의 가르침이다. 목회세습을 하는 중대형교회에서 만일 보다 더 넓은 관점인 세계관과 사회적 영성을 생각하였다면 목회세습을 부끄럽게 생각하였을 것이다. 지역교회를 향한 소유욕과 탐심은 목회세습이라는 또 하나의 우상숭배를 수치스럽게 생각하지 않게 되었다. 목회세습을 하여 사회선교를 영향력 있게 하겠다고 주장할 수도 있다. 그러나 망가진 교회의 도덕성을 가지고 일하는 것이 얼마나 효과적일 수 있을까? 도끼의 날을 무디게 하고 예리한 칼을 마모시켜 나무를 자르고 장작을 패는 일을 하겠다는 것은 얼마나 안타깝고도 무지한 선택일까?

결코 개신교의 영적인 전통은 비윤리적이지는 않았다. 개신교는 복음을 통한 실존적 변화로부터 시작하여 사회의 개혁을 이루려는 "사회적 영성"soacial spirituality을 가지고 있었다. 루터의 종교개혁은 다분히 이러한 사회적 영성을 포함하고 있다. 그는 무엇보다도 중세의 위계질서에 기반을 둔 세계관worldview을 버리고, 하나님 앞에 평등한 새로운 사회적 관점을 제공한 것이다. 그는 중세의 공고한 기독교 왕국과 그 결과로 생긴 위계적인 사회체제에 의문을 가졌다. 그들은 사회악에 대하여 '회피적'avertive이지 않고 '개혁적'reformative이었다. 한 걸음 더 나아가 개혁적인 신앙인들은 사회적 환경social milieu을 바꾸려는 '새로운 사회형성적인 개혁자'social-formative reformer가 되었다.

캘빈주의자, 그들 중 특히 청교도들은 이러한 새로운 세계를 창조하려는 사람들의 전형이자 선구자들이었다. 스위스에서 프랑스 이민이 섞인 교회를 목회하던 캘빈은 종교개혁자 쯔빙글리의 전통을 이어받아 종교개혁을 사회개혁과 연결시켜 제네바시를 개혁하였다. 그곳에 세워진 제네바 대학교는 종교개혁자들을 길러내는 모판이 되었으며, 캘빈의 정신적 후손들은 개신교 신앙의 유지는 물론이고 중세의 공고한 사회를 개혁하려는 열망으로 가득 차 있었고 또 그렇게 실천하였다.

더 나아가 그들은 현대 민주주의의 사상적 기반을 이루는 사람들이 되었다는 것이 영국 케임브릿지의 사상가 켄틴 스키너Quentin Skinner의 지적이다. 더우기 미국 프린스턴대학의 사상가 마이클 월저Michael Walzer는 캘빈주의의 영국적 후예인 청교도들은 사회개혁적이고 심지어는 혁명적인 사람들이었다고 평가한다. 월저에 의하면, 청교도를 비롯한 캘빈주의자들은 자신의 신앙이 종교적 영역에 머물러야 한다고 생각하지 않고, 하나님의 소명과 비전은 온 세상을 포괄하여야 한다고 보았다는 것이다. 그들의 영성은 정치, 경제, 사회, 문화, 예술과 가정의 변화를 동반하는 총체적 영성으로 발전한 것이다. 개신교의 역사에서 사회적 경건과 사회적 영성은 생소한 개념이 아니다. 하나님의 통치의 영역에서 사회와 정치를 배제시킬 수 없다. 교회의 내부적 개혁과 함께, 사회적 영성이라는 위대한 개신교적 전통은 죽은 전통이 아니라 살아있는 전통이 되어 교회의 사회적 공헌으로 이어져야 한다. 개혁의 전통을 가진 개신교회는 목회의 마지막인 퇴임과 목회의 처음인 부임에 있어서 정의로워야 한다. 목회세습은 사회적 관심의 결여, 사회참여적 유전자의 상실로 말미암은 병리현상이다. 목회세습의 당사자는 이제 이기적 근시안에서 벗어나와 가독교의 사회성이라는 안목에서 교회를 바라보아야 한다.

26 중대형 교회의 목회세습은 전임자의 애착으로 시작된 사사화私事化를 낳는다

교회는 공교회이다. 사적인 정리와 애착으로 공교회의 이임과 취임의 과정을 사사화私事化시켜서는 아니된다. 교회는 그리스도가 소유한 만인의 안식처가 되어야 할 공동체이기 때문이다.

목회세습을 결정하기까지 담임목회자는 많은 번뇌와 고민을 했을 것이다. 주변과 성도들에게 욕먹을 생각도 해보고, 수군거리는 것을 감내할 생각도 하고, 다른 후임자가 없을까 찾아보기도 하고, 주변을 어떻게 설득할 것인가 궁리하기도 하였을 것이다. 이러한 여러 상황에도 불구하고 세습의 결정을 내리는 것은 퇴임을 앞둔 담임목사가 교회에 대하여 얼마나 커다란 애착을 가지고 있는가를 반증하는 것이다. 그러나 이 애착이 혈연에 대한 애착으로 귀결될 때, 교회에 대한 열심과 자녀에 대한 관심은 윤리적으로 왜곡되기 시작한다. 이정석 교수의 지적에 의하면, 목회세습은 교회에 대한 애착과 혈연에 대한 애착이 합쳐질 때 나타나는 현상이라고 바르게 지적한다.[31]

그러므로 아무리 목회세습이 합리적으로 이루어졌다 하더라도, 아무리 능력 있는 혈연을 후임자로 세웠다하더라도, 일단 목회세습은 전임자인 아버지 혹은 장인의 영향력을 배제하고는 거의 이루어

---

31) 이정석, "목회세습이 바람직한가" (대형교회 담임목사직 세습문제와 공동대응 방안 공동포럼), pp. 4-5.

질 수 없는 일이다. 이는 아버지의 애착이 낳은 사적 욕구가 공적으로 실현된 것이다. 그러므로 이러한 현상에 대하여 미래목회 포럼이 대형교회의 세습 문제에 대하여 지적하고 있는 것은 당상부분 옳다. 종교개혁 495주년을 맞이하여 한국교회가 가진 다섯 가지 개혁하여 할 할 과제중의 하나는 이 세습 문제인데, 이는 목회자 자신이 공교회公敎會를 사교私敎로 전락시키는 행위로서 이는 목회자의 사적인 욕심, 즉 애착에서 시작된다는 것이다.

'아들 밖에 더 잘할 수 있는 사람이 없다'는 주장에도 아주 일리가 없는 것은 아니다. 그러나 아들이 아니면 할 수 없을 정도로 공교회를 사교회를 변모시킨 잘못에 대한 책임은 어떻게 져야 할 것인가? 국정을 맡은 막강한 영향력을 가진 대통령도 임기가 지나면 퇴임할 생각을 하면서 차기를 준비하는 사람에게 넘겨줄 생각을 한다. 만일 그가 남아서 상왕 노릇을 하려한다면, 국민의 강한 저항에 부딪히게 되는 것은 자명한 사실이다. 지속적인 쇄신과 재평가를 이루기 위하여 전임자는 애착과 집착을 버리고 청빙위원회를 구성하여 합리적인 후임의 청빙이 가능하도록 행정적으로 돕는 것이 목회자라는 공인으로서의 의무가 아닐까?

교회는 공적인 특성을 가진 공동체이다. 원로목사가 떠날 수 없을 정도의 유약한 집단으로 만들어서는 아니 되며, 오히려 원로목사가 과도하게 관여하는 것이 교회를 손상시키거나 더욱 어렵게 할 수 있다는 점을 알아야 한다. 사적인 정리와 애착으로 공교회의 이임과 취임의 과정을 사사화私事化시켜서는 아니된다. 교회는 그리스도가 소유한 만인의 안식처가 되어야 할 아름다운 공동체이기 때문이다.

27 중대형 교회의 목회세습은 교회의 공영체적 특성을 무시한 처사이다

교회는 출생에서부터 공동운명체요, 그 운영의 방법에서 공동운영체요, 그 목표에서 공동이익체이다. 이러한 관점에서 보면 목회세습은 공영체의 어떠한 요건도 만족시키지 못한다. 목회세습을 통해서 공영체의 비전과 목표와 운영은 왜곡되고 만다.

교회는 공동체이다. 예수님은 이 교회에 권한을 주시되 기도에 응답하시는 권세를 더하시고, 주님 자신의 임재를 약속하였다. "진실로 다시 너희에게 이르노니 너희 중의 두 사람이 땅에서 합심하여 무엇이든지 구하면 하늘에 계신 내 아버지께서 그들을 위하여 이루게 하시리라 두세 사람이 내 이름으로 모인 곳에는 나도 그들 중에 있느니라"마18:19-20 이러한 교회는 예수 그리스도의 소유일 뿐만이 아니라 한 사람이 사유화할 수 없는 공동체이다. 이러한 공동체를 소유하거나 매매하거나 양도하거나 세습하는 것은 공동체에 대한 월권이다. 그러므로 그 교회의 크기와 역사가 어떠하든 이는 담임목사의 자의적인 처분이 불가하다. 교회가 공동체라는 사실은 목회세습을 자행하는 이 병든 개인주의의 대안이 된다. 교회는 확대된 가정 공동체, 언약 공동체로서 그리스도의 몸이다.

여기서 우리는 교회의 공동체성을 논하는 것과 함께 교회가 공영체共營體, commonwealth임을 기억하려고 한다. 교회가 공동체共同體, community라는 말은 "함께 연합하여 그리스도와 한 몸을 이룬다"는 뜻으로서 다소 자연발생적인 어감을 우리에게 준다. 그러나 교회가 또한 "공영체"라는 말은 그리스도의 위임을 받은 성도들이 다분히 작위적作爲的인 운영과 조직과 경영을 통하여 주님의 뜻을 이루어나가는 집단이라는 의미이다. 다시 말해서 공영체라 함은 리차드 백스터에 의하면, "하나님의 백성들의 모임으로서 주권자와 백성이 공동의 선을 위하여 그리고 절대적 주권자 되신 하나님을 즐겁게 하기 위하여 만들어진 질서"이다.[32] 이 단어를 사용한 백스터는 다분히 올리버 크롬웰이 왕이 되지 않고 호국경Protectorate이 되어서 다스리는 신앙적으로 결속된 정치-신앙적 연합체를 의미하였다. 이에 대하여 토마스 홉스는 공영체를 두 가지 의미로 사용하고 있다. 홉스는 자신의 책 『리워야단』Leviathan, 1651에서 국가를 정치적 공영체political commonwealth라고 표현하였으며, 교회를 기독교 공영체Christian commonwealth라고 지칭했다.

교회가 공영체라고 할 때, 역시 하나님은 주인이시다.[33] 하나님은

---

32) Richard Baxter, *A Holy Commonwealth*, ed. by William Lamont (London: Cambridge Univ. Press), pp. 68-75. 백스터의 정치사상은 신앙과 정치가 결합된 정치-종교적 공영체로서의 공화정을 꿈꾸었으나, 토마스 홉스는 정치가 상위에 존재하는 왕정을 주장하였다.

33) 공동체에 못지않게 공영체라는 좋은 뜻을 가진 또 다른 단어가 있다. 많이 쓰이지는 않지만, 중세와 근대에 걸쳐 오랫동안 사용된 말 커먼웰스(commonwealth)이다. 이는 복(福), 선(善), 번영 혹은 행복이라는 좋은 뜻을 가진 "위일"(weal)이라는 말의 파생어이다. "복이나 화"라는 의미에서 "weal and woe"라고 쓰기도 하는 이 말은 또한 많은 파생어를 이루어 "부와 번성"(wealth)의 의미로, "공공복리

목회자와 평신도를 지도자로 세우시고 교회에서 지도력을 함께 발휘함으로 한 공영체로서의 공동선과 공동목표를 이루도록 허락하신다. 교회라는 공영체는 그러나 목회자와 평신도가 함께, 혹은 온 교회 성도들이 함께 운영을 하여야하는 공동체이기 때문에 상호책임의 요소가 매우 크다. 비상적인 상황이 아니면 이 영적 공영체인 교회의 운영방식이 다분히 민주적이어야 할 것이다.

교회가 공영체라고 생각할 때에 우리는 몇 가지의 함의를 논의할 수 있다. 첫 번째는 공영체 교회는 공동운명체이다. 교회가 담임목회자의 전횡에 의하여 움직이는 단체가 되어서는 안된다. 공영체 교회는 그 출생부터 회원 전체의 공동선을 추구하는 공동체이기 때문에 그렇다. 둘째로는 공영체 교회는 공동운영체이다. 하나님의 목적을 이루는 공영체이기 때문에 교회는 왕적인 목회자의 소유가 되거나 성도들의 소유도 될 수 없다는 것이다. 단지 지도자에게는 운영권이 부여되어있고 지도자와 피지도자가 함께 공동체의 운명에 대한 책임을 져야한다는 의미에서의 공영체이다. 셋째로 공영체는 공공이익체이다. 지역교회에 따라 약간의 편차가 있겠지만, 공영체인 교회는 하나님이 기뻐하시는 목표인 이웃을 복되게 하는 공익체가 되어야 한다. 무엇보다도 공영체로서의 목표는 영혼의 구원과 함께 하나님 나라의 사랑의 섬김과 나눔을 이루어야 하는 분명한 목표

___

나 공익"(commonweal)이라는 의미로, "공영체나 공화국"(commonwealth)이라는 의미로 다양하게 사용되었다. 이 단어 "커먼웰스"는 공영체라는 의미로서 공동체 커뮤니티(community)라는 말보다도 더욱 인간의 작위적 의도가 깃든 공동체라는 의미를 가진다.

를 가지고 있어야 한다.

이러한 역사적 관점에서 보면 목회세습은 공영체의 어떠한 요건도 만족시키지 못한다. 목회세습은 공동운명체, 공동운영체, 공익체의 어떤 기준도 만족시키지 못한다. 공영체의 비전과 목표는 운영은 담임목회자의 주장으로 말미암아 왜곡되고 파괴된다. 목회세습을 통하여 공영체의 원리와 비전과 목표는 완전히 상실된다고 보아야 한다. 목회세습은 결국 공영체의 운영을 방해하고, 공영체의 소유권이 한 사람에게 집중되는 것이며, 결국 공영체의 공동선과 공동목표를 상실하게 된다.

28 중대형교회의 목회세습은 중세를 타락시킨 성직세습을 답습하는 것이다

종교개혁의 전통을 가진 교회가 목회세습을 하는 것은 종교개혁의 대상이 되었던 구교의 타락상으로 돌아가는 것과 같다. 이는 개신교가 되기를 스스로 포기하는 행위와 같다.

극심한 중세교회의 타락상을 보인 11세기에 들어서서 사제임명권은 로만 카톨릭 교회가 확보한 권한이 아니었다. 이는 종교개혁 일어나 16세기 초 개신교의 목사임명권 역시 교회가 완벽하게 확보한 권한이 아니었던 것과 같다. 정치는 종교와 밀접한 관련이 있었다. 11세기의 유명한 교황 그레고리 7세는 하인리히 4세라는 신성로마제국의 황제로부터 교황서임권을 찾으려고 노력하였다. 황제의 사제임명권은 부패한 로만 카톨릭 교회를 만드는 또 하나의 이유였다. 16세기 제네바에서 목회를 하던 캘빈에게 있어서도 목사임명권은 도시국가로부터 찾아와 교회가 확보하여야 할 교회의 권리였다.

중세교회의 타락은 사제임명권을 황제가 행사하는 것에 상당부분 기인하고 있다. 사제들은 정치와 깊이 결탁하였다. 사제들은 각종 이권과 관련되어 있었기 때문에, 제대로 훈련을 받지도 아니하고 교회를 돌보지도 아니하는 자들이 교회의 녹봉을 받는 파렴치한 경우가 심화되고 있었다. 심지어는 이러한 경제적 이익을 확보하기 위하여 이권이 양산되는 주교좌 교회土敎座, cathedral church를 사생자에게 세습하는 정치나 사제가 있었을 뿐 아니라 그 교회와 관련된 이권을 매매하기도 하였다. 당시까지 모든 사제가 독신을 강요받은 것은 아니다. 그러나 사제나 정치가가 자손에게 교회의 이권을 세습시키는 기득권으로 사용되는 데 대하여, 하인리히 4세에게 카놋사의 굴욕을 안긴 그레고리 7세는 모든 주교좌 교회에 독신을 준행하는 사람이 아니면 리더십을 행사할 수 없도록 하였다.[34]

종교개혁의 전통을 가진 교회가, 그것도 루터와 캘빈의 개혁적 성향을 전통으로 가진 개혁교회가 목회세습을 하는 것은 종교개혁의 대상이 되었던 구교의 타락상으로 돌아가는 것과 같다. 이는 개신교가 되기를 스스로 포기하는 행위이다. 스스로 개혁 대상이 된 목회세습의 개신교회가 로만 카톨릭으로 간다고 해도 그곳에서도 그들

---

34) 김영한, "교회세습금지의 신학적 근거" (크리스챤투데이, 2012년 10월 1일) 참조.

을 달갑게 받지 않을 수치스러운 모습이다. 로만 카톨릭에서 사제의 독신제도를 통해서 부패를 막으려했던 파괴적 행위가 이제는 종교 개혁을 한 개신교회에서 반복되고 있음은 개탄스러운 일이다.

29 중대형 교회의 목회세습과 같은 일은 장로교회의 시조 캘빈도 반대한 것이다

캘빈은 교회의 부패에 관하여 깊은 관심을 가지고 이를 질타한 신학자요 목회자이기도 하였다. 그는 또한 『기독교 강요』에서 성직세습을 하는 교회와 사제를 무섭게 질타한다. 그가 당시의 사제직 세습에 대하여 반대 입장에 섰다는 것은 의심의 여지가 없다.

마르틴 루터의 개혁을 조직화시키고 종교개혁의 중요 고리를 이어나간 사람은 존 캘빈1509-1564이다. 마르틴 루터의 개혁이 독일을 통하여 일어났다면, 캘빈의 종교개혁은 스위스를 중심으로 확산되어 나갔다. 캘빈의 스위스 목회와 종교개혁은 존 낙스를 통하여 스코틀랜드의 종교개혁으로 나타났고, 여기서 장로교가 시작된다. 영국 본토 잉글랜드로 들어간 캘빈의 사상은 청교도로 확산, 발전된다. 아울러 네덜란드는 스페인으로부터 독립전쟁1572년-1585년을 통하여 개신교 나라를 세운다. 혁명의 중심에 선 윌리엄 오렌지 공의 혁명과 왕가의 형성을 통하여 네덜란드는 캘빈주의를 기반으로 하는 개혁교회 위에 세워진다. 이후 스코틀랜드의 90만, 잉글랜드의

60만과 네덜란드와 독일 등의 50만이 청교도 즉 캘빈주의적 전통을 가지고 미국의 독립을 이루는 중심적 세력이 된다. 영국과 신대륙의 식민지에서 벌어진 독립전쟁 중인 1776년 미국은 독립을 선언하게 되는데, 당시 인구 300만 중에 200만의 사람들이 캘빈주의 전통을 가진 사람이었다. 캘빈주의자들은 당시에 가장 자유에 대한 큰 갈구를 가지고 있던 자들이었고, 미국이 청교도의 정신적 토대를 가지고 있다는 말은 바로 당시 인구의 3분의 2가 캘빈주의, 청교도적 전통, 즉 왕의 통치를 거부하고 공화제를 세우려는 강력한 의도를 가진 정치세력이었기 때문이다.

캘빈 사후 한 세대 후에 태어나서 활동한 토마스 홉스1588~1679는 캘빈과 캘빈주의자들의 정신이 청교도의 이름으로 영국을 덮고 있는 것을 보았다. 그는 장로교 신자들을 매우 싫어했다. 그 이유는 그들이 군주제를 반대하고 선거에 의한 민주제를 옹호하고 있기 때문이다. 『리워야단』이라는 책을 통해서 그는 국가나 교회가 공히 왕의 통치하여 있어야 한다고 주장하였다. 그러나 청교도 목사들을 중심으로 한 청교도 세력은 결국 홉스가 재난이며 혼돈이라고 생각한 것처럼 왕정을 개혁하려는 개혁세력이자 혁명세력으로 민주정치의 길을 닦게 된다.

캘빈은 세상에 영향을 미치는 신학자였을 뿐 아니라, 교회의 부패에 관하여 깊은 관심을 가지고 질타한 신학자요 목회자였다. 그는 또한 『기독교 강요』에서 성직세습을 하고 있는 교회와 사제를 사정없이 질타하고 있다. 그가 21세기와 동일한 목회세습을 질타한 것은 아니지만, 그의 정신으로 볼 때 당시의 사제직 세습에 대하여 확고한 반대 입장에 섰다는 것은 의심의 여지가 없다. 캘빈은 사제직을 탐하는 사람들이 결국은 교회의 재산을 탐하고 있는 것이라고 다음과 같이 비판한다.

> 결국 사제직은 마치 개들에게 던져서 사냥하게 하는 먹이와 다름없다고 할 수 있다. 그들이 "목자"라고 부르는 사람들은 적에게서 탈취한 전리품에 덤벼들 듯이 교회의 재산에 덤벼들었으며 혹은 소송을 해서 교회를 획득했고 혹은 값을 주고 샀다. 어떤 자들은 야비한 아첨으로 얻기도 하고 또 어떤 자들은 말도 할 줄 모르는 어린아이 때에 이미 아저씨나 친척에게서 [교회를] 유산으로 받기도 했다. 심지어 사생아가 아버지에게서 유산으로 받은 교회도 있다. 이런 자들을 "목자"라는 이름으로 부르는 것을 차마 들을 수 있는가?[35]

중세나 지금이나 교권을 탐하는 사람들은 경제적 이익과 깊이 연루되어 있다. 캘빈은 교역자를 준비시키는 "성직록"聖職祿, benefices이 미래에 교회를 위하여 투신할 교역자를 돕는 목적으로 사용되지 않았다고 비판한다. 이는 교역자를 위한 장학금이 꼭 필요한 사람에게 정확하게 전달되지 않았다는 것과 마찬가지라는 지적이다. 성직록은 결국 성직매매의 수단이 되었다. 캘빈은 성직매매 없이 수여되는

---

35) John Calvin, *Institutes of the Christian Religion*, ed. by John McNeill trans. by Ford Lewis Battles, 성문출판사 편집부 번역, 『영한 기독교강요』, IV. v. 6.

성직록은 100에 하나도 없다고 단언한다. 아무 간접적인 배경 없이 성직록을 받는 사람이 20명의 하나도 없으며, 어떤 자들은 친척이기 때문에, 어떤 자들은 부모의 영향력으로, 어떤 사람은 아부로 환심을 사서 유익을 취한다. 그러므로 성직록의 부여는 결국 부정한 자리싸움이라고 말한다.

이는 캘빈의 개혁 이후 500년이 지난 지금 한국교회에서도 유사하게 반복되는 사건이 아니고 무엇인가? 특별히 중앙집권화가 되고 감독의 권한이 강대한 곳에서, 아울러 교회개척과 퇴임한 사람들을 돕기 위한 제도적 지원제도가 있는 교단에서 그 재정이 건전하게 사용되지 못하는 상황이 지금도 계속되고 있지 않은가? 안타깝게도 대형교회가 목회자의 목표가 되었고, 그것이 목회자의 꿈이 되고 있으며, 그것이 또한 목회세습을 이루는 기득권의 온상이 되고 있으니, 이것이 개혁의 폭풍 앞에 선 중세교회의 타락과 비참함이 아니고 무엇인가?

30 중대형 교회의 목회세습으로 실패한 대표적 미국의 사례는 수정교회이다

로버트 슐러 목사는 2006년 형식상으로 아들에게 리더십을 이양하였다. 담임목사직을 승계한 아들은 2008년에 이르러 이사회와 갈등을 빚으며 물러났다. 2009년에는 딸이 교회를 운영하다가 2010년에는 파산신청을 했고, 결국 2012년 교회당은 매각되었다.

적극적인 사고방식으로 한 세대를 풍미한 미국의 로버트 슐러 Robert Schuller 목사가 설립한 남캘리포니아 오렌지카운티 가든 그로브의 수정교회는 세계 여러 목회자의 벤치마킹의 대상이 되었던 교회이다. 부활절이나 성탄절에 교회 안에서 벌어지는 예술, 문화적 공연은 주변의 커뮤니티로부터 많은 관심과 참여를 불러일으킨 진기한 행사였다. 외장은 수정교회이지만, 내면은 방주와 같이 생긴 커다란 교회당이었다. 그 교회 천정에 줄을 타고 오가는 천사의 공연을 보는 것은 많은 사람들에게는 환호성을 불러일으키기에 충분하였다. 당시에 초대형교회로 자리매김했던 슐러 목사의 설교는 텔레비전과 라디오를 통하여 주변에 방송되었다. 그러나 이 교회가 2010년 10월에 법원에 파산신청을 하였고, 2012년 이 교회의 건물은 로만 카톨릭 오렌지카운티 교구에 인수되었다. 이러한 충격적인 교회 파산의 이면에는 목회세습으로 인한 원인을 들고 있는 사람이 적지 많다.[36)]

로버트 슐러 목사는 2006년 담임목사직을 은퇴하면서 아들 로버트 A. 슐러에게 교회를 맡겼다. 아버지 슐러 목사는 은퇴하고 아들에게 물려주었으나, 이사회에서 그는 지속적으로 교회의 운영에 관여하였다. 그럼에도 불구하고, 교회는 재정적인 어려움을 견디지 못했다. 결국 2010년 5,500만 달러약 600억 원의 빚을 갚지 못해 파산신청을 했고, 2012년 파산의 과정으로 수정교회는 천주교 오렌지카운

---

36) http://www.kamerican.com/GNC/new/secondary_contents.php?article_no=3&no=1945 "캘리포니아 '수정교회'의 몰락," KAmerican Post (2012년 03월 11일).

티 교구에 5,750만 달러에 팔렸다. 교회의 지도권을 물려받은 아들은 교회를 쇄신하는 방법을 두고 다른 가족들의 영향력이 큰 교회 이사회와 충돌하면서 2008년 사임에 이르렀다. 그 후임으로 맏딸인 세일라 슐러 콜만Sheila Schuller Coleman이 2009년 담임목사가 되었으나 가족의 내분은 계속되었다. 심지어 파산신청 직전 1년 동안 아들, 딸, 사위와 친척 23명이 교회 일을 하면서 180만 달러의 급료를 챙기고 갖가지 탈세를 했던 것으로 밝혀지고 있다.

이러한 현상에 대하여 미국 내 교계의 평가는 그들이 자주 사용하는 "목회승계" 혹은 "목회세습"pastoral succession이라는 용어를 사용하기 보다는, 더욱 부정적인 의미를 가진 "족벌주의"nepotism라는 용어를 사용한다. 족벌주의란 혈연이라는 이유만으로 중대가치를 가족 구성원에게 이전하는 행위이다. 수정교회의 경우는 가족들이 중심이 된 이사회에서 아들을 후임자로 세워놓았으나, 호화로운 문화사업의 운영으로 발생한 재정적자에 의하여 파산한 것으로 보인다. 아들 슐러 목사의 능력과 역량에 대한 자세한 연구는 없다. 그러나 대체로 아들을 후임자로 세운 것은 바르지 못한 정보를 통한 그릇된 결단이었고, 충분히 준비되지 아니한 후임 결정이었다고 평가된다.[37] 아들의 리더십은 만 3년을 지속되지 못하였다. 그러나 아들 슐러 목사는 자신이 소신껏 일할 수 있도록 기회가 제공되지 않았다고 말한다. 이는 아버지와 가족들이 목회세습 이후로도 강력한 영

---

37) 이에 대한 목회신학적인 연구는 다음의 논문을 참고하라. Clifford Todd Hartley, "Pastoral Succession from Father to Son" Doctor of Ministry Dissertation (Lynchburg, VA: Liberty Theological Seminary, 2012).

향력을 행사하므로, 형식상으로 리더십은 교체되었으나 이사회를 중심으로 한 아버지 슐러의 지도력 행사가 지속되었음을 보여준다. 2011년 슐러 목사 부부와 딸과 사위는 수정교회 이사회에서 물러났고, 수정교회 역사상 처음으로 이사회에서 설립자 슐러 목사와 그 가족들이 모두 사라지게 되었다. 그리고 2012년 교회당은 매각되었다.

미국사회에서나 교회에서는 는 '목회승계나 목회세습'pastoral succession이라는 말을 사용하면서도 그렇게 부정적인 용도로 사용하지 않는다. 미국에서는 흔한 현상은 아니며, 합리적이고 실용적인 차원에서 교회를 위한 있을 수 있는 대안의 하나로 생각하는 경향도 없지 않다.[38] 그러나 이러한 외면적인 승계가 재물이나 명예에 대한 탐욕의 행동으로 드러날 때, 우리가 사용하는 소위 "목회세습"이라는 다소 부정적인 뉘앙스를 가진 단어는 종종 네포티즘nepotism이란 말로 사용된다.

이는 식스투스 4세Sixtus IV라는 교황이 자신의 재위1471-1484 중 그의 친척, 특히 아들을 가질 수 없었던 교황이 "조카"nepote에게 베푼 호의와 정실을 가리키는 말에서 나왔다. 실제로 이를 사용한 사람은 1667년의 그레고리오 레티Gregorio Leti라는 사람의 책에서 사용되었고, 이 단어 네포티스모nepotismo가 영어로 번역되면서 네포티즘nepotism으로 퍼지고 사용되기 시작하였다. 이 족벌주의라는 단어 속에도 교황의 가족을 향한 "정실주의"favoritism라는 부정적 현상이 숨

---

38) Clifford Todd Hartley, "Pastoral Succession from Father to Son," pp. 34-35.

어있다. 그러나 이 용어는 반드시 조카에게만 특혜를 베푸는 것이 아니고 가족, 혈연에게 다른 경쟁적인 후보자에게 주지 않는 특혜를 주는 것을 말한다.

수정교회의 목회세습 실패는 한 교회의 사라짐으로 끝나는 것이 아니다. 그 교회에서 봉사했던 수많은 사람들의 노력, 헌신, 그곳에서 자라나고 체험했던 은혜와 감격을 무색하게 하는 파괴적인 것이다. 더구나 이러한 결과가 어떤 한 사람의 실수가 아니라 조직적으로 추구한 욕심과 고집과 탐욕과 실수의 결과라면, 그 잘못된 선택은 단지 실수가 아니라 죄악을 의도적으로 선택한 것이다. 지금 사라져버린 수정교회의 실례는 가든 그로브를 지나면서 건물을 보는 우리 목회자로 하여금 겸허한 선택과 준비를 하도록 여전히 도전을 던져준다.

31 중대형 교회의 목회세습을 공개적으로 회개한 김창인 목사를 깊이 생각하라

오류를 범하는 것은 인간의 한계이다. 그러나 역사적으로 확인된 오류를 다시금 범하는 것은 영적인 지도자의 탐심과 무지와 완악함을 보여주는 것이다.

충현교회는 처음부터 목회세습을 작정하지는 않았다. 충현교회는 김창인 목사의 리더십 아래서 천국일꾼양성이라는 좋은 목표를 가지고 발전한 교회였다. 충현교회는 한때 보수적 신앙의 본산으로서 성실하게 신앙인을 양성하고, 민족복음화와 북한선교 및 세계선교의 사명을 감당하던 교회였다. 1987년까지 충현교회는 많은 목회자와 평신도를 배출하였다. 고 김영삼 대통령을 비롯한 정치인들, 수많은 학자와 목회자들이 교회를 통해 양육되었다. 이종윤 목사와 신성종 목사는 김창인 목사를 뒤이어 9년 동안 후임자로서 사역을 감당하였을 뿐 아니라, 학계에서도 많은 업적을 낸 학자요 목회자였다. 그러나 여러 안타까운 사정에 의하여 이 두 목회자는 충현교회에서 사역을 지속하지 못하고 물러나게 되었다. 이종윤 목사는 담임목사직을 사임하고 서울교회를 개척하여 교단을 바꾸어 활동하였다. 이어서 담임목사가 되었던 신성종 목사의 경우도 몇 년 후 전격적으로 사표가 수리되었고, 로스 엔젤레스와 대전에서 담임목사로 사역하다가 지금은 선교와 저술에 힘쓰고 있다.

김창인 목사와 그를 이은 이종윤 목사와 신성종 목사의 사역은 교회를 통해서 배출한 인재를 후임으로 세운 이상적인 지도자 교체였다. 그러나 김창인 원로목사는 교회에서 지속적으로 설교하였고 영향력을 행사하였으며, 이종윤 목사와 신성종 목사의 퇴임에 일단의 역할을 하지 않을 수 없을 정도로 교회에 깊은 영향력을 미쳤다. 결국 교회에서 기대 가운데 세웠던 두 분 목사의 퇴임에 직간접으로 관여한 원로목사는 1997년 오랜 동안 미국 생활을 하던 아들을 후임자로 세워 힘들게 된 교회의 지도력을 담당시키게 되었다. 그러나 이어진 담임목사 테러사건, 몇몇 장로에 대한 교회의 제명 출교, 부임한 담임목사와 아버지 원로목사와의 갈등, 담임목사의 인사 행정에 대한 분규 등으로 교회는 갈등 속으로 들어갔고 교인의 수도 점차 격감되었다.

김성관 목사의 퇴임을 앞둔 2012년 6월 12일 당시 96세에 이른 김창인 원로목사는 "자신의 일생일대의 최대의 실수가 아들을 충현교회의 후임으로 정한 것"이라고 말하면서 한국 교회 앞에 사죄를 분명히 하였다. 그리고 아들의 신속한 퇴임을 촉구한다는 성명을 발표하였다. 죽음을 눈앞에 두고 있던 교계의 원로가, 그것도 한때 한국교회의 긍정적인 리더십의 표상으로 여겨졌던 목회자가 후임자 선정에 있어서 뼈아픈 실패를 고백하고 눈물로 사죄하는 것은 시청자는 물론 교회의 지도자들의 마음에 자성自醒을 촉구하기에 충분한 것이었다. 김창인 원로목사는 매스컴을 통해 당시 은퇴연령이 되었으나 담임목사직을 물러나지 않고 있는 아들 김성관 목사를 향해 "지난 4월 20일자로 은퇴연령만 70세이 지났기 때문에 12월 31일 부로 충현교회 당회장과 재단이사장을 비롯한 교회의 모든 직책에서 떠나고, 임기연장을 꿈도 꾸지 말라"고 호통을 쳤다. 아래는 김창인 원로목사가 발표한 성명서 중의 일부분이다.

나는 원로목사의 위치에서, 충현교회 제4대 목사를 세우는 과정에 관여하면서, 목회 경험이 없고, 목사의 기본 자질이 되어 있지 않은 아들 김성관 목사를 무리하게 지원하여 공동의회를 무기명 비밀투표 방식이 아닌 찬반기립방식으로 진행하여 위임목사로 세운 것을,

나의 일생 일대 최대의 실수로 생각하며, 그것이 하나님 앞에서 저의 크나큰 잘못이었음을 회개합니다. 저는 충현교회 성도들의 가슴에 씻기 어려운 아픔과 상처를 주었습니다.

이러한 성명서를 발표하는 것이 시기적으로 매우 늦은 것이 틀림없지마는, 그럼에도 불구하고, 이제라도, 더 늦기 전에, 나의 잘못을 한국교회 앞에 인정하고, 그와 더불어 충현교회가 회복되는 것을 나의 마지막 사명으로 생각하게 되었기 때문입니다.[39]

김창인 원로목사의 성명서는 목회세습을 한 지도자가 스스로 회개하면서 목회세습에 대한 철저한 회개와 자성을 환기시킨 문서이다. 그는 성명서의 처음과 마지막을 간곡하고 철저한 회개로 채우고 있다. 아울러 군데군데 충현교회의 회복을 기원하는 목회자의 심정을 토로하고 있다. 사랑하는 아들을 권면하여 목회자로 세우고, 은행업계에서도 성공적으로 일한 아들에게 선한 목회적 영향력을 미친 것은 귀한 일이다. 고생하신 아버지의 모습 속에서 목회자의 아름다운 비전을 찾으며, 어려운 이민 교회에서 목회를 한 아들의 순종 또한 매우 아름다운 모습이다.

그러나 여기까지가 아름다운 일이다. 목회세습은 아버지의 아들에 대한 권면과 훈련을 왜곡시켰다. 아버지의 모범을 따른 아들의 목회자로서의 헌신 또한 왜곡되고 말았다. 목회자로서의 아들의 헌

---

39) http://veritas.kr/articles/12791/20120613/ 김창인, "충현교회 회복을 위한 긴급선언서" 베리타스 (2012년 6월 12일).

신과 소명의 아름다움이 족벌주의라는 귀속주의에 가려졌다. 원로목사인 아버지와 담임목사인 아들의 관계악화는 아버지를 통해 은혜를 받은 성도들에게는 상처가 되었고 아쉬움이 되었다. 경직된 인사행정은 당회원의 갈등, 교역자와 성도의 이탈 및 교회의 축소는 그곳에서 중생하고 비전을 키우고 천국을 소망하고 이웃을 사랑하고 그리고 배우자를 만나 결혼을 하면서 봉사한 사람들에게는 아픔이 되었다.

인간의 위대함은 그가 이룬 성취에만 있지 않다. 김창인 목사의 귀중한 업적은 많이 있다. 천국일꾼 양성, 민족선교와 북한선교 그리고 세계선교 등은 귀중한 업적이다. 이러한 업적들은 목회세습의 오류를 통하여 그 아름다움이 많이 가려졌다. 그러나 김창인 목사의 가장 중요한 일 중의 하나는 자신의 잘못을 철저하게 회개하였다는 데 있다. 그의 하나님 앞에서의 겸손함은 "목회세습이 잘못된 일이었다"는 분명한 지적과 이것으로 "역사에 오점을 남겼다"는 진솔한 고백에 있다. 그리고 신앙의 후대에 속한 사람들의 책임은 한 선배의 눈물어린 고백을 다시 반복하지 않는 지혜와 결단에 있다. 교회를 향한 진정한 지도자의 사랑은 그의 회개 속에 또 회복을 위한 기도 부탁 속에 보인다. 오류를 범하는 것은 인간의 한계이다. 그러나 역사적으로 확인된 오류를 다시금 일부러 범하려는 것은 영적인 완악함과 탐욕 때문이다. 지금의 교회는 역사적 오류를 반복하여 범하는 우상숭배에 머물러 있는 것은 아닌가? 확인된 오류를 다시 반복하지 말라. 죄악의 미풍을 심어 광풍을 거두기 전에, 목회선배의 눈물을 고백을 참조하라.

[서론] 나 김창인 목사는 오늘 이러한 긴급 성명서를 발표하게 된 것을, 하나님 앞과 이유 없이 해임된 수많은 부교역자들, 장로들을 비롯하여, 권사, 집사, 성도 여러분, 더 나아가서 한국교회와 교계 앞에서 가슴 깊이 유감스럽게 생각하며, 하나님 앞에 깊이 철저하게 나의 잘못된 판단을 회개합니다.

[결론] 이 성명서를 읽고 듣게 되실 모든 분들과 하나님 앞에 저는 여전히 깊은 부끄러움을 느낍니다. 그럼에도 불구하고 용기를 내어 충현교회 진정한 회복을 위한 기도를 간절히 부탁드립니다.[40]

32 중대형 교회의 목회세습은 교회 내부의 힘으로 척결되어야 한다

교회 내부의 모순이 교회 내재적 힘에 의하여 개혁되지 않는다면 교회는 다른 사회 세력들에 의하여 철퇴를 맞게 될 것이다. 프랑스 교회는 교회 내부로부터 개혁하려는 얀센파의 노력을 철저히 봉쇄하였다. 그 이후 프랑스 교회는 계몽주의자들의 타도 대상이 되었다.

내부의 개혁이 중요한 이유는 외부의 개혁에 의하여 사회적 모순

---

40) 김창인, "충현교회 회복을 위한 긴급선언서" 베리타스 (2012년 6월 12일).

이나 악이 청산될 때 심히 급진적인 결과를 낳기 때문이다. 종교개혁은 마르틴 루터라는 내부자에 의한 개혁으로 시작되었다. 그러나 로만 카톨릭은 그 내부자를 이단으로 정죄하면서 개혁의 가능성을 상실하므로, 수많은 교인과 교회를 내어주면서 유럽 안에서 개신교를 출범시켰다. 강력한 로만 카톨릭의 질서는 라틴계 나라들, 이탈리아와 프랑스와 스페인을 석권하고 있었으나, 북부 유럽의 게르만 계통의 민족들은 점차 이전의 종교적 굴레와 통치로부터 자유롭게 되었다. 그러나 카톨릭 안에 중세의 봉건적 질서와 그 타락한 교회에 대한 개혁의 가능성은 지속적으로 남아있었다. 스페인의 이그나티우스 로욜라를 통하여 시작된 예수회는 카톨릭 내부의 개혁을 주장하고 나섰다. 프랑스의 계몽주의자와 얀센파는 프랑스교회의 개혁을 위하여 대안을 제시하는 세력이 되었다. 그러나 얀센파가 로만 카톨릭 내부에서 개혁을 하려는 노력은 근 1세기에 걸쳐서 철저히 봉쇄되었다. 계몽주의자들, 즉 무신론자들에 의한 교회 개혁은 피비린내 나는 것이 되었다. 프랑스혁명을 부르짖던 자들의 마음에는 하나님이 없었다. "하나님도 없고 주인도 없다"Ni dieu ni maître, No God no master는 부르짖음 속에 사제는 왕과 함께 타도의 대상이 되었다.

현재의 한국교회는 위기를 맞이하였다. 교회는 사회로부터 버림을 받기 시작하고 있다. 교회는 사회를 걱정하는 존재가 아니라, 사회가 교회를 걱정하기 시작하였다. 교회의 개혁은 지지부진하고 사회의 개혁은 속도를 더하고 있다. 지난 30년의 정치의 변화를 보라. 지난 30년의 경제와 사회와 문화와 예술을 바라보라. 그리고 그 변화들을 교회와 비교해보라. 교회는 사회적 변화 속에서 수구적인 세력으로 남아있으며, 자기 개혁의 수고를 하지 않았다. 생존의 어려움에 시달리는 지역교회와 엄청난 부요함으로 갈피를 잡지 못하고 있는 도시교회의 양극화! 이 양극화는 사실상 80년대 이후 분배를 화두로 올린 사회의 변화를 의식적으로 파악하지도 못하고, 영적인 비만에 빠져버린 교회의 무지로 부터 생겨난 것이다. 그 가운데 가장 치졸하고 부끄러움을 느끼지 못하는 개신교의 후안무치厚顔無恥로, 사회적 책임감을 전혀 느끼지 못하는 천민자본주의적 무책임으로 나타난 것이 목회세습이 아닌가? 비판을 받을 때가 아직 가능성이 있는 때이다. 교회 안팎에서 문제를 제기할 때가 아직 가능성이 있는 때이다. 이 후에는 사회적 세력에 의하여 교회는 버림받게 되고, 우리의 후손들은 교회의 앞마당을 떠나게 될 것이다. 아니 소망없는 교회를 벌써 우리의 자녀들이 떠나고 있지 않은가?

비판을 받을 때는 아직도 늦지 않은 때이다. 내부에서 개혁할 수 있는 때가 아직은 가능성이 있는 때이다. 교회사는 외부로부터 교회가 개혁의 요청을 받을 때, 교회는 핍박과 타도의 대상이 되었던 것을 보여준다. 개혁이 가능한 시대를 그대로 넘기지 말라. 개혁이 외쳐지는 선지자적 시대가 지나면 교회가 파괴되어지는 묵시적 시대가 온다.

만군의 여호와 이스라엘의 하나님께서 이와 같이 말씀하시되 너희 길과 행위를 바르게 하라 그리하면 내가 너희로 이 곳에 살게 하리라 너희는 이것이 여호와의 성전이라, 여호와의 성전이라, 여호와의 성전이라 하는 거짓말을 믿지 말라 너희가 만일 길과 행위를 참으로 바르게 하여 이웃들 사이에 정의를 행하며 이방인과 고아와 과부를 압제하지 아니하며 무죄한 자의 피를 이곳에서 흘리지 아니하며 다른 신들 뒤를 따라 화를 자초하지 아니하면 내가 너희를 이 곳에 살게 하리니 곧 너희 조상에게 영원무궁토록 준 땅에니라 렘7:3-7

V

교리신학으로 살펴본 목회세습 12개 조항

33 중대형 교회의 목회세습은 그리스도의 소유권을 탈취하는 절도행위이다

교회는 목회자의 재산이 아니다. 교회는 오직 머리를 그리스도로 하는 그리스도에게 속한 신부이다. 그러므로 목회세습은 교회를 사유화한 절도행위이며, 그것은 하나님의 것을 도적질한 것이다.

교회는 그리스도의 몸이다. 그의 몸인 교회는 그리스도께서 자신의 피로 값 주고 사신 그리스도의 소유이다. 그러므로 교회의 궁극적인 소유권은 그리스도에게 있다. 현실적으로 목회자는 교회를 개척하거나 청빙을 받아서 목회를 하며 교회를 부흥시킨다. 그러나 '나의 나 된 것이 하나님의 은혜'라는 사도 바울의 고백처럼 나를 통하여 교회가 부흥되었다 하더라도 그 교회의 소유권은 여전히 그리스도에게 있으며, 우리는 그리스도의 청지기눅12:42요, 무익한 종눅

17:10일 뿐이다.

주인의 은혜와 자비로 이처럼 평생 교회를 섬기면서 교회를 아름답게 가꾼 뒤, 이제 주인을 존재를 애써 잊어버리고 그 공적 자산을 자신의 혈연에게 물려준다면, 그는 선한 청지기는커녕 그 용어를 사용할 수 없는 도적이 될 것이다. 교회와 교회당은 목회자의 소유가 아니며, 오직 머리를 그리스도로 하는 그리스도의 신부이며 그에게 속한 몸이다. 목회세습은 절도행위이며, 이는 하나님의 것을 도적질한 것이다. 성 삼위 하나님의 소유권을 업신여기고, 그가 맡긴 소유를 경홀히 여겨 사사로이 처리한 오류이다. 지역교회의 한 영혼도 목회자에게 속한 영혼은 없으며, 목회자는 단지 종노릇한 자일뿐이다. 교회는 매매의 대상도 아니요, 세습의 대상도 아니다. 한 영혼도 한 성도도 우리에게 속한 소유가 아니며, 공동체로서의 교회를 생각할 때 더더욱 그러하다.

교회의 정책결정구조를 목회자의 의도대로 조작하는 것을 카리스마요, 지도력이라고 말하는 자에게 화있을진저! 목회세습을 별 무리없이 마침으로 강력한 지도력을 행사하였다고 자만하는 자에게 화있을진저! 죄악을 범하고 이를 다행스럽게 여기거나 자랑하는 자는 회개하라! 목회세습을 하고 목사라는 타이틀을 아직도 가지고 있는 자는 주의 것을 도적질한 잘못을 부끄러워하라! 그들은 그리스도의 종이라 칭하기엔 너무나 무례하고, 고압적이며, 권위적이고, 교만하여 썩은 열매를 맺은 것이다. 그리스도의 소유권을 강탈하는 도적이 되었는데도 두려워하지 않고, 그것으로 자랑하거나 안심하면서 그것을 지도력을 논한다면, 이는 정녕 그리스도에게 속한 영혼이라고 할 수 있겠는가? "화 있을진저 자기 소유 아닌 것을 모으는 자여 언제까지 이르겠느냐 볼모 잡은 것으로 무겁게 짐 진 자여 너를 억누를 자들이 갑자기 일어나지 않겠느냐 너를 괴롭힐 자들이 깨어나지 않겠느냐 네가 그들에게 노략을 당하지 않겠느냐"합2:6-7 교회는 결코 개인의 소유가 아니다. 교회는 그리스도의 소유된 백성이기 때문이다.벧전2:9

34 중대형 교회의 목회세습은 목회자가 그리스도의 주재권을 훼손한 반역이다

평생을 일꾼으로 소명을 받아 크게 쓰임을 받은 종이 이제는 주님의 은혜로 확장된 사역을 자신의 가업으로 간주하고 혈연에게 처분하는 것은 그의 주재권을 훼손하는 것이다. 목회세습은 그리스도의 은혜를 받은 목회자가 주의 주권을 거스르는 윤리적 반역ethical rebellion이다.

그리스도의 권위는 최고의 권위이다. 그리스도는 하나님 아버지의 대리인으로서 교회에 대한 소유권만 아니라 최고의 주재권, 곧 주권sovereignty을 가지고 계시다. 교회의 담임목사는 교회에 대한 그리스도의 주재권을 인정하고 확장시키며 높이기 위하여 불리움을 받은 종이다. 그리스도는 삼중적인 주재권을 가지고 계시다. 그 첫째는 보이지 않는 영적인 세계에 대한 주권을 가진다. 모든 무수한 천사와 사탄과 타락한 천사와 악령들이 그리스도의 주재권에 복종할 수밖에 없다. 둘째로는 보이는 세계, 곧 물리적인 세계와 정치와 경제와 문화의 세계에 대한 주권을 가진다. 가장 높은 권세, 곧 만유를 자유롭게 관할 할 수 있는 주권을 가진 그리스도는 만왕의 왕으로 존재하시며, 보이는 세계와 보이지 않는 세계를 통치하신다. 보이지 않는 영적인 세계에 대하여 그리스도는 능력의 주the Lord로 일하신다. 그리스도는 하늘과 땅의 모든 권세를 가진 존재이므로 이 땅의 보이는 세계와 영적인 피조물들을 향한 주재자로 일하신다. 그리스도의 주재권은 셋째로 교회에 대한 주권이다. 교회는 그의 몸이며, 그리스도는 그의 머리이시다. 주님은 그의 놀라운 능력으로 교회를 탄생시키시며, 보전하시며, 성숙하게 하시며, 완성시키신다.

교회의 소유권이 주님께 있을 뿐만이 아니라 교회의 주재권도 머리이신 그리스도에게 속하였다. 오직 주님의 은혜가 우리를 청지기로 사용하여 목회의 부흥과 발전을 허락하신다. 주님은 자신의 양들을 목회자에게 맡기었는데, 종의 위치에 있는 목회자가 자신에게 주어진 직분을 사용하여 그리스도에게 충성을 다하는 것은 마땅하고도 옳은 일이다. 그러나 주의 종으로 불리움을 받은 목회자가 명시적으로 혹은 암시적으로 영향력을 미쳐 목회의 현장을 자신의 혈연에게 물려주는 것은 머리되신 그리스도의 주권을 찬탈하는 행위이다. 이는 포도원 주인이 보낸 종을 때려서 보내고 수확을 주지 않는 그릇된 포도원 소작인의 행위가 아니고 무엇인가? 아들이신 주님이 다시 돌아와서 교회를 찾을 때, 우리는 또 다시 그 아들도 내어쫓을 수 있겠는가? 평생을 일꾼으로 불리움을 받아 크게 쓰임을 받은 종이 이제는 주님의 은혜로 확장된 기업을 자신의 기업으로 간주하고 혈연에게 처분하는 것이 윤리적 반역에 해당하는 잘못이 아니고 무엇인가?

35 중대형 교회의 목회세습은 주님의 교회를 찬탈^{篡奪, usurp}한 것이다

목회세습은 주님의 권세에 대한 찬탈이다. 이 찬탈이라는 반역을 교회의 안정스런 지도자 교체를 이루었다는 이유로 합리화시킬 수 없다. 목회적 편의주의가 성경과 역사의 가르침을 무효화시킬 수 없다.

그리스도의 교회에 대한 소유권과 주재권은 교회론의 중요한 핵심 중의 하나이다. 교회는 그리스도의 소유일 뿐 아니라 그리스도의 주권적 통치가 미처지는 영역이다. 전자의 그리스도가 "주인"의 모습이라면, 후자의 그리스도는 "왕"의 모습이다. 그리스도는 교회를 피로 값 주고 사서 소유하시고, 그리스도는 아버지의 대리권을 양도받아 다스리신다.

중대형 교회의 목회세습은 그리스도의 소유권과 주재권에 대한 저항이요, 찬탈이다. 이는 많은 이유, 곧 안정스런 승계, 교회의 부흥, 혈연간의 지도력의 연속성 등의 이유로 합리화시킬 수 없다. 이는 이웃 나라를 빼앗고, 그 나라의 평화와 발전을 위해서 타국의 점거와 통치가 필요했다는 것을 알라고 권면할 수 없는 것과 마찬가지이다. 목회세습에 대한 나름의 많은 이유가 있을 수 있으나, 교리신학적인 목회세습의 이유를 거의 발견할 수 없는 이유가 바로 여기에 있다. 개신교 교리 속에서 목회세습을 인정하는 교리는 거의 한 건도 존재하지 않는다.

교회세습반대운동연대에 모아진 문서자료실에는 목회세습을 반대하는 입장에서 논리를 전개한 많은 자료가 있다. 그러나 이 모든 자료 중에서 목회세습을 학문적으로나 신학적으로 옹호하려는 주장을 한 학술적인 형태를 갖춘 논문은 한 편도 없다. 단 한편이 존재하는 것은 2001년 당시 광림교회 박동찬 기획담당목사의 글, "아들이 후임담임자로 선정되는 것에 대한 목회적 고찰"이니 이것도 교리적인 논문은 아니다. 공론의 현장에 나와서 교회의 입장을 전달한 것은 목회세습의 문제를 합리적으로 이해하고 설명하려는 교회 측의 노력의 일환으로 본다. 아울러 당시 기획목사의 견해는 본인의 논리이기 보다는 다분히 담임목사의 의도를 담은 논지라고 생각되어 이에 대한 비평적 논평을 하지 않을 수 없다.[41]

박동찬 목사의 논문은 김선도 목사의 아들인 김정석 목사의 취임

---

[41] 20년의 목회세습의 역사 속에서 유일하게 목회세습을 논문의 형태로 주장하고 옹호한 글이기에 역사적인 글이다. 아마 영원히 이러한 논문형태의 목회세습 옹호의 글은 다시 안 나올 수도 있다. 그 이유는 감리교단이 목회세습을 교단의 헌법으로 폐지하였기 때문이다. 그러나 당시 상황에서 이 논문은 부목사로서의 세습을 합리화시키려는 논리개발을 위하여 고심한 흔적이 역력하다. 박목사는 2000년 김선도 감독 기념교회로 세워진 일산광림교회에 2006년 10월에 부임하여 사역하고 있다. 주변에서는 김선도 감독의 유전자를 가장 많이 가진 목사로 평가되고 있다. 다음을 참고하라. 박동찬, "아들이 후임담임자로 선정되는 것에 대한 목회적 고찰" 기윤실 세습반대운동자료집 (2001년 2월).

을 앞두고, 목회세습이 교리적인 결론이 아니라 목회적인 불가피성에 의하여 결정된 것이라고 주장하는 것이 이 논문의 논지이다. 담임목사에게 부여된 중요한 기능을 부정할 수 없는 것이 현재 교회의 현실인 것은 본문 1장에서 옳게 지적하였다. 대형, 초대형 교회에서 잘 준비된 목회자가 후임자가 되어야 하는 2장의 내용 또한 원론적인 면에서는 바른 지적이다. 그러나 아들이 꼭 후임자가 되어야 하는 성경적인, 신학적인, 교회사적인 이유는 하나도 제시하지 못하였다. 오직 목회적인 차원의 결정임을 누누이 강조하면서, 그 근거로는 목회사역의 확장과 발전 가능성, 부자의 친밀함에서 오는 소통과 목회철학의 교류 가능함, 리더십교체에서 발생하는 부작용 방지, 청빙절차적인 정당성의 확보, 그리고 아들이 후임자가 된 외국의 긍정적 사례를 들며 목회세습을 지지하고 있다.

목회세습에 대한 수많은 주장이 있다하더라도 이를 성경적인, 신학적인, 교회사적인 배경으로 설명하는 것을 한 번도 속 시원하게 주장하는 것을 들어본 적이 없다. 개신교는 성경의 종교이다. 오직 말씀으로 종교개혁을 한 교회로서 이름도 비성경적인 것에 대하여 "프로테스탄트"protestant, 곧 항의한 자, 저항한 자, 이견을 제시한 자요 현상을 거부한 자로 해석할 수 있다. 말씀에 대한 사로잡힘이 개혁자들을 이끌고 갔으며, 그 중에 한 사람이었던 마틴 루터도 당시의 황제 앞에서 "단순한 성경의 말씀으로 저를 설득하지 않는다면 나의 주장을 굽힐 수 없습니다"라고 말했던 것이다. 목회적 안정과 발전이 아버지와 아들의 목회세습을 합리화시켜주지 않는다. 목회적 편의주의가 성경과 역사의 가르침을 무효화시킬 수 없다. 목회세습은 교회의 소유권에 대한 찬탈이므로 이를 다른 것으로 합리화시킬 수 없다. 성실한 해적은 더욱 악한 해적이 될 가능성이 있기 때문이다. 박동찬 목사의 논지에 대하여 우리는 다음과 같이 비판적 의문을 제기할 수 있다.

첫째, 광림교회는 성경적으로 개신교회에 속하여 있는가? 하나님의 말씀을 기반으로 하여 교회를 개혁한 전통에 있는 개신교회가 그렇게 중요한 후임자를 결정하는 데 있어서 한 줄도 성경의 배경을 가지고 설명하지 못하는 것이 과연 말씀에 선 교회이며, 복음을 전하는 교회로 볼 수 있는가? 목회적인 긴급한 요청에 의하여 부자세습을 한다는 것은 과연 개신교의 개혁적인 전통을 따라가는 것이라 말할 수 있는가?

둘째로, 필자가 주장한 목회적인 필요성은 성경적인, 신학적인, 교회사적인 가르침 위에 두어야 할 사안인가? 교회의 유지와 확장과 안정이라는 명분은 하나님의 명령인가 아니면 우상인가? 하나님은 말씀을 통하여 세상을 통치하신다. 성경의 말씀 위에 교회성장이 있는가?

셋째로, 목회적인 필요성, 교회의 안정과 부흥이라는 명제는 목회자에게 중요한 문제이다. 그러나 목회는 주님의 남은 고난을 내 몸에 채우며 성도들을 돌아보는 것이다. 성도는 바른 양식과 바른 모범을 보아야 한다. 그런데 목양을 잘하기 위하여 교권을 사유화하였고 안정적 목회를 위하여 성경과 교회사의 가르침을 포기하였다는 것이 과연 논리적으로 설득이 가능한 것인가?

넷째로, 목회세습은 그리스도에게 속한 교권의 찬탈이라고 할 터인데, 무엇을 가지고 이를 설명할 수 있을까? 일본 군국주의자들 사이에도 의리도 있고, 사랑도 있고, 헌신과 희생도 있고, 비전과 소망도 있다. 그러나 그 모든 것은 죄이다. 타국에 대한 제국주의적 침략을 안정과 발전과 자국민 사랑과 국가부흥을 위한 것이었다 하더라도 그것도 죄다. 해적의 노력은 죄를 더함일 뿐이기 때문이다.

다섯째로, 광림교회는 처음부터 아들이 아닌 경쟁력있는 목회자를 구하려는 노력을 진지하게 보여주지 못했다. 충현교회의 경우는 이종윤 목사와 신성종 목사라는 나름 한국교회에 공헌이 있는 지도자를 교회가 배출하였고, 그 배출한 두 후임자들의 10년 사역 이후에 벌어진 일이다. 그러나 광림교회는 애초에 다른 대안을 고려하지도 않으므로 실제적으로 목회적 최선을 구하지 않는 영적 게으름을 보였다.

여섯째로, 목회세습을 통하여 안정을 가져온 많은 예를 들었는데 그것은 논문이 쓰여질 당시에는 아직 부작용이 나타나지 않는 경우도 많이 있었다. 로버트 슐러 목사가 시무한 수정교회는 아들을 후계자로 지목하고 공동으로 목회했으나 아버지에 미치지 못했으며, 아들을 해고하고 큰딸이 리더십을 차지했다. 결국 교회는 2010년 파산이라는 최악의 상황에 이르렀고, 교회당은 카톨릭 오렌지카운티 교구가 인수하였다. 한국에서도 박 목사가 부자세습 이후 무난한 목회를 한다는 2세들 가운데서는 교회에서 축출당하거나 퇴임은 하지 않았다 하더라도 여러 문제를 맞이하고 있는 경우가 적지 않다.

일곱째로, 광림교회와 같은 대형교회, 초대형교회는 일개의 사적인 교회가 아니다. 한국 감리교를 대표하고 한국 교회를 대표하는 교회이다. 이러한 교회는 한국교회에 선한 영향력을 미치며, 모범을 보이는 교회가 되어야 한다. 그러나 이 교회는 잘못된 시범을 보였고, 이는 부자세습의 기회를 노리고 있는 교회의 목사들로 하여금 죄를 범하는데 담대한 마음을 가지도록 하였다. 더욱이 감리교 내 세 대형교회의 목회세습과 변칙세습은 믿음의 명가를 욕망의 명가로 만들며, 감리교단이 긴급하게 목회세습을 금지시키는 법적인 조치를 만들어내도록 하였다.

36 중대형 교회의 목회세습은 결국 죄이다

담임목사라는 성도를 섬기는 권위 있는 위치에서 범죄하는 것은 개인적인 죄에서 끝나지 않는다. 악이 구조적인 특성을 가짐으로 구조악의 위치에 오르는 것처럼, 죄도 개인의 마음에서 시작되어 주변의 사람들과 제도적 장치를 오염시키며 집단적 죄가 된다.

악이 사회적이고 일반적인 의미의 비정상 상태라면, 죄는 종교적 의미에서 나타난 비정상 상태이다. 악은 폭넓게 볼 때에 천재지변과 타락한 영적 존재의 준동과 인재人災를 모두 포함한다. 그러나 죄는 천재지변과 영적 존재의 준동을 포괄하지 않는다. 천재지변과 타락한 영적 존재의 등장은 죄의 결과로서 주어지는 것이기도 하다. 죄라는 말은 "하나님 앞에서" 저질러지는 것이다. 죄라는 것은 "하나님의 말씀"에 대한 거부로 발생한다. 죄는 행위로 열매를 맺는 "윤리적 반역"이다. 인간의 타락한 상태에서 우리는 이미 죄인으로 있지만, 죄는 처음 인류의 양친 아담과 이브의 마음으로부터 시작되어 하나님의 뜻을 거역하는 행위로 열매를 맺었다. 그렇기 때문에 죄는 하나님 앞에서 그의 명령을 행동으로 어기는 위반행위라고 할 수 있다.

목회세습은 악일 뿐 아니라 죄이다. 그것은 하나님의 소유권과 하나님의 주재권을 자의恣意로 행사하여 혈연관계를 가진 자에게 양도한 것이기 때문이다. 이는 그리스도의 소유와 주권에 대한 찬탈이므로 막중한 죄이다. 이 죄를 죄로 여기지 않는 것은 소위 유교적 가족중심주의 이데올로기에 세뇌되어있기 때문이다. 담임목사라는 성도를 섬기는 권위 있는 위치에서 범죄하는 것은 개인적인 죄에서 끝나지 않는다. 이는 악이 구조적인 특성을 가짐으로 구조악structural evil의 위치에 오르는 것처럼, 죄도 개인의 마음에서 시작되어 주변의 사람들과 제도적 장치를 오염시키므로 집단적인 죄collective sin가 된다. 이 집단적인 죄는 성경에서 다양한 형태를 취하여 나타난다. 다윗의 경우 정치지도자 개인의 욕심은 은밀하게 자신의 부하 장군의 아내를 취하는 형태로, 그리고 그것을 위장하기 위하여 전쟁 중에 있는 우리야를 불러서 자기 아내와의 동침을 유도하는 것으로, 전쟁 중에 아내와의 동침을 마다하고 충성하는 우리야를 전쟁 중에 내어보내 암살하는 것으로, 이를 위하여 무고한 몇몇 군인들이 이유도 모르고 함께 죽는 것으로, 그리고 이 모든 일에 군대장관 요압이 깊이 개입하여 계략으로 우리야를 죽게 버려두는 것으로 나타난다. 개인의 타락한 의지에서 출발된 개인의 죄는 권력이라는 도구를 사용하여 집단적인 죄가 된다. 다윗의 심각한 실패처럼 목회세습은 자신과 주변의 사람들을 오염시키고, 제도를 오염시키고 남용하며, 그것을 숨기기 위하여 은밀하게 자행된다. 이 집단적인 죄는 사회적인 죄social sin라고 불리어지는 사회윤리의 대상이 되는 과실이다.

37 중대형 교회의 목회세습은 집단적 회개와 세계관의 변화를 필요로 한다

죄로부터의 회개는 개인의 삶의 기본적인 방향을 바꾸는 것만이 아니라, 우리의 삶이 기독교적 세계관에 입각하여 살아갈 수 있는 단계에까지 성숙하는 것이다. 이는 나의 삶의 태도와 방향성, 그리고 그 내용의 근본적 변화를 동반하는 것이다.

믿음으로 신자는 중생을 체험한다. 성도가 중생을 체험하였다 하더라도 신앙의 성숙에는 아직도 남은 과정이 있다. 더욱이 우리 믿음의 성숙이 필요한 이유는 우리가 이 세상의 사조와 시대정신으로 지속적인 도전을 받고 있기 때문이다. 특히 지도력을 담당하고 있는 지도자들에게 있어서, 정책결정의 순간마다 제도적인 차원의 정책

결정에서 과실을 범할 가능성은 항상 존재한다. 라인홀드 니버가 그의 저서 『도덕적인 인간과 비도덕적인 사회』라는 책을 통하여 통찰한 것처럼, 개인보다도 집단적 행위에 있어서의 도덕성은 현저히 떨어지는 경향이 있다.

목회세습의 문제도 이러한 집단적 영역에 속하기 때문에, 누가 전적으로 잘못을 하였는지, 누가 이 문제에 대하여 회개하여야 하는지, 그 책임소재가 분명치 않을 수 있다. 그러나 누구보다도 조직의 정상부에 있는 지도자는 그 책임을 면할 수가 없다. 특별히 권위주의적인 지도력을 행사하는 조직에 있어서, 조직의 정상부에 있는 지도자는 자신의 의지를 여과 없이 관철할 수 있는 역량이 크기 때문에, 그 지도자가 책임을 면하기는 어렵다. 최고경영자나 지도자의 주변에서 조직과 기구의 편제를 운영하는 협력자들도 면죄부를 받기는 어렵다.

조직의 잘못에 대하여 개인적으로 양심선언이나 회개를 한다고 하여도 죄의 집단현상은 소수의 개인이 회심한 것으로 그 결과를 다시 돌려놓기 힘든 경우가 대단히 많다. 미국이 수행한 제 2차 이라크 전쟁의 경우가 그렇다. 잘못된 정보를 제공한 정보 관련자, 그것에 의거하여 조작된 여론, 이라크에 파견되어 싸운 사람들, 전쟁의 정책결정을 내린 사람들 등 수많은 사람들이 여기에 연루되어 있다. 그러나 대량살상무기도 발견하지 못하고, 이라크에서 막대한 돈을 쓰고 생명을 살상하고 난 후 철수한 것에 대하여 아무도 책임을 지지 않았다. 집단적 죄는 역시 집단적으로 회개하여야 한다. 그러나 집단적인 회개, 집단적인 회심은 거의 일어나지 않는다고 보아도 무방하다. 그리심산과 에발산에서의 언약의 체결, 미스바의 성회를 통한 백성의 참회, 그리고 엘리야를 통한 백성의 공동체적 회심collective conversion은 역사상 매우 드물게 일어나는 집단적 회개이다. 책임 있는 당사자들이 모여서 공동체와 함께 공동체를 대표하여 회개하고 자복할 때, 하나님께서는 이로 인한 재앙과 저주를 돌리시고 공동체를 회복시킨다고 말씀하신다. "내 이름으로 일컫는 내 백성이 그들의 악한 길에서 떠나 스스로 낮추고 기도하여 내 얼굴을 찾으면 내가 하늘에서 듣고 그들의 죄를 사하고 그들의 땅을 고칠지라."대하7:14

목회세습이라는 현상은 조직의 정상부에 있는 큰 영향력을 가진 담임목사에 의하여 일어난다. 그러나 그 세습은 당회의 굴종이나 묵종, 제직회의 무저항, 공동의회의 무관심과 얽혀서 일어나는 현상이다. 그러므로 이에 대한 문제의 해결은 집단적인 회심을 필요로 하는 일이다. 집단적인 죄에 대한 집단적 회심에 이어, 마음까지 새롭게 함으로 변화를 받는 것이 중요하다. 그 이유는 회심은 종종 죄에 대한 고백이라는 소극적 방법에 이어서 적극적으로 나를 사로잡고 있었던 생각과 사조와 사고방식이라는 틀을 변화시키지 않으면 동일한 일을 반복하는 결과를 가져오기 때문이다. "너희는 이 세대를 본받지 말고 오직 마음을 새롭게 함으로 변화를 받아 하나님의 선하시고 기뻐하시고 온전하신 뜻이 무엇인지 분별하도록 하라"롬12:2 여기서 신자는 이 세대, 즉 악한 세대, 곧 악한 시대사조가 횡행하는 상황 속에서 미혹되지 말라는 것이다. 성도의 변화는 적극적인 회심의 상태에 까지 나아가서 마음을 새롭게 하는 데 있다.

마음을 새롭게 함으로 "변화를 받는다"라는 말의 원어는 메타모포시스metamorphosis의 동사형이다. 메타모포시스는 "형태의 급격한 변화" 즉 "형태의 변화와 변형"transformation을 의미한다. 변형은 예수님께서 변화산 위에서 광채 나는 모습으로 변화된 급격한 변화를 의미하며, 자연에서는 유충이 나비가 되는 확실한 형태의 변화를 의미한다. 죄로부터의 회개는 그러므로 개인의 삶의 방향성을 그리스도를 향하여 바꾸는 것만이 아니라 우리의 삶이 기독교적 세계관에 입각하여 살아갈 수 있는 단계에까지 나아가는 것이다. 이는 삶의 태도에 있어서 근본적인 변화를 동반하는 것이다. 이는 이데올로기적인 전향을 포함하여야 한다. 유교적 가족중심주의의 이데올로기에서 하나님 나라 중심주의로, 인간 중심론이 아니라 하나님 주권론으로 변혁됨을 의미한다. 그리스도를 믿는다는 것은 초신자의 마음의 변화로부터 시작되어 심대한 변형, 즉 이념적 전향이요, 사상적 회심이며, 하나님나라를 향한 시민적 결단이요, 공동체에 대한 새로운 인식을 포괄하는 것이다.

38 중대형교회의 목회세습은 유교적 가족중심주의 이데올로기로 인한 병리현상이다

목회세습은 교회의 병리현상이다. 교회는 언약공동체인데, 혈연공동체의 사사로운 "정리"情理가 언약공동체의 바름과 올곧은 뜻 "정의"正義를 파괴하기 때문이다. 중대형 교회의 목회세습은 일종의 우상숭배이다.

현대의 우상은 돈과 이데올로기 및 테크놀로지를 제외하고는 논할 수 없다. 목회세습은 유교적 가족중심주의라는 우리 민족의 오랜 동안의 우상, 즉 이데올로기와 연관시켜 생각하여야 한다. 이는 사회학적으로만 아니라 신학적으로 성찰하여야 할 대상이다.

유교는 조선시대 500년 동안 내려온 사회이데올로기이다. 이 사회이데올로기의 핵심은 가족중심주의이다. 가정, 가문, 그리고 나아가서는 나라도 확대된 가정으로서 국가라고 한다. 충효忠孝, 곧 충성과 효도의 이데올로기적 강령은 국가의 임금을 향한 공동체의 태도와 부모를 향한 가족의 태도를 결정짓는 윤리적 가르침이다. 유교적 가족중심주의에서 가정의 견고함과 위계질서는 사회윤리에 있어서도 핵심적인 요소이다.

이러한 가족윤리가 모두 나쁜 것은 아니다. 부모에 대한 효도와 가족에 대한 책임의식과 부모가 가진 자녀교육의 강력한 의무는 긍정적인 측면이 없지 않고, 이러한 가르침은 성경적인 차원에서 볼 때에도 성경의 가족윤리와 상응하는 면이 많이 있다. 십계명은 3개의 계명을 통하여 가정에 대하여 언급하고 있다. 부모에 대한 효도를 장수라는 약속 있는 첫 계명으로 제시한 5계명, 부부간의 신실함을 강조한 7계명, 그리고 타인의 가정과 종과 아내에 대한 탐욕의 척결로서의 10계명이 존재한다. 더구나 형법이 제대로 시행되지 않는 고대사회에서 친족에 대한 경제적 책임과 회복의 책임을 지는 자

로서의 친족 구속자kinsman redeemer "고엘"을 생각할 때 더욱 그러하다.[42]

그러나 목회세습을 통해서 나타난 자녀에 대한 과도한 사랑과 배려는 교회론적 가르침의 범주를 심각하게 넘어선다. 교회는 그리스도의 피로 말미암은 언약공동체인데, 혈연공동체의 사사로운 "정리"情理나 정실情實이 성경적 언약공동체의 바름과 올곧은 뜻 "정의"正義를 파괴하기 때문이다. 중대형 교회의 목회세습은 유교적 가족중심주의의 이데올로기를 극복하지 못한 우상숭배이다. 담임목사직의 세습은 그리스도의 인도나 성령의 인도에 따른 것이 아니라 잘못된 이데올로기에 기반하고 있는 것이기 때문에, 이 사회와 차별성을 가지고 소금과 빛의 역할을 하여야 할 교회가 세상을 초극하는 성숙한 모습을 보여주지 못하는 것이다. 본능에 충실할 것인가, 아니면 언약에 충실할 것인가? 시대사조에 부합할 것인가, 아니면 시대사조를 개혁하는 복음에 충성된 그리스도의 종이 될 것인가?

39 중대형 교회의 목회세습은 가족중심주의라는 문화적 습관의 산물이다

반복되는 죄는 문화적 습관에 의한 것이다. 목회세습이란 현재 한국 교회의 문화적 습관이 되어가고 있다. 이 문화의 변혁은 세계관과 사고방식

---

42) 고엘에 대한 성경신학적 윤리학적 연구는 다음의 단행본을 참고하라. 미주한인복음주의신학회, 『고엘, 교회에게 말걸다: 공동체의 치유와 회복을 위한 성서적 모델』(서울: 홍성사, 2017).

의 변혁에 기반을 두어야 한다. 목회세습의 밑동에 있는 가족중심주의는 우리의 근본적인 회심과 전향을 통해 개혁되어야 한다.

가족중심주의 이데올로기는 오랫동안의 유교적 가치관에 의하여 우리의 문화 속에 자리 잡고 있는 심리현상이기도하다. 이는 사회학자 로버트 벨라Robert Bella의 용어를 빌리면 "마음의 습관"habits of heart 이며, 정수복 박사의 용어를 빌리면 "문화적 문법"cultural grammar이 되어버렸다. 이처럼 문화가 되어버린 가족중심주의는 배타적이다. 이 가족중심주의는 제사상속, 재산상속, 호주상속 등을 통하여 배타적 가족의 가치를 확보하고 유지하였으며, 가족의 위계적 상하관계는 사회적으로까지 확장되었다. 이 가부장적 위계는 사회 속에서 스승과 제자, 임금과 신하, 장자와 차자, 남성과 여성, 양반과 천민, 노인과 젊은이 사이의 인간관계에 세례를 주어, 평등의 가치를 위축시키고 문화적으로 소외시키는 경향을 가져왔다. 이러한 문화적 문법은 다른 여러 면에서도 그 영향력을 행사하게 되었는데 정치, 사회, 경제의 영역은 물론이요 심지어는 교회도 이러한 문화에 편입되었다. 목회세습은 이러한 사회이데올로기를 극복하지 못한 죄에 의하여 발생하는 것이다.[43]

인간의 심성이 신앙을 가지고 회개하자마다 즉시 바뀐다고 생각

---

43) 고재길, "교회세습에 대한 사회문화적 성찰과 기독교윤리"(2015년 변칙세습포럼), pp. 19-27. 목회세습의 문제를 특히 가족중심주의라는 구체적인 관점에서 돌아본 깊이 있는 논문이다. 가족중심주의에 대한 열린 가족공동체라는 대안 역시 귀중한 복음적 주장이다.

하는 것은 오해이다. 이전에 가진 세계관과 사고방식이 믿음의 결단과 함께 자연스레 극복된다고 생각하는 것은 대부분 옳지 않다. 목회세습의 밑동에 있는 유사가족중심주의는 세계관적 변혁을 필요로한다. 그것의 개혁은 우리의 가치관, 인생관, 세계관 등으로 표현되는 인간의 종합적인 판단과 그 실천의 틀이 바뀌어야 하는 것이다. 생각의 편린이 아니라 우리의 관점이 내면으로부터 개혁되어야 하는 일종의 전향을 필요로 한다. 우리 기독교인의 사고의 표층은 기독교일지 모르지만, 문화적 토양의 근저는 무속巫俗과 유교儒敎라는 지적을 받는다. 목회세습의 문제는 그러므로 패러다임의 변화를 아우르는 것 같은 우리의 회심이 필요한 부분이다. 죄의 심각한 문제는 회개와 신앙에 이르는 전인적인 결단을 요구하는 것이다. 아울러 이러한 전인적인 결단에 의한 회심은 인간의 신앙적 성숙과 관련되어 있다. 신앙은 하루아침에 끝나는 사건이라고 생각하여서는 아니 된다. 또한 목회자의 타이틀이 급작스럽게 목회자의 인격을 만드는 것도 아니다. 신앙성숙의 시간이 항상 성숙을 확보하여주는 것은 아니지만, 회심과 신앙의 성숙은 시간을 필요로 하는 일이다. 회심을 짐 월리스의 논의처럼 사회적 회심의 차원에서 말한다면, 목회세습과 연관된 목회자들은 자신이 "회심을 하지 않은 것은 아닌가"를 깊이 생각하여 보아야 한다.[44]

---

44) 로날드 사이더(Ronald Sider)와 함께 복음주의 좌파로 분류되는 짐 월리스(Jim Wallis)의 다음 책을 참고하라. Jim Wallis, *The Call To Conversion*, 정모세 역, 『회심』(서울: IVP, 2008).

40 중대형 교회의 목회세습은 유교문화를 통한 교회론의 파괴에 기인한다

새 시대는 유교적 가족중심주의를 극복하는 복음적인 교회론을 필요로 한다. 전자가 혈연중심이었다면, 복음은 개방적인 가족공동체, 즉 언약과 소명과 성령의 인도 안에 있는 새로운 목회 윤리와 그에 부응하는 공동체를 요구한다.

중대형 교회의 목회세습을 문화적인 현상으로 해석하는 것은 단편적으로 이 증상을 보고 단답형의 해결책을 제시하는 것보다 훨씬 큰 적실성을 가지고 있다. 종교사회학적 관점을 가지고 있는 박영신 교수나 사회윤리학의 관점을 가진 고재길 교수는 목회세습을 깊은 뿌리, 즉 마음의 습관이라는 차원에서 보았다. 이는 유교적이고 위계적인 마음의 습관을 바꾸는 데 상당한 시간과 공력이 들어가는 변혁 작업이라는 사실을 암시하고 있다. 그렇다면 이 변혁 작업의 지향점은 무엇일까?

유교적 가족주의가 교회에서 작동될 때, 신학적인 면에서는 교회론의 파괴를 동반한다. 성경신학에서 이야기하는 복음 안에서의 새로운 가족관계와 복음을 중심으로 한 새로운 부자관계는 유교적 혈연구조에서는 그 기능을 발휘할 수 없다. 가족중심주의의 역기능은 반교회적이며, 반복음적이다.

유교적 세계관의 적용은 먼저 신분적인 면에서 사회에 공공연한 위계질서를 심었다. 왕과 양반은 사회의 정점에 있었다. 그리고 사회는 신분에 의하여 서열을 가지게 되었다. 양반 아래의 사농공상士農工商은 사회구성의 위계질서였다. 벼슬을 하지 못한 사람들은 대개 선비로서 평민의 위계에서 가장 상부에 있었고, 그 아래는 농사를 짓는 사람이 위치하였다. 그 아래에는 일정한 기술을 가진 장인匠人이 자리하였고 평민의 제일 아래에는 상인이 위치하였다. 그리고 중인과 역관, 그리고 백정과 노비에 속하는 하층민이 존재하였다. 이러한 신분제는 조선시대 말기에 이르기까지 약화되기는 하였으나 깨어지지 않고 사회의 관계망의 핵심을 이룬다. 가족 내부에서도 가족주의적 신분질서는 지속적으로 유지되었다. 장자는 제사를 모시는 것으로 다른 자녀와 구별되었으며, 제사상속과 재산상속을 통하여 가정의 정점에 서게 되었다. 이것은 정치문화를 형성하여 사회는 조밀하게 상하관계로 직조된 공동체가 되었다. 점차 이러한 유교적인 대인관계와 위계질서의 영향력은 시간이 지나면서 완화되어가는 상황에 있지만, 아직도 정치문화에 있어서 권력을 장악한 지도자의 영향력은 상하 위계질서를 따라가는 경우가 많다. 기업에 있어서나 심지어는 교회에 있어서도 이러한 상명하달식의 정치문화는 깊숙한 뿌리를 가진다.[45] 교회는 사랑의 공동체이다. 이러한 신분적, 권력적 상하관계의 구조는 교회 속에서 치유되어야 하는데, 그렇지 못한 것이 교계의 안타까운 현실이다.

---

45) 이에 대한 자세한 논의는 제8회 샬롬 나비에서 발표된 다음의 논문을 참고하라. 고재길, "한국교회의 세습 문제와 기독교윤리: 가족주의 문화의 부정성에 대한 성찰을 중심으로" (2014년 5월 30일).

중대형 교회의 목회세습을 가능하게 하는 정치문화도 사회적 습속과 문화적 문법을 멀리 떠나서 존재하지 않는다. 교회의 정치문화는 상당부분 위계적이다. 담임목사와 부목사의 권력구조는 토론이 가능하지 않은 위계질서인 경우가 많다. 당회의 운영양식도 일방적인 경우가 비일비재하다. 그리스도의 제자들이 아닌 공자의 제자들이 교회를 가득 채우고 있는 경우가 많다. 특히 대교회를 이룬 경우, 담임목사의 위상은 견제할 수 있는 제도적 장치가 없을 정도로 정책 결정과정에서 일방적인 경우가 많다. 교회의 후임자를 정하는 데 있어서 가장 많은 영향력을 미치는 사람은 아직까지도 담임목사이다. 대교회의 담임목사를 대하는 부교역자는 회사의 최고경영자를 대하는 사원의 모습과도 같다. 이러한 상황에서 담임목사의 확보된 권위를 통하여 후임을 정하는 것은 이미 많은 교회에서 어렵지 않게 이루어지고 있는 상황이다.

이러한 상황에서 새로운 교회론이 아니라 복음적인 교회론으로의 회귀가 필요하다. 담임목사의 영성, 겸손, 의견의 수렴, 교회 정치적인 성숙성은 가장 평화스럽고 슬기로운 지도자 교체의 요체가 될 수 있다. 목회세습을 이룬 중대형 교회는 유교적 가족중심주의에서 이제는 그리스도가 말씀하신 개방적 가족공동체의 아름다운 모습으로 회복되어야 한다. 탐욕스런 가족중심주의는 가족이라는 울타리 안으로 모든 자원을 집중시키는 구심력을 발생시키므로 폐쇄적이 되었지만, 이제 그리스도 안의 열린 가족공동체는 사랑가운데서 주변의 성도를 자원을 나누어야 할 코이노이아 공동체로 포섭할 수 있는 열린 가족공동체이다. 유교적 가족중심주의가 혈연중심이었다면, 개방적인 가족공동체는 혈연을 떠나서 언약으로, 소명으로, 성령의 인도하심으로 작동하는 새로운 목회공동체이다.

41 중대형 교회의 목회세습은 목회자가 십자가를 버리고 영광을 따라나선 것이다

목회자는 아들 목회자에게 고난을 물려주라. 아들의 영혼을 위하여 영적 모험을 물려주라. 목회자인 아들의 인생으로부터 십자가를 **빼앗지** 말고 부활을 체험하게 하라. 영광의 기독론이 아니라 십자가의 기독론을 가르치라.

성령의 부르심을 따라 작은 교회를 향하여 인도함을 받아 나간 목회자가 있는가 주변을 살펴보라. 발견하기 쉽지 않은 일이다. 21세기 한국 교회에 있어서 대형 교회는 담임목사의 사례비, 행정비, 판공비에 있어서 부요함의 대명사가 되어버렸다. 그러므로 중대형 교회의 담임목사가 된다는 것은 소위 목회자로서 출세나 성공에 해당된다고 생각한다. 교회를 개척하여 중대형 교회로 부흥시킨다는 것은 담임목사의 능력과 영향력에 대한 척도가 되어버렸다. 능력 있는 목회자에게 많은 금전적 사례와 대우와 권한이 주어지는 것은 당연한 것인가? 물론 대형교회를 꾸려가면서 생계에 위협을 받으라는 말은 아니다. 그러나 풍성한 사례 때문에 교회부흥을 꾀하고 풍성한 사례가 대교회 목사가 당연히 취할 열매라면, 그것은 자본주의적 질서가 교회에 침입한 것이 아니고 무엇인가? 중대형 교회의 목회세습이 이러한 금전적이고 물량적인 성취를 대물림하기 위한 것이라면 어떻게 이런 행위를 복음적 신앙공동체에 용납할 수 있는가? 목회세습으로 기득권의 행사를 가능하게 하는 것이라면 이것이 탐욕적 자본주의 윤리와 구별되어지는 것이 무엇인가?

목회의 목적은 담임목사의 풍요한 삶, 돈, 명예, 권력 등의 세속적인 것이 아니다. 리차드 백스터가 목회하던 17세기의 영국은 국교회인 성공회와 청교도의 갈등으로 평안한 날이 없었던 상황이었다. 그는 지금 한국교회에서 말하는 대형 교회를 개척하여 만든 사람도 아니었다. 설교할 권한을 박탈당하면서 국교회에 순응하지 않았던 개혁적인 청교도 목사였다 그러나 작은 키더민스터Kidderminster의 교회를 중심으로 그 주변에 있는 3000명의 사람들에게 접근하여 그들을 온전히 변화시키기 위하여 7일에 2일을 할애하여 10여 가정을 매주 심방하면서 영혼의 구원을 위하여, 회심하는 성도들을 위하여 목회하였던 사람이다. 결국 그는 설교권을 박탈당하면서 그곳에서의 목회 사역을 접게 되었다. 그러나 누가 그의 목회를 실패하였다고 할 것인가? 목회의 성공을 받는 사례나 판공비로 평가하는 것은 자본주의적, 세속적 방법이다. 그것을 물려주는 것은 더욱 더 탐욕스런 자본주의이다. 자본주의는 "자본" 곧 "돈"을 우선으로, 우상으로 삼겠다는 생각이다. 이로서 목회를 판단하는 것은 안타깝게도 목회자를 속물로 만드는 것에 다름 아니다.

아버지 목회자는 아들에게 고난을 물려주라. 아들의 영혼을 위하여 영적 모험을 물려주라. 아들을 진정으로 사랑한다면 아들의 인생으로부터 십자가를 빼앗지 말고 부활을 체험하게 하라. 그리스도의 십자가를 저버리지 말라. 그리스도와 함께 죽으면 그리스도와 함께 살아난다. 목회세습에서 보여주는 교회론의 훼손은 십자가의 그리스도, 고난의 그리스도를 따르기를 포기하고 영광의 그리스도를 따르는 목회를 함으로 발생되었다.

42 중대형 교회의 목회세습을 가져온 유교적 교회론의 잔재는 권위주의이다

권위주의적 목회문화는 목회자가 세속사회의 가치관에 함몰된 때문에 생긴 결과물이다. 목회자가 보여주어야 할 지도력의 형태는 권위주의가 아니라 "섬김의 리더십"servant leadership이다.

아직도 우리 사회의 문화는 권위주의적 특성을 탈각하지 못하고 있다. 정치의 영역이나 행정 및 군대의 영역에서 지배적인 문화는 권위주의이다. 그러나 문제는 교회조차 이 권위주의적 구조에서 벗어나지 못하고, 사회의 경우보다도 더욱 심화되어 있는 경우가 종종 발견된다는 것이다. 권위주의적 집단의 문화가 가진 특성은 상명하달, 상명하복의 지배구조를 가진다는 점이다. 건전한 토론이 이루어지지 않으며, 상향적 합리적 결정구조를 가지기 보다는 일방적이고 하향적인 명령구조를 가지고 있다는 점이다. 특히 카리스마적인 목회자의 경우는 이러한 성향이 더욱 강하다. 더구나 목회자가 쌓아 놓은 대외적 명성과 교회성장을 이룬 경우에는 이러한 지배적 명령 구조는 더욱 견고하다.

이승종 교수에 의하면 세습이 수용되는 원인은 권위적 지배구조 라는 주장을 하고 있는데, 이는 상당한 설득력이 있는 주장이다. 이 는 목회자의 군림과 평신도의 묵종과 맞물려 교회의 정치문화가 형 성되기 때문이다. 이러한 경우, 목회세습도 용이하게 이루어지는 환 경을 형성하게 된다. 이러한 목회자의 권위적 지배구조는 먼저 목회 자의 권위가 권력화 된 때문이다. 첫째로 목사, 장로, 집사, 일반 신 도의 구분은 위계적 상하관계가 아닌데, 교회의 직분을 상하관계로 잘못 인식하는 경우가 있다. 더욱이 당회원과 부교역자를 담임목회 자와 동등한 목회적 협력자가 아니라 열등한 하부조직이라고 생각 하면, 모든 평신도들의 의사는 무시된 채 세습에 대한 반대의사를 제기할 소통의 채널이 가동되지 못하는 경우가 발생된다.[46]

목회자가 보여주어야 할 지도력의 형태는 권위주의가 아니라 "섬 김의 리더십"servant leadership이다. 목회자는 합리적인 소통을 위하여 성도들의 모임을 장려하여야 하며, 안수집사회, 장로회, 권사회 등 의 교회 내부에서 의견을 내고 조율할 수 있는 자치회를 결성하고 활

---

46) 이승종, "평신도가 바로 서야 교회가 산다: 담임목사직 세습문제에 즈음하여" (대형교회 담임목사직 세습 문제와 대응방안 공동포럼, 2000년 9월 5일), pp. 2–3. 기윤실과 복음과 상황이 주최하여 여전도회관 2층 루이시 기념관에서 열린 이 논찬회에는 많은 발제자들이 참여하였다. 그 중에는 김동호 목사, 이만열 교 수, 이승종 교수, 이정석 교수, 박득훈 목사, 김웅교 교수 등이 참여하였다.

동을 지원하도록 하여야 한다. 종종 교회에서 장로회 혹은 당회, 당회가 없는 경우의 기획위원회나 교회 전반의 운영을 담당하는 회의가 상설적으로 운영되며 정치적 무관심을 조장하지 아니하도록 당회장인 담임목사는 성도들을 위한 배려와 노력을 하여야 한다. 그리하여 교회의 운명에 관련된 중요한 결정들이 성도들의 투표나 결정이전에 충분한 소통과 성도의 권익에 관한 "이익표출"利益表出, interest articulation이 이루어지도록 배려하여야 한다. 종종 권위적 담임목회자는 민주적인 절차와 소통의 기회를 인정하지 않거나 약화시키려는 우민정책을 쓰려는 경향이 있다. 장로교의 경우 정책결정의 중심부에 있는 당회를 해체하거나 무력화시킨다든가 혹은 당회 대신 기획위원회로 대체하는 것을 목회방법론의 하나로 채택하는 경우가 있는데, 이러한 경우에는 성도들이 피동성에 빠지며, 정책결정과정에서 배제되는 경우가 발생될 수 있다. 불평이나 이견異見의 개진 자체가 막힌, 언로를 상실한 일사불란한 행정을 건강한 것이라고 착각하여서는 아니 된다.

43 중대형 교회의 목회세습은 담임목사의 무리한 교회정치의 시행에 있다

목회자의 정치적 판단은 권모술수나 책략으로 오염된 정치가 아니다. 목회자는 그리스도께서 영원한 왕으로 다스리시는 것처럼, 공동체의 책임자로서 하나님의 사랑과 정의의 극대화를 어떻게 이룰 것인지를 의도하는 긍정적인 정치, 곧 섬김의 정치를 이루는 것이다.

　많은 목회자들은 교회가 정치집단이 아니기 때문에 정치가 교회 안에 존재하지 않는다고 생각한다. 그러나 정치는 일반적인 현상이다. 국가를 중심으로 공식적이고 가장 현저한 정치가 존재하지만, 정치는 가장 단순한 모습으로 가정에서부터 존재한다. 정치는 재화와 서비스로 매개되는 경제나 사람의 예술적, 문학적 작품에 대한 인정이나 존경recognition and respect으로 매개되는 문화의 영역과 함께, 권력 혹은 영향력으로 매개 되는 인간관계와 인간행동의 영역이다. 가정은 물론이고 교회나 학교에서도 "섬세한" 정치, "약한" 정치, "섬김"의 정치의 모습으로 정치적 지평이 존재한다. 정치적 현상은 모든 것에 미치고 있지만, 정치만이 존재한다고 할 수 없는 것이 현실의 모습이다. 그러므로 교회는 정치적 요소로부터 자유로울 수 없다. 따라서 조직신학 분야의 교회론에서는 각 교파의 정치형태들을 소개한다. 회중정치는 침례교, 감독정치는 감리교, 그리고 대의정치는 장로교를 대표하는 정치의 형태이며, 군주정치는 교황제도의 대표적 특성이다.

　이러한 맥락에서 볼 때, 담임목사는 자신의 행정적인, 목회적인 결정을 할 뿐만 아니라, 종종 정치적 결정을 내리는 존재임을 생각하여야 한다. 이러한 면에서의 정치적 판단이란 권모술수나 책략으로 오염된 정치가 아니다. 하나님 아버지와 그리스도께서 영원토록 왕이 되신 것처럼, 담임목회자는 선한 공동체의 책임자로서 하나님의 사랑과 정의의 극대화를 어떻게 이룰 것인지를 생각하는 긍정정인 정치, 섬김의 정치를 위한 지도자이다. 따라서 담임목사와 당회혹은 교회의 치리회는 교회 내에서의 권위적 결정이 어떠한 결과를불러올 수 있는지, 그리고 어떻게 합리적인 결정에 이르러야 할지생각하여야 한다. 특히 카리스마가 강력한 목회자나 목회적인 출중한 능력을 가진 목회자라도, 정치적인 판단에서는 아주 미숙한 결정을 내릴 수 있다는 오류의 가능성 즉 정치적 가류성可謬性, fallibility을항상 가지고 있다는 사실을 인식하여야 한다. 목회자의 의견에 대하여 반대하는 것을 하나님에 대한 반대나 목회자의 권위에 반대하는것이 아니라, 합리적 의사교환을 통하여 보다 나은 결정을 향한 과정이라고 생각하여야 할 때도 있다. 목회자의 주입, 교화와 복종을통하여 성도들이 일관된 지지만을 보낼 뿐 정당한 판단력을 행할 수없도록 만드는 것은 결국 목회를 함에 있어서 주님의 종노릇을 하는것이 아니고 목회자가 주님의 위치에 올라가는 것이다. 또한 성도를겁박하고 저주하면서 소통을 막는 것은 목회자가 섬기는 종으로 사역하는 것이 아니라 군림하는 종으로 있게 되는 것이다.

결국 목회세습이라는 악에 대하여 이의 제기와 의문을 제기하는신도를 억압하거나, 교회를 떠나라거나, 저주를 받는다고 겁박하거나, 무조건 맹종하라거나, 충성을 다하라는 라는 말을 하는 것은 성도들을 향한 섬김의 정치가 아니라 권위주의적 정치의 타락상을 그대로 보여주는 것이다. 이는 목회 지도력을 행사하는 것이 아니라, 권위주의적 지배를 이루는 것이다. 그러므로 교회에서 담임목사와 치리회는 성숙한 정치적 결정을 향한 거룩한 의사결정기관의 역할을 감당하도록, 민주적 교양과 의사소통 방식을 함양하도록 힘써야 한다.

44 중대형교회의 목회세습은 담임목사의 권위주의와 함께 맞물린 성도의 무관심과 무책임에 의하여 용납된다

대부분의 경우 목회자가 목회세습을 하려고 하는 경우에, 이에 대응하는 신도들의 반응은 극렬하게 반대하는 방향으로 나타나지 않고 회피, 묵종과 무관심의 경우가 비일비재하다.

목회자의 목회세습이라는 비합리적 주장과 결정에 대하여 성도들의 무책임과 무관심, 무대응과 굴종도 이러한 악의 시행을 가능하게 하는 구조를 이룬다. 목회자의 목회세습이라는 주장과 요청이 있을 때, 이를 막거나 시정할 수 있는 방법은 성도의 의견개진이다. 대체로 목회자의 청빙은 교인 3분의 2의 지지를 획득하여야 한다. 그러나 대부분의 경우 목회자가 목회세습을 하려고 하는 경우에 이에 대응하는 신도들의 반응은 강력하게 반대하는 방향으로 나타나지 않은 경우가 상당히 많다.

목회자의 권력행사에 맞서서 다양한 반응이 나올 수 있다. 가장 단순한 반응은 반대의견의 표출이다. 이러한 반대의견을 개인적으로 전달할 수 있지만, 다수가 합리적으로 분명하게 하는 경우도 있다.

이러한 경우는 다수의 취합된 의견의 표출로 나타난다. 교회의 장기적인 이익을 옹호하기 위하여 여러 입장을 모으는 것을 우리는 "이익취합"利益聚合, interest aggregation의 과정이라 말할 수 있다. 더 나아가 이를 다수 성도의 의견으로 분명하게 표현하는 것을 우리는 이익표출意見表出, interest articulation이라고 한다. 그렇지 않으면 개인적인 의견이 되어 무시당하거나, 묻혀버리거나, 거부당할 가능성이 농후하다.

이러한 의견의 표출을 하지 않고 개인적으로 불만을 가지고 교회를 옮기거나 "가나안" 교인이 되는 경우가 있다.[47] 이는 교회 공동체로부터의 이탈exit이다. 이는 지극히 소극적인 반응으로서 자신의 신앙생활에는 별 도움이 되지 않는다. 또 다른 경우는 무시 혹은 무관심neglect이다. 이러한 경우는 교회에 남아있기는 하지만, 무관심 속에서 피동적인 교인이 되는 경우이다. 교회 행정이나 의사결정에 깊이 개입하지 않으므로 관객처럼 남는 것이다. 마지막으로 하나님에게 판단을 미루어 놓고 충성loyalty을 하는 경우이다. 목회세습이라는 결정과 진행이 잘못된 것임을 알면서도 하나님에게 심판을 미루고, 투쟁을 통한 번복의 가능성이 별로 없으리라 미리 포기하고, 외적인 평화를 유지하며 직임을 다하는 것이다.[48] 이러한 경우 교회에 대한 주인의식은 현저하게 감퇴될 수밖에 없다.

---

47) 요즈음의 기독교인이 줄어드는 현상을 배교로 보거나 타종교의 이전으로 보기보다는 신앙을 포기하지는 않았지만, 교회에 나가지 않는 것으로 설명한다. 이러한 교인을 소위 냉소적 표현으로 "가나안" 교인이라고 한다. 가나안 교인이란 신자이지만, 교회에 출석하지 않는 교회에 "안나가"는 신자이다.
48) 평신도의 대응에 관한 4가지 유형, 비판의 표출, 이탈, 무관심, 맹목적 충성의 경우는 다음을 참고하라. 이승종, "평신도가 바로서야 교회가 산다." pp. 3-4.

공공신학적 관점에서 본 목회세습 12개 조항

45 중대형 교회의 목회세습이 가져온 폐해는 공적 신앙을 통하여 교정되어야 한다

공적 신앙公的 信仰, public faith이란 사적 신앙private faith과는 달리 다원화된 사회에서 주변의 사람들과 슬기롭게 공존하며 하나님의 영광을 드러내려는 신자의 노력을 말한다. 목회세습의 근절은 공적 신앙을 향한 영적 개안開眼을 통하여 저지할 수 있다.

세속적인 주장에 의하면, 신앙은 사적私的이며 마음에 관련된 사사로운 일私事에 관여하는 것으로 규정된다. 그러나 우리는 결코 이러한 주장을 받아들일 수 없다. 짐 월리스의 저작 『하나님의 정치』[49]에 의하면, 하나님은 인격적personal이기는 하지만 사적private이지는

49) Jim Wallis, *God's Politics: Why The Right Gets It Wrong and the Left Doesn't Get It* (New York: Harper One, 2005), pp. xxiv-xxv.

않다. 성경은 개인에 대하여 말할 뿐 아니라, 민족에 대하여, 국가에 대하여, 심지어는 국제정치에 대하여 말한다. 우주의 창조자이자 역사의 주관자이신 하나님께서 마음에 관련된 것만을 주관하시지 않는다. 이러한 관점에서 우리는 사적이고 내면적인 것에 머무르는 신앙의 제한에서 벗어나, 삶의 전 영역에 미치는 "하나님의 광대하심과 영광과 권능"^{대상29:11}을 고려하여야 한다.

공적 신앙이란 신약 구약을 통틀어 성경적인 신앙의 기본적이고 핵심적인 요소이다. 계몽주의 시대 이후에 들어 신앙의 개인주의적 경도, 사적 해석을 통한 신앙의 축소화에 의하여 총체적 신앙의 본모습은 왜곡되었다. 창세기에 나타난 신앙은 인류와 한 민족의 출발에 대하여 언급한다. 출애굽기 이하의 신앙에 대한 언급은 한 민족의 출발과 민족공동체의 발원을 대상으로 삼는다. 역사서와 선지서는 국제관계를 언급하는데 제한을 두지 않는다. 신약에 와서도 이러한 원대한 관점은 사라지지 않는다. 물론 이러한 신앙의 공적 측면이 내면적이고 인격적인 차원을 배제하지 않는다. 시편과 지혜서는 신앙의 영적, 개인적 깊은 차원을 말하지만, 거기에 머물지는 않는다. 공적 신앙이란 이처럼 다원화된 사회 속에서 우리의 신앙이 주변의 이웃, 공동체, 민족과 국가 및 국제사회와 연결되어 있음을 드러내고, 이러한 맥락 속에서 하나님의 섭리와 영광을 돌리며 결국 주변의 사람들과 평화로운 공존과 조화를 이루는 방법을 모색하려는 신자의 노력을 말한다.

성도의 사역은 교회 안과 밖을 포괄한다. 교회 밖에서도 우리는 사랑과 배려의 정신을 잃지 말아야 한다. 더욱이 불신자를 대할 때는 그들이 이해할 수 있는 언어를 사용함으로 소통의 단절을 배격하여야 한다. 위화감을 주는 언행은 더욱 피하여야 하고, 무엇보다도 진정성 있는 배려로 이웃의 마음에 감동을 줄 수 있도록 하여야 한다. 나아가 세상에 대한 진지한 관심을 가짐으로 교회가 사회에 대한 이해와 관심을 잃지 않고 있음을 보여야 한다.

한국의 초대교회가 사회적 리더십을 가지므로 부흥이 된 이유는 그들의 인식과 실천이 교회의 내부에 한정되지 않고 공적인 영역을 품었기 때문이다. 그 당시 개화와 독립을 추구하던 사람들, 민족을 사랑하는 자는 거의 대부분 기독교인이 되었다. 기독교가 민족의 고난에 동참하여 행동하였기 때문에, 신자들의 말을 민족이 수납한 것이다. 이 공적 신앙이 회복되어질 때, 교회는 다시금 민족의 마음에 접근하게 될 것이며, 잃어버린 시민의 마음을 얻는 부흥의 봄을 맞이하게 될 것이다.

때 마침 서구와 한국의 신학계에서는 공적 신앙과 공공신학public theology에 대한 강조점이 점증하고 있다. 프린스턴의 신학자 맥스 스택하우스Max Stackhouse 박사는 미국에서 이 분야의 논의를 활성화시킨 학자이다. 스코틀랜드 에딘버러의 공공신학부에서 활동하고 있는 올리버 오도노반Oliver O' Donovan 역시 기독교가 사적인 종교로 머물지 않고 정치, 사회, 경제, 문화의 모든 영역에서 역할을 감당하야 함을 주장하는 학자이다. 예일의 조직신학자 미로슬라브 볼프 Miroslav Volf 또한 훌륭한 공적 신앙의 화두를 정리하여 던지는 이 분야의 전문가이다. 공공신학의 연구와 성도의 공적 신앙에 대한 소양의 제고는 이제까지 사회 속에서 균형 잡힌 소통에 적극적으로 참여하거나 주도하지 못한 것에 대한 대안으로 요청된다. 흔들리지 않는 복음적 기반을 가지고 사회에 참여하여, 기독교적인 대안을 추구하는 신앙의 모델이 지금 이 시대와 교회에 필요한 영적 지도자상이라 여겨진다.

이 같은 관점에서 볼 때, 목회세습이라는 현상은 공적 신앙의 이상과 현실을 전혀 고려하지 않은 결정이요, 공공 신학의 상실로 말미암은 교회의 패착이다. 기독교는 종교개혁을 통하여 하나님 앞에서 자유를 누리는 교회이지만, 우리의 자유가 남의 시험이 되어서는 아니된다. 교회와 목회자가 아무리 성공적일지라도, 모든 것이 덕을 세우는 것은 아니다. 우리는 자유를 육신의 기회로 삼지 말아야 한다는 바울의 권면을 기억하여야 한다. "모든 것이 가하나 모든 것이 유익한 것은 아니요 모든 것이 가하나 모든 것이 덕을 세우는 것은 아니니 누구든지 자기의 유익을 구하지 말고 남의 유익을 구하라"고전10:23-24 중대형 교회의 지도자들은 목회세습을 위하여 나의 유익을 구하지 말고, 정상적인 청빙의 관계를 따르므로 교회 안팎의 사람에게 선한 모범을 보여 공동체로서의 교회의 위상을 지켜야 한다.

46 중대형 교회의 목회세습을 반대하는 것은 공적으로 성숙한 교회가 되자는 것이다

공적 신앙의 상실은 삶의 공공성을 도외시하는 사회적으로 무책임한 종교를 만든다. 성숙한 신앙을 향한 발전의 도상에서 교회는 자기중심주의로 미끄러지고 말았다. 그리고 사회적으로는 영적인 "어른아이"가 되었다.

대형교회의 목회세습이 논의의 출발점이 되었던 1997년 이래 20년이 흘렀다. 목회세습의 면에서 본 지난 20년 동안, 한국교회는 더욱 광범위한 목회세습이 이루어졌다. 교회가 더욱 손상된 것이다. 그 사이 2000년의 광림교회 세습, 2012년의 왕성교회의 변칙세습, 그리고 2017년의 명성교회가 세습을 완료하였다. 또한 초대형교회에 가리어 보이지 않는 가운데 지속적으로 이루어진 120여개 경인지역을 중심으로 한 중대형 교회의 목회세습이 있었다. 과연 무엇이 잘못되었는가?

한국교회에는 상실되어 사라지고 있는 영적인 유전자가 있다. 그것은 교회의 "공공성"公共性, commonality이라는 유전자이다. 공공성이라는 유전자는 한국 기독교사의 처음부터 있었다. 한국 교회는 위대한 공공성의 세계적 표본을 보여준 과거를 가진 특별한 종교이다. 샤마니즘을 빼고 모든 종교가 외래종교이지만, 외래종교가 처음부터 공공성을 가지는 것은 쉬운 일이 아니었다. 그것도 2퍼센트가 되지 않는 교회가 현재 20퍼센트의 교회가 상실하고 있는 위대한 과거의 유산을 가지고 있다는 것은 한국교회에 주신 하나님의 은총이다. 선교사의 도움으로 시작된 기독교는 개화의 견인차였다. 민족의 고난은 교회의 고난이었다. 민족의 개화와 교육은 교회의 몫이었다. 근대적인 교육과 국가의 독립은 기독교적 신앙과는 떨어질 수 없는 상황이었다. 수많은 민족 지도자가 기독교인이었다. 그것은 외래종교로서 깊은 역사를 가지지 아니한 한국 개신교가 민족사랑과 민족을 향한 공적公的 헌신의 중심에 서 있었기 때문이다.

한국 개신교의 태생 자체가 민족의 고난에 동참하도록 당시의 역사적 어려움은 교회를 몰아갔다. 제국주의적 식민지배의 세력이 기독교를 가져온 미국이 아니라, 신사참배를 가져온 일본에 의하여 이루어졌다는 것은 하나님의 섭리에 해당하는 부분이다. 자국 선교사의 정치적 중립을 요구하는 미국 정부의 도움이 아니라, 한국인의 고난에 동참하며 개화와 독립을 간접적으로 돕는 미국을 비롯한 서구의 교회가 한국의 선비와 지식인과 민중을 만나게 된 것이다. 민족의 빛은 오로지 교회에 있었다. 민족의 독립과 개화를 위하여 교회가 사회적 소명을 깨달은 것은 한국의 초대교회가 민족을 향하여 제공할 수 있는 중대한 공헌의 하나였다. 하나님은 3.1운동의 전면에 선 교회를 통하여 민족을 위로하셨다. 오직 교회만이 신사참배를 죽음으로 반대한 마지막 민족정기의 보루가 되었다. 오직 교회만이 민족의 고난에 깊이 참여하여 민족의 비전을 바라보게 하였다. 기독교에 기반을 둔 개화된 민주주의 국가! 이것이 교회가 가진 강력한 영적, 사회적 유전자였다. 교회에 열심인 사람은 국가의 미래에 관심을 가지는 자였다. 교회의 열광적 신자들은 식민주의를 비판적으로 극복하면서 민족과 사회를 생각하는 자였다. 서재필 선생은 조국의 개화와 독립을 기독교적 기반에 세워진 나라의 건국을 통해 이루려고 했다. 그의 제자 이승만 대통령은 기독교적 국가를 바라보았다. 함석헌 선생은 성경의 고난사상으로 한국의 역사를 조망하였다. 민중신학자들에게는 해방의 하나님이 세우는 민중의 국가가 조국의 이상이었다.

이러한 위대한 전통들은 어떻게 교회 안에서 서서히 사라지게 되었는가? 돈 잔치에 교회가 매혹되었기 때문이다. 금송아지에 무릎을 꿇었기 때문이다. 풍요를 추구하는 바알의 음란한 우상에 마음을 빼앗겼기 때문이다. 식민지배세력을 분별하던 선지자적 정신을 소위 80년대의 정권교체와 절차적 민주주의의 회복과 함께 내어버렸기 때문이다. 분단의 문제와 분배의 문제를 주체적으로 묵상하지 않고, 교회 내부를 향하여 움츠러들어 개교회주의자들이 되었기 때문이다. 그리고 30년이 흘러 이제 교회는 영적인 방향성을 거의 상실하였다.

하나님사랑과 이웃사랑의 종교가 하나님만 사랑하는 종교가 되었다. 보이는 이웃, 특히 눈에 보이는 고난 받는 이웃을 놓아두고 하나님을 사랑한다고 말하는 잘못을 범하게 되었다. 하나님을 사랑한다고 말하면서, 사실상 하나님과의 언약의 내용을 차지하고 있는 이웃사랑을 부차적인 것이나 선택적인 것으로 생각하였다. 공적 신앙의 상실[50]은 삶의 공공성을 더 이상 생각하지 않는 사회적으로 무책임한 종교가 된 것이다. 교회는 성숙한 신앙을 향한 발전의 도상에서 탐욕스럽고 미숙한 유아론唯我論적 자기중심주의로 미끄러지고 말았다. 공공성이 상실되면서 교회는 점차 사회속의 외로운 섬, 고도孤島가 되어갔다. 그리고 사회적으로는 어린이 같은 목회세습을 하면서도 유아기幼兒期적 이기주의로 경도되었고, 그것을 부끄러워하지 않는 영적인 "어른아이"가 되었다.

47 중대형 교회의 목회세습에 대한 일반 국민의 정서는 부정적이다

목회세습에 대한 국민정서는 부정적이나, 기독교인은 더욱 부정적인 경향이 있다. 공적인 현장에서 교회의 긍정적인 이미지를 제고하기 위하여, 교회는 목회세습을 하지 않는 것이 필요함을 드러내는 통계 자료를 충분히 얻을 수 있다.

목회세습에 대한 일반적인 반응은 부정적이다. 이는 최근에 조사한 통계를 통한 시민의 반응을 볼 때 그러하다. 2013년 2월 4일 이만식 교수장신대 사회복지학는 조사대상을 서울특별시와 6대 광역시인 부산, 대구, 인천, 대전, 광주, 울산과 나머지 시군구에 거주하는 562

---

50) 이학준 교수는 한국 기독교의 패러다임을 바꾸어야 산다고 말하면서, 그 패러다임의 핵심이 "공적 영성의 회복"이라고 본다. 이학준, 『한국교회, 패러다임을 바꿔야 산다』(서울: 새물결플러스, 2011), pp. 9-33.

명의 목회관련자와 1,518명의 일반응답자를 대상으로 하여 목회세습에 대한 반응을 조사하였다. 그 결과 목회세습에 대한 목회관련자와 일반응답자 사이의 여론이 어떠한지를 비교적 상세하게 살펴볼 수가 있었다. 목회세습에 대한 가장 현저한 발견은 신학생과 목회자를 아우르는 목회관련자들의 부정적인 의견은 84.7%에 이르렀고, 일반응답자는 61.6%가 반대의 입장을 보였다는 점이다. 대부분 세습이라는 말을 사용할 때, 대형교회의 세습이 연상되었고, 그 다음에 북한 세습과 대기업의 세습이 이미지로 포착되었다고 한다. 아울러 혈연을 위주로 목회세습을 행하는 것을 "명백한 세습이며 잘못"이라고 생각하는 사람이 목회관련자들에게 58.6%, 일반응답자의 54.3%가 되어, 일반 국민의 의식은 목회세습에 대한 상당한 반감이 존재하고 있음을 알 수가 있었다.[51]

목회세습이 한국교회와 한국사회에 미칠 영향에 관해서 50대는 다른 세대보다도 더욱 반감이 큰 것으로 파악되었다. 아울러 이에 대한 반대의사도 목회관련자들이 훨씬 부정적으로 인식하고 또한 이를 표현하고 있음을 보여주었다. 목회세습이 한국 교회(A)와 한국 사회(B)에 부정적 영향을 미친다는 목회관련자 응답자가 (A)89.0%와 (B)88.1%였고, 일반응답자는 (A)78.6%와 (B)73.5%였다. 이는 목회자와 신학생이 일반인들보다 훨씬 민감하게 목회세습을 부정적으로 생각하고 더욱 위기의식을 느끼고 있음을 미루어 생

---

51) 이만식, "교회세습 여론 인식조사 결과," 교회세습반대운동연대 포럼 (2013년 2월 4일), pp. 4-8.

각할 수 있다. 교회만 부흥된다면 목회세습도 가능하다는 생각에 목회관련자들은 12.5%만이 그렇다고 대답한 반면 일반인은 17.3%에 이르므로, 이 역시 목회관련자들이 더욱 엄격한 부정적 태도를 보여주고 있다. 따라서 신자나 불신자를 막론하고 목회관련자나 그렇지 않은 일반인이나 대체로 목회세습을 부정적으로 보는 입장은 국민 사이에 상당한 일치를 보이고 있음을 우리는 통계자료를 통하여 발견할 수 있다.

48 중대형 교회의 목회세습을 타파하기 위하여 목회자의 자기 비움과 성찰이 필요하다

목회세습을 예방하는 방법에는 목회자의 내적 변혁의 방법과 제도적 쇄신이라는 외적 개혁의 방법이 있다. 이중에서 목회자의 내적 변혁의 방법으로 신자나 일반 시민이 가장 높게 요구하는 것은 "목회자의 자기 비움과 성찰"이다.

세반연에서 실시한 "교회세습에 여론 인식조사 결과"에 의하면, 목회세습을 예방하기 위한 방법으로 인적 쇄신의 방법과 제도적 쇄신의 방법으로 나누어 조사하였다. 이 중에서 인적 쇄신의 방법으로 평신도의 수준향상, 목회자의 자기 비움과 성찰, 의사결정 구조의 민주화, 강력한 교회법과 사회법 등의 대안을 제시하고 통계조사를 하였다. 이 중에서 가장 높은 비율로 나온 것은 목회관련자의 49.5%

가 목회자의 자기 비움과 성찰을 요청하였고 일반인은 33.5%가 동일한 항목을 지지하였다. 목회관련자들은 강력한 교회법 제정에 28%가 지지를 보냈고, 의사결정 구조의 민주화에 14.2%의 지지를 보냈다. 일반인의 경우는 이 둘의 순서가 바뀌었는데, 의사결정 구조의 민주화에 25.2% 강력한 교회법 제정에 22.3%의 기대를 보냈다. 목회세습의 예방을 위한 대체적인 방법으로 목회자의 자기 책임이 두드러지는 한편, 부수적으로 법적인 완비와 의사결정 구조의 민주화를 통하여 내부적인 개혁을 서두를 수 있다고 반응을 보인다.[52]

목회세습 예방을 위한 제도적 쇄신의 방법론으로는 교회연합기구, 교단연합기구, 공동의회, 제직회, 당회의 역할, 언론의 감사, 사회적 차원의 견제 등의 항목이 제시되었고, 이에 대한 반응을 살펴보았다. 목회관련자들은 교단연합기구를 통한 예방에 50.3%, 공동의회와 제직회의 역할을 통하여 예방할 수 있다고 보는 경향이 20.3%가 되었다. 아울러 당회를 통하여 예방이 가능하다는 견해도 12.6%나 되었다. 이러한 결과는 대체로 교회 내외의 제도적 장치를 통하여 문제를 예방할 수 있다 보고 있는 것이다. 그 반면에 일반인의 경우는 많은 차이를 보였다. 그들은 먼저 교회 연합기구를 통하여 30.2%, 교단연합기구를 통하여 24.2%, 공동의회와 제직회의 역할을 통하여 16.1%, 그리고 사회적 차원의 견제를 통해서도 문제를 해결할 수 있다는 입장이 13.6%나 되었다. 일반응답자의 경우 특이한 것은 당회와 공동의회의 예방역할이 미미하다고 생각하지만, 교

---

52) 이만식, "교회세습 여론 인식조사 결과," pp. 10, 18.

회연합기구나 교단연합기구를 사용하는 것이 효과적일 수 있다고 생각하고 있다. 특이한 것은 일반응답자의 경우 사회적 차원의 견제를 지지함으로 교회의 타락이 지속될 경우 사회적 기제를 사용함도 염두에 두고 있다는 사실을 알 수 있다.[53] 이는 교회의 타락이 지속될 경우 사회적 기제를 사용함으로 교회내부의 문제를 해결할 수 있는 가능성을 보여주는 것이다. 교회 밖의 일반인에게는 이제 교회 자체의 문제해결에 한계가 있다고 생각하는 경향이 마음에 자리잡아가고 있음을 보여주는 자료이다.

49 중대형 교회의 목회세습을 예방하는 일차적 과제는 목회자 내면의 변혁이다

목회세습은 먼저 목회자 자신의 회개로 책임을 져야 한다. 특히 목회자의 "자기 비움과 성찰"이라는 말로 표현된 변화의 요구는 시대적인 요청이다. 사회의 일반적인 경향은 목회세습에 관한 한 목회자 자신의 책임 있는 결단과 변화를 요청하고 있다.

이만식 교수의 통계조사 결과에 의하면, 목회세습을 방지하는 가장 효과적인 방법이 목회자 자신에게 있다는 것이다. 이러한 일반의 의식은 한국 중대형 교회의 목회세습의 핵심이 어디에 있는가를 가르쳐주는 중요한 지적이라고 본다. 특히 목회자 자신의 "자기 비움

---

53) 이만식, "교회세습 여론 인식조사 결과," pp. 10, 14.

과 성찰"이라는 말로 표현한 목회자에 대한 요구는 목회세습의 악을 목회자 자신이 스스로 만들어내는 경향이 크므로, 목회자 자신의 영성의 고양으로 해결하여야 함을 교회의 성도와 일반 사회가 기대하고 있는 것이라 여겨진다. 이는 목회세습의 파렴치를 교회와 일반 사회가 모두 파악하고 있을 뿐만 아니라, 목회자가 변화되어 스스로 해결하여야 함을 기대하고 있다는 지적이다. 이는 아직까지도 교회의 성도와 사회가 목회자의 책임감과 변화에 대하여 기대하고 있음을 보여주는 것이다.

목회자가 목회를 시작하면서 목회세습을 처음부터 계획하는 사람은 없을 것이다. 청장년층이 점차 사라진 시골이나 지방의 목회가 너무 힘들고 괴로운데, 이를 아들에게 억지로 물려주려고 하는 사람도 많지 않을 것이다. 목회자의 목회에 하나님의 은혜가 있어서 교회가 부흥되고, 주변에 인정받는 교회가 되고, 더욱이 담임목사의 자제 까지도 아버지 목회자가 긍정적인 면을 보고 즐거운 마음으로 목회자가 되었을 때, 혹은 목회자의 딸이 결혼하면서 목회자를 남편으로 맞이하였을 때, 비로소 이러한 목회세습의 가능성을 고려하게 된다. 이처럼 목회세습의 시험에 들게 되는 상황은 여러 가지의 조건이 갖추어지게 되는, 다시 말해서 외부적으로는 좋은 목회의 성취를 이룬 경우가 대부분이라 할 것이다.

목회자의 진정한 "자기 비움과 성찰"은 항상 필요하지만, 목회적 성취가 이루어지는 시점에서, 그리고 목회가 많은 열매를 가지게 된 때에 더더욱 필요하게 된다. 목회세습의 시험과 유혹이 시작되는 시점도 바로 목회적 성취를 이루어 목회를 기득권으로 생각하는 사심이 생기는 그 때이다. 목회세습의 무서운 시험은 목회의 성취라는 좋은 환경에서 비로소 시작되는데, 이는 다음과 같은 세속적인 타협의 형태로 목회자에게 다가온다. "이 큰 성취를 이루었으니, 이를 혈연에게 물려주어 그들로 하여금 덜 고생하게 하리라." "그가 좀 부족하더라도 내가 지근거리에서 도와주면 성공적인 후임자가 될 것이다." "내가 평생 쏟아 부은 재산과 열정으로 발전시킨 교회를 내 후손에게 물려 더욱 큰 발전을 이루게 하리라." "내 아들 혹 사위가 이 정도의 실력과 학벌을 갖추었으니 객관적으로도 모자라는 점이 없다." "나의 공로가 있으니 주변의 사람들이 크게 반대하지 아니하리라." "남이 와서 하는 것보다 내 아들이 나를 이해하고 나의 목회를 잘 이어가리라." "다른 수많은 까다로운 청빙의 과정에서 좋은 사람을 발견하는 것이 쉽지 않으니, 차라리 내가 잘 아는 내 혈육이 타인보다 나을 것이다." "교회의 반대가 있어도 나의 영향력으로 설득하면 가능하리라." "소수의 사람들이 교회를 떠난다 하더라도 대부분의 교인들은 그 자리를 지키리라." "내가 저지른 여러 가지 실수를 드러내어 폭로하지 않고 지켜줄 자는 결국 나의 혈육 밖에 없다."

그러나 이러한 많은 유혹에도 불구하고, 목회세습을 거부하는 목회자는 평소에 가진 마음의 결단과 믿음의 원리에 순전히 따르는 사람이다. 이임을 앞둔 목사는 자신의 영성과 자기 비움을 가지고 다음과 같은 믿음의 순전함 속에서 기도하여야 할 것이다. "나의 사랑하는 목회자 아들을, 혹은 사위를 차라리 광야로 보내어 성숙하게 하리라.”“하나님 아버지께서 그리스도를 우리에게 보낸 것처럼, 나도 나의 혈연도 낮은 길을 가야하리라.”“우리 교회는 경쟁을 통해서 가장 좋은 후임자를 맞이하리라.”“최적의 후임자로 하나님께서 예비하신 자를 뽑으리라.”“혈연이나 연고가 아닌 성령께서 인도하는 사람을 뽑으리라.”“주 하나님 아버지께 이 중요한 문제를 맡기리라.”“청빙의 절차가 정의롭게 이루어지도록 내가 관리자가 되리라.”“교회 온 성도들이 즐거워하는 청빙절차가 되게 하리라.”“예비하신 하나님의 사람을 온 성도들이 기뻐하는 중에 맞이하리라.”“원로목사가 될 내가 교회의 부담이나 짐이 되지 않도록 최선을 다 하리라.”“나보다 더 나은 자가 와서 교회를 더욱 효과적으로 섬기게 하리라.”

50 중대형 교회가 목회세습을 거부하는 것은 교회가 공공선으로 나아가는 출발점이다

목회세습은 공적인 삶public life의 장소에서 칭찬받기 어려운 행동이다. 한 마디로 사적 이익 때문에 교회의 공적 이미지를 훼손시키는 대표적 사건이라는 것이다. 목회세습을 거부하라! 그러면 이웃의 마음을 얻을 작은 징검다리가 놓이기 시작할 것이다.

목회세습을 추진하고 이행하면서 발생하는 소위 ‘교회와 교권의 사유화’는 기실 교회의 공공성에 대한 책임의식을 상실한 데서 발생하는 문제이다. 교회는 공교회公敎會이다. 교회는 사적인 소유, 탐욕에 의한 전유專有, monopoly의 대상이 아니다. 이는 자녀에게 넘길 수 있는 사유물이 아니다. 공적인 기관으로서의 교회의 위치는 담임목사의 탐욕과 유교적 가정중심주의의 희생물이 되어서는 아니 되며, 한 발자국 더 나아가서 공공선公共善, common good의 차원에서 목회자의 이임과 취임을 생각하여야 한다. 그 이유는 교회가 그리스도에게 속하였고 그의 주권 안에 있는 교회가 세상에서 공적인 역할을 담당하여야 할 책임이 있기 때문이다.

우리가 사는 세상은 다원주의적 세상이다. 다원주의적 세상 속에서, 교회는 두 차원의 사명을 동시에 가진다. 그 하나는 복음의 횡적 확산이요 다른 하나는 복음의 종적 심화, 곧 문화·역사적 심화이다. 예수님의 몸으로서의 교회는 머리되신 예수님의 명령에 따라야 하는 교회이다. 여기서 다원주의는 신자의 종교적 확신을 포기하도록 하는 것이 아니라, 우리가 전파할 복음을 받는 사람들의 상태가 상대주의에 빠져있는 점을 인식하도록 만든다. 예수님의 몸이 된 교회가 이 세상에서 명령받는 것은 세상의 불신자들로 믿게 하고 아버지와 아들과 성령의 이름으로 세례를 받게 하는 것이다. 이는 복음전파를 통하여 세상과 열방으로 나아가는 복음의 영향력의 횡적 확산에 관련된 것이다. 다원주의 사회는 우리의 문화적 공존을 넘어 복음의 독특성을 전하여야 할 과제를 우리에게 부여한다. 그리스도께서 우리에게 주신 사명은 예루살렘과 온 유다와 사마리아와 땅 끝까지 나아가 주님의 말씀을 가르쳐 지키게 하는 것이다.

이와 동시에 우리는 세상의 문화권 속에서 복음을 살아내야 하는 비전, 즉 복음의 종적 심화라는 사명을 가진다. 이러한 사명은 소위 인간 삶의 영역 속에 들어가서 복음을 "살아내는 능력"을 통하여 나타나는 것이다. 이는 다원주의적 사회에서 우리가 찾아야 하는 "공공선"common good을 추구하는 것이다. 복음의 종적 심화는 믿지 않는 사람과 함께 살아가는 현장에서 그들에게 매력적인 존재로 나타나는 삶의 능력이다. 이는 좋은 인상을 주기 위한 가장이나 변장을 의미함이 아니라, 성령의 능력 가운데서 각기 다른 정신적 영적인 환경을 품어내고 소화하는 관대함, 조화, 협력, 선함, 정결함, 공손함을 가짐으로 사회적 삶 속에서 평화의 도구가 되는 것이다.[54]

이러한 맥락에서 볼 때, 목회세습은 공적인 삶public life의 장소에서 칭찬받기 어려운 행동이다. 한마디로 사적 이익 때문에 교회의 공적 이미지를 훼손시킨 대표적 사건이라는 것이다. 이전에는 교회가 사회적 시야에서 그리 크게 드러나지 않았다. 그러나 현재의 한국 상황에서 기독교의 위상은 다른 어떤 사회단체보다도 강력한 결집력과 영향력과 물질을 가지는 존재로 부상하였다. 특히 경인지역의 대형교회에서 제공하는 말과 행동, 교역자의 생각과 공적 표현은 세상의 관심사가 되었으며, 본인들이 부정하든 그렇지 않든 대교회의 대표들은 기독교의 현실적 대표주자로 간주하는 상황에 처하게 된 것이다. 따라서 대교회의 지도자들이 공적인 시야와 공공적 차원의 교

---

54) 이에 대한 최근의 본격적인 논의는 다음의 책을 참고하라. Miroslav Volf and Ryan McAnnally-Linz, *Public Faith in Action: How to Think Carefully, Engage Wisely, and Vote with Integrity*(Grand Rapids: Brazos Press, 2016).

양을 가지지 아니하면, 무지하고, 무식하며, 가진 것에 비하여 정신적인 소양을 갖추지 아니한 졸부의 인상을 어김없이 풍기게 된다. 안하무인격의 언어와 배려가 없는 주장들은 사회적 시야와 공적 교양의 상실로 여겨지는 것이다. 이제는 정치, 경제, 사회, 타종교, 매스컴, 문화계와 학계가 기독교에 대한 관심과 의구심을 함께 가지고 우리를 보고 있다는 점에 주의를 기울여야 한다.

예수님은 어떠한 관점을 가지셨을까? 예수님은 자신을 통하여 형성된 소수의 공동체에 대한 관심이 전부였을까? 예수님의 삶은 제자들과 함께 세상을 향하여 열려있었다. 그가 당면한 사회의 모든 영역을 그는 느끼고 있었고, 받아들였고, 전반적으로 재해석하여 고치고 새롭게 하려고 했다. 그는 교회의 머리이시며, 세상의 임금들의 임금이셨다. 예수님의 시야를 사적인 것으로 축소하지 말라. 그는 왕의 왕이시며, 창조주, 섭리주, 구속주, 그리고 심판주이시다. 그는 하나님의 나라, 자신의 나라에 착념한 나머지, 자신이 우주적 통치를 포기하거나 무시한 분이 아니다. 다만 십자가를 통한 지극히 낮아지는 일이 온 교회와 우주적 통치를 얻는 일임을 아셨기 때문에 겸손히 십자가를 지신 것이며, 자신의 우주적 통치를 결코 포기하지 않으신 것이다.

51 중대형 교회의 목회세습은 공적 영역에서 무례함과 승리주의를 드러낸 것이다

목회세습을 하면서 하나님의 은혜라고 예배드리고 잔치하는 것은 세상 앞에 드러난 기독교의 승리주의와 무례함이다. 이는 공공선의 파괴를 예증하고 있는 것이며, 부끄러움을 깨닫지 못하는 영적 무지의 다름 아니다.

하나님의 은혜와 사랑을 빙자하여 타인에 대한 우월감의 근원으로 삼지 말라. 기독교인이 소수파로 있던 시대에는 두 가지 의무, 첫째로는 주변 사람들로부터 인정을 받아야 하는 것, 그리고 둘째로는 그와 함께 복음을 전파하여야 하는 의무가 있었다. 이스라엘이나 우리나라의 초대교회 상황에서, 복음 전파 이전에 백성의 마음에 있는 거부감과 공격성이라는 장애물을 내려놓게 하는 것이 급선무였다. 기독교인에 대한 광범하게 퍼져있는 잘못된 소문과 선입관을 넘어서지 않고는 전도를 할 수 없었다. 그러므로 전도를 한다는 것은 섬세하고 조심스러운 일이었다. 전도행위의 이전에 전도자는 관계의 변화를 이루어야 하는 사전 작업이 필수적인 요소였다. 매력적이고 이웃의 작은 필요를 채워주는 관대한 사람이어야 비로소 조심스럽게 복음을 전파할 수 있었다.

이러한 상황이 21세기의 한국 사회에 도래하고 있다. 현재의 한국은 기독교에 대한 거부감이 점증하는 시대가 되었다. 14개의 대학교에서 약 200명이 참여하고 있는 "프리 싱커스"Freethinkers라는 동아리는 교내에서 전도하는 것을 금지시켜달라는 요청과 함께 전도하는 사람에게 전도거부카드를 준비하고 있다고 한다.[55] 이러한 극단적인 상황은 그들이 기독교 일반에 대한 부정적인 사고가 팽배한 가운데 있기 때문이다. 전도에 대한 거부감은 하루아침에 생긴 것이 아니다. 권위주의, 교회간의 갈등, 교파분열, 교회내부의 부패와 부정 등과 같은 반복적인 사건들이 일반적인 개신교의 부정적 이미지를 형성하는데 영향을 주었고, 이것에 더하여 목회세습이라는 악재로 또 다시 교회의 이미지를 훼손시켰다.

교회가 일반적으로 어려움을 당하는 상황에서 목회세습과 같은 심각한 패착을 불러일으키는 결함의 근원은 무엇일까? 풀러신학교의 전 총장인 리차드 마우Richard Mouw 교수에 의하면, 교회의 공적 영역에서의 실패를 낳은 이유는 일반적으로 이웃에 대한 "정중함" civility[56]의 상실 즉 "무례함"uncivility에 있다. 이러한 무례함의 더욱 깊은 곳에 있는 잘못은 겸손함의 상실, 즉 교만한 마음에서 발생한 승리주의triumphalism이다. 먼저 승리주의란 타종교나 다른 사상의 소유자에 대하여 기독교 신자가 가지는 "우월감"이다. 이 우월감이 마음에 자리 잡으면, 소위 은혜를 받았으나 아무 것도 변화된 것이 없는 사람이 타인을 경시하고, 정중함을 가지고 이웃을 대하지 않게 된

---

55) http://www.hankookilbo.com/v/157b302357a6452b80358a5a08d91d5f "'종교 믿습니까' 옐로카드" (2017년 5월 21일).

56) 존 캘빈과 아브라함 카이퍼를 사랑하는 캘빈주의자이면서도 "정중함"(civility)을 화두로 삼아 평생의 학문적 작업을 해온 학자 중의 하나는 Richard Mouw이다. 그의 최근의 책 다음을 참고하라. Mouw, *Adventures in Evangelical Civility: A Lifelong Quest for Common Ground*(Grand Rapids: Brazos, 2016).

다. 복음을 믿었다는 것은 영원한 구원의 진리를 가진 것이니 기쁘고 놀라운 소식임에는 틀림이 없다. 이를 얻은 사람의 감격이나 기쁨을 이 세상의 무엇에 비길 수 있으랴! 세상의 창조자 하나님께서 우리의 구원자이며 아버지라는 사실을 어찌 전하지 않을 수 있으랴!

그러나 문제는 은혜로 받은 것을 특권으로 생각하는 것이다. 행위로 얻은 것이 아니므로 자랑할 수 없는 것인데, 마치 복음 밖에 있는 사람을 경시하는 것과 같은 태도를 가지는 것이다. 기독교가 다수를 이루게 될 때, 비기독교에 대하여 가지는 고압적인 자세는 그리스도의 가르침과는 전혀 상관이 없다. 이전 제국주의 시대에 복음전파가 강압과 폭력을 앞세우고 탄압을 수단으로 사용해서 이루어진 경우가 없지 않았다. 하나님의 은혜가 너무 좋았다면, 그 은혜를 베푸신 예수님의 낮아지신 섬김으로 타문화권에 나갔어야 했다. 타문화권의 우상숭배를 가슴 아프게 생각하고 간절하고 겸손한 마음으로 선교하였다면, 반드시 타문화권을 향하여 다른 방법을 쓸 수 있었을 것이다. 그러나 제국주의적 탐욕은 타문화권의 자원과 인력을 탈취하기 위한 방법으로 선교사와 교회를 사용하였고, 힘과 억압으로 교화하는 실수를 범하여 강자의 기독교가 되었다.

개인의 영역에서 하나님께 받은 놀라운 은총과 이에 대한 확신이 적절한 수단을 사용하여 전파되지 않을 때에, 그 전도가 타인에게 큰 재앙이 되는 경우가 얼마나 많은가? "칼이 아니면 코란"이라는 이슬람을 비난하는 말은 십자군 시대에 그리고 제국주의 시대에 바로 우리 기독교가 사용한 포교방법이 되었다. "칼이 아니면 성경"이라는 선교의 방식은 이민족에게 재앙으로 나타났다. 기독교를 강력하게 반대하는 나라들의 과거에는 소위 기독교 문명권에 대한 상처가 자리하고 있음을 잊어서는 아니된다.

지금도 공공의 현장에서 크고 작은 모습으로 영적 제국주의는 지속되고 있다. 사찰 돌며 땅 밟기, 다른 종교 건축물 앞에서 기도하고 찬송하기, 타종교 상징물에 오물 던지기, 스님 머리에 안수하기 등의 무례함은 타인에 대한 승리주의의 발로가 아니고 무엇인가? 사회적 차원에서 상식에도 못 미치는 기독교인을 우리는 양산했다. 목회세습의 일을 하면서 하나님의 은혜라고, 강복하심이라고 말하는 것은 목회자의 승리주의가 세상 앞에서 다시 한 번 무례함으로 나타나며, 공공선의 파괴하는 정신세계를 말로 예증하고 있는 것이다. 목회세습은 공적인 영역에서 이웃을 향하여 저지른 무례함이며, 교회 내부적으로는 유아론적 미성숙의 심각한 상황에 처한 기독교의 재난을 그대로 보여주는 것이 아닐 수 없다.

52 중대형 교회의 목회세습은 강자 중심의 윤리이다

기독교 공동체의 오랜 윤리적 전통은 약자 중심의 윤리이다. 후임자를 결정하는 교회공동체는 지역사회가 본받을 만한 불편부당한 결정, 정의로운 정책결정과정, 그리고 온 교회가 만족할 만한 세상의 모범이 되어야 한다.

목회세습은 연고주의의 결정판이라고 해도 과언이 아니다. 목회의 강자가 주변의 반대와 문제제기에도 불구하고, 연고자를 후임자로 결정하는 강자 중심의 일방적 행위이다. 이는 비교적 약자의 위치에 있는 주변의 훌륭한 후보군을 애초에 경쟁에서 배제시키는 행위요, 경쟁에 입각한 합리적 선발과정을 통하여 후임자를 결정되도록 하는 과정을 통하여 고려되어야 할 수많은 후보자들의 기회를 박탈하는 행위이다. 지역교회에서 후임자를 결정하는 데 있어서 많은 방법이 사용된다. 검증된 후보를 추천하는 일도 있고, 잘 알지 못하는 후보군을 놓고 합리적 결정을 하는 경우도 있다. 후임자를 결정하는데 있어서 항시 합리적이고 선한 단 한 가지의 방법이 있다는 것은 아니다. 그러나 무엇이 아니라는 것은 어느 정도 상식적으로 합의할 수 있다. 일반적으로 정의롭지 못한 방법은 명백히 배제되어야한다.

뇌물, 연고주의, 전임자 노후 보장을 위한 담합, 그리고 이권에 의한 타협 등의 방법은 후임 교역자의 결정과정에서 엄히 금하고 피하여야 할 사항이다. 가장 공정하고 동시에 편벽됨과 부당함이 없어야할 교회의 후임자를 윤리적 흠결을 가진 채로 선발해야 할 하등의 이유가 없기 때문이다. 더구나 이러한 과정에서 금전적 거래나 이권에 의한 타협 등을 이행할 수 없는 전임자와의 연고가 없는 사람이 원천적으로 배제된다면, 이는 하나님의 성품인 사랑과 정의에 어긋나는 행동이 아닐 수 없다.

성경에서 말하는 정의가 내포한 실제적으로 중요한 관점 중의 하나는 "약자에 대한 배려"이다. "심는 대로 거두리라"는 하나님의 분명한 공의로움이 하나님의 법이지만, 죄악으로 가득한 인간사회에서 약자에게 미쳐지는 불의, 박탈, 핍박과 억압은 거의 예외없는 보편적인 현상이다. 그러므로 손봉호 교수는 일반적인 정의론에 대한 이해와 설명 가운데서 기독교적인 정의론의 핵심에는 "약자를 향한 윤리"와 "고통 당하는 인간에 대한 배려"가 깊이 자리하고 있음을 상술한다.[57] 성경이 가난한 사람을 무조건 두둔하는 것은 아니지만, 가난한 사람이 재판에서 불이익을 당하지 아니하도록 엄중하게 배려할 것을 명령한다. 성경 전체는 약자에 대한 보호와 배려의 강조로 가득 차 있다. 구약에서는 가난한 사람, 사회적 약자를 상징하는 고아와 과부의 억울함을 풀어주는 것이 관원의 책임이요, 신약에서는 사회의 현저한 하층민으로 취급되고 있는 세리와 창녀와 죄인을 배려하는 예수님의 모습이 등장한다.

목회의 후임자 결정에 있어서 "약한 자에 대한 배려"가 잘 갖추지 못한 부실한 후보를 택하라는 것도, 준비되지 않은 허약한 후임자를 택하라는 것도 아니다. 중대형 교회에서 후임자를 결정하는 문제는 공공적인 위상을 점하고 있는 교회공동체로서, 교회가 속한 지역사회가 본받을 만한 불편부당한 결정, 정의로운 정책결정과정, 그리고 온 교회가 만족하면서 교회의 사회적 위상을 제고시킬 수 있는 절

---

57) 손봉호, 『약자중심의 윤리: 정의를 위한 한 이론적 호소』, 석학인문강좌 60 (서울: 세창출판사, 2015), pp. 133–194. 특히 "정의와 약자보호"에 관련된 pp. 144–168을 참고하라. 더욱 깊은 연구를 위하여 다음을 참고하라. 손봉호, 『고통받는 인간: 고통 문제에 대한 철학적 성찰』(서울: 서울대학교 출판부, 1995); 손봉호, 『약한 쪽 편들기』(서울: 한국밀알선교단, 1991).

호의 기회를 만들어가라는 것이다. 교회의 후임자 선정은 지역에도 즐거움이 되어야 한다. 교회의 지도력의 교체는 기득권의 대물림이나 연고주의를 극복한 정의로운 결정에 성도들이 즐거워하며, 상처받은 영혼의 "조용한 탈출"silent exodus을 막는 축제의 장이 되도록 하여야 한다는 것이다. 목회세습은 성경에서 말하는 약자를 위한 배려인 공평과 정의의 기초적 관념을 벗어나 "강자의 유익"이라는 소피스트 트라시마코스Thrasymachus의 타락한 정의론을 따르는 것이다.

53 중대형 교회의 목회세습에서 벗어난 교회는 화평하게 하는 자가 되라

목회세습은 일종의 사로잡힘 현상이다. 기득권과 욕심에 사로잡혀 공의로움, 공정성을 잃어버린 비윤리적 행위이다. 교회는 편벽되이 어떠한 계급적 이익이나, 정파적 선호, 그리고 파벌적 이해관계를 추구하여서는 아니 된다. 교회는 화평하게 하는 자로서의 지도력을 회복하여야 한다.

2010년부터 2014년까지 "자녀교육에서 타인에 대한 관용과 존중이 중요하다"고 얼마나 관심 있게 가르쳤는지를 알려주는 "세계 가치관 조사"World Value Survey 통계자료가 나왔다. 5년마다 반복되는 이 신뢰할 만한 조사에 의하면, 우리나라는 응답한 56개국 중 최하위였다. 우리나라는 중국보다도 낮았고, 이집트, 우크라이나보다도 낮았다. 평가가 가장 높은 호주는 88이었고, 스웨덴은 87, 미국은 72

였고 우리나라는 45였다. 더욱이 11가지 가치관의 우선순위에서 미국은 관용과 존중을 1위로 표시한 것에 반하여 한국은 7위로 선택되었고, 다른 대부분의 나라는 학력이 높아지면서 관용과 존중에 대한 중요성이 증진되었는데 반하여, 한국의 경우는 학력이 관용과 존중의 정도에 유의미한 영향을 주지 못하였다. 반대로 2010년의 선진국OECD의 사회적 고립도의 측정에서 평균 8.9보다 훨씬 높은 20.3을 기록하였는데, 이는 스웨덴 3.8%, 호주 4.6%, 독일 6.5%, 미국 7.7%에 비해 현저히 높은 수준이며, 일본의 10.3%에 비해서도 매우 높은 것이다. 결국 우리나라에서는 5명중 1명이 사회경제적 위기상황에서 주변의 도움을 받을 수가 없다는 것이다.[58]

우리는 자녀에게 경쟁과 승리를 가르쳤지만, 관용은 종종 교육과정에서 무시되었다. 경쟁의 강조가 빠른 경제발전을 이루기는 하였지만, 최근 우리는 관용을 교육하지 않은 사회의 요란함을 경험하였다. 2016년 초 국회의원 선거부터 2017년 5월 9일 대통령선거에 이르기까지 우리는 보수파 내의 반목과 균열과 분당을 보았다. 극단적으로 갈라진 보수파와 그 정부에 저항하는 진보파의 갈등을 보았으며, 또한 촛불 민심의 분출이 가져온 시위로 말미암아 대통령의 탄핵을 경험하였다. 소통의 결여가 어떠한 혼란과 파국을 일으켰는지, 그리고 지도자의 관용의 결여가 어떤 결과를 가져오는지를 우리

---

58) http://ipa.yonsei.ac.kr/pds/notice/%EA%B3%B5%EA%B3%B5%EB%C8%EC%A0%9C%EC%97 %B0%EA%B5%AC%EC%86%8C%20(2014)_Issue%20Monitorin_ vol.1.pdf. 국민대통합 정책연구협의회, "국민대통합이슈모니터링: 한국사회의 공공성과 통합가치" (2014. 6. vol. 1), pp. 24-28.

는 경험했다. 아직 우리나라의 민심이 안정과 치유에 이른 것은 아니다. 이 기간 중 정치는 그렇더라도 교회는 어떠했는가? 교회는 사랑의 공동체이니 관용과 조화를 가르치고 있는가? 교회는 사회에 관용과 존경과 사랑의 빛을 지속적으로 던지고 있는가?

교회의 사회적 책임은 싸우는 진영의 한편에 속하여 싸우는 것이 아니다. 이번에 한국이 겪는 갈등은 보수–진보와 맞물린 세대 간의 갈등이었다. 젊은 사람들은 부패한 보수파를 정죄하고 거부하고, 60대 이상의 기성세대는 진보진영을 종종 종북 좌파의 주홍글씨를 붙여버렸다. 촛불집회와 태극기 집회로 민심은 갈라져 끝까지 갈등하였다. 일부 대형교회는 태극기 집회 편에 서서 행진을 하였다. 교회 안에는 보수파도 있고 진보파도 있다. 자신의 사적인 견해를 말할 수도 있고 대화를 나눌 수도 있어야 한다. 그렇지만 선지자적 위상을 가진 교회가 계급적, 정파적 갈등에 편입되는 것은 교회의 공공성을 상실하는 것이다. 정파적 갈등 속에서 교회는 촛불집회에 속하여야 한다고 혹은 태극기집회에 속하여야 한다고 부르짖는다. 하나님은 과연 누구의 편에 계신가? 하나님을 사람의 싸움에 끌어들여 자신의 편에 있다고 말하는 경우가 얼마나 많은가? 과연 하나님은 태극기 편에 있는가 아니면 촛불 편에 있는가? 하나님은 미국 편에 있는가 아니면 이라크 편에 있는가? 하나님은 대한민국만의 하나님이시고 북한의 하나님은 아니신가? 하나님은 기업가 편에 있는가 아니면 노동자 편에 있는가?

하나님을 우리 편으로 끌어들이기 보다는 우리가 하나님께 속하여야 한다. 하나님께서 일정한 사회적인 세력과 자신을 동일시한다면, 하나님은 그 세력의 성패에 따라 늘 승리와 패배를 반복하실 것이다. 하나님은 어디에 계신가? 하나님께서는 사람들이 갈라놓은 개인과 집단과 국가 어디에나 계신다. 하나님이 유다와 이스라엘에 계시다면 하나님은 바벨론과 페르시아에도 계시다. 문제는 구약의 교회인 유다와 이스라엘이 하나님을 떠나서 죄악을 범한 것이다. 하나님이 내 안에 계신 것도 중요하다. 그러나 내가 하나님 안에 있는 것이 현실에 있어서는 전자에 못지않게 더욱 중요한 것이다. 남북전쟁 중 링컨 대통령의 기도는 "하나님이 내편에 서시도록" 기도하는 것이 아니라, "내가 하나님의 편에 서도록" 인도해달라는 것이었다.

교회 안의 누구도 선을 독점한 사람은 없고, 사탄과 악령을 제외하고는 사회 속의 누구도 악의 화신은 없다. 이 세상에서 교회는 "화평하게 하는 자"가 되라는 소명을 받았다. 그러면 "하나님의 아들"이라는 예수님이 가졌던 이름을 가지게 된다고 예수님은 약속한다. 하나님께서는 이 황폐한 갈등의 세상에 우리를 불러 '평화의 사람이 되라'고 말씀하신다.^{마5:9} 성전을 짓는 일은 전쟁의 영웅으로 피를 많이 흘린 다윗의 몫이 아니었다.^{대상28:3} 이는 평화 곧 '샬롬'의 사람, 곧 솔로몬을 사명이었다. 하나님의 집, 성전은 사람을 정죄하고 심판하고 죄인을 척결하는 심판의 장소가 아니라는 것이다. 성전은 죄인을 용서하고 상처 난 마음을 치유하고 갈라진 관계를 화목 시키는 장소라는 것이다. 미국의 공화당이나 민주당 어떤 한 정당이 하나님을 독점할 수도 없고 독점해서도 아니 되는 것처럼, 대한민국의 진리와 도덕성을 어떤 정파가 확보하고 있다고 말해서도 아니 되고 말할 수도 없다. 교회의 입장은 사랑과 정의의 편에 있어야 한다. 약자, 혹은 고통당하는 자에 대한 배려의 편에 있어야 한다.

가정과 사회와 국가에 일어나는 갈등과 아픔은 교회의 관심과 일정한 역할을 불러일으킨다. 사람들 사이에 생긴 고난은 교회의 위로가 필요한 부분이다. 하나님은 어디나 계시지만, 특히 고난과 아픔의 장소에 계시다. 왜냐하면 아픔과 애통이 있는 곳에서 올라가는 "부르짖음"을 하나님께서 들으시고 그들의 눈물에 하나님의 눈길이 함께하시기 때문이다. 교회의 역할은 이 아픔을 섬세하게 느끼는 것이다. 이 섬세한 감각을 위해서는 소통이 필요하다. 소통하는 교회여야 사회의, 시장터의, 그리고 국가와 민족의 아픔을 알 수 있다. 그리고 소통이 되어야 우리가 화해자의 사명을 감당할 수 있다. 중대형 교회의 목회세습은 이 위대한 소통과 화해자의 사명을 저버린 것이다. 아니 소통의 사명을 가진 교회가 일거에 권위를 상실하는 행위이다.

정치의 계절이 다가오면 교회가 종종 분열된다. 교회는 계급으로, 지역으로, 세대로, 이념으로 분리되어 "이것이 정말 하나의 통일된 교회인가"라는 생각이 들 정도이다. 개인의 정치적 견해를 가지는 것은 자유지만, 지역교회의 차원에서 정치참여를 하려면 몇 가지 선결조건이 있다. 첫째, 온 교회가 명백한 일치를 보이고 교회내의 분열의 가능성이 없는가? 둘째, 세상을 향한 말씀이 준비되어있고, 교회는 사회가 들을 정도의 신뢰를 받고 있는가? 셋째, 타도하여야 할 명백한 악이 존재하는가? 넷째, 세상도 교회의 참여를 고대하고 있는가? 다섯째, 교회가 고난 받을 준비가 되어 있는가?

54 중대형 교회의 목회세습은 공적 신앙에 대한 영적 유전자의 상실 때문이다

그리스도의 주되심을 향한 신자의 인식과 함께 세상 속에서의 책임을 감당하는 성숙한 교회로의 발돋움이 필요하다. 개교회주의에서 돌이킨 교회는 우리 사회의 공적 영역을 우리의 사역의 현장으로 확보하기 위해 주력하여야 한다.

공적 신앙을 가진다는 것은 교회의 공공성에 대한 의식을 가지는 성도의 영성을 의미한다. 교회는 깊은 영성을 가져야 한다. 영성은 종종 하나님과의 친근함 속에서 생기는 내면의 영적 경향을 말하는데, 이 내면적인 영성이 단순히 사사로운 개인의 성향을 의미하는 것은 아니다. 우리는 영성의 "내면화"internalization를 "사사화"privatization와 구별하여 사용하여야 한다. 사사화는 우리의 신앙을 개인주의적 차원으로 축소, 고립시키지만, 내면화는 하나님과의 친밀감 속에서 가지게 되는 인격의 성향이다. 더구나 영성적 내면화는 오히려 그 내면을 공유하는 사람을 향하여 공동체성을 확보해주는 영적인 연대감solidarity를 증대시켜준다.

이러한 내면화가 공동체 내부의 일체감을 길러준다면, 공적 신앙의 확신과 사명은 우리를 공공의 영역으로 이끌어준다. 개인전도, 노방전도, 가정방문전도축호전도, 逐戶傳道가 효율성을 상실하는 상황에서 공공의 영역public squares은 간접전도와 관계전도의 영역이 된다. 이러한 맥락에서 다원화된 사회를 살아가는 교회의 성도들은 자신이 가진 직장과 사역과 소명을 따라 공공성communality의 영역으로 침투하여 들어가며, 공적 이익이나 공적 관심을 가지고 사람들과 교제하는 공중公衆, public이 되어야 한다. 이는 내면적 일치를 가진 공동체와는 상응하는 대외적 공영체commonwealth를 만들어 나아가는 영성의 확장과정이다.

이 공영체를 만들어내는 공공성은 신자와 불신자가 함께 섞여 사는 사회에서 신자와 불신자 간에 공통의 영역이 있다는 신학적인 확신에서 시작된다. 터툴리안은 "아테네가 예루살렘과 무슨 상관이 있는가"라고 말함으로 신자들과 불신자의 영역에 공통분모가 있으리라는 가능성을 일축하고 있다. 그러나 어거스틴으로부터 시작이 되는 수많은 공공 신학자들은 공공성의 영역이 존재한다는 것을 거론한다. 캘빈과 캘빈주의자들은 이를 일반은총common grace의 영역으로 이야기 하였다. 이후 신캘빈주의자인 아브라함 카이퍼는 일반은총론을 3부작을 남겼고, 헤르만 도이베르트는 이러한 일반은총의 영역을 긍정하면서 이 일반은총의 영역이 각기 다른 창조의 법에 입각하여 세워진 양상aspects, 즉 법 영역law spheres으로 존재하고 있다는 주장을 하였다.

이는 인간의 타락에도 불구하고 세상은 하나님의 남겨놓으신 창조의 법칙에 의하여 아직도 운행되고 있는 부분이 있다는 것이며, 이 부분은 신자와 불신자가 공통으로 관여할 수 있는 공공성의 영역이라는 것이다. 이러한 신학적 확인은 우리의 공적 영역에서의 사역의 가능성을 이끌어 올려준다. 정치, 교회, 가정, 예술, 언어, 역사, 환경, 철학과 과학의 영역들은 그러므로 우리 인류가 함께 연합하여 발전시킬 수 있는 분야이므로, 이를 통하여 신자와 불신자가 협력하고 돕고 발전시키는 공동의 교제권이 있다는 긍정이다. 이 교제권에 대한 관심과 애정은 교회의 실천을 더욱 확대시켜준다. 창조의 광대한 영역에서 하나님의 깊은 사역을 발견하는 것이다. 이러한 관점에서 볼 때, 손봉호 교수는 시민들만이 아니라 신자들이 이 사회 속에서 진실한 도덕적 삶을 가진 행위 주체로 발돋움할 수 있는 다양한 "윤리적 자원"을 사용할 수 있음을 천명한다. 그의 책, 『약자 중심의 윤리』에 의하면, 종교, 교육, 합리성, 자존심, 동정심은 보다 더 높은 도덕적인 판단을 내릴 수 있는 자원이 된다.[59]

55 중대형 교회는 목회세습에서 돌아서서 세상의 소금이어야 한다

교회가 '세상의 소금과 빛이라'함은 세상을 향한 두 가지의 침투전략을 가르쳐준다. 사회 속에서 교회는 신실함과 정직함을 가진 소금이 되어 사회의 부패를 막는다. 은밀한 침투와 함께 교회는 드러난 선행으로 잃어버

---

59) 상세한 논의는 다음을 참조하라. 손봉호, 『약자 중심의 윤리』, pp. 195-265.

린 도덕성을 회복하는 보루堡壘, fortress가 될 수 있다.

공적 영역에서 교회가 신뢰를 회복하는 길은 순간에 이루어지지 않는다. 이는 비교적 오랜 투자를 필요로 하는 것이다. 60년대의 제2차 바티칸 공회의 이후에 로만 카톨릭이 우리나라에서 어떻게 신뢰를 쌓아 왔는지 참고하라. 그들은 한 세대를 투자하지 않아서 국내의 종교 중에서 최고의 신뢰도를 얻게 되었다. 개신교회는 근 30년 동안 공적 현장에 대한 관심을 발전시키지 못하였고, 공공의 영역에 대한 대안을 발전시키지 못한 것에 대하여 냉철하게 비판하여야 한다.

다시금 우리가 한국 사회로부터 신뢰를 받기 위하여 공공의 영역에서 행하여야 할 투자가 있다. 그것은 세상이 가질 수 없는 도덕성, 곧 소금의 역할을 우리가 확보하는 것이다. 이는 경제력, 물적 기반이 좀 부족하여도 복음에 충실함으로 이룰 수 있는 일이다. 초대교회로 들어가서 그들의 성공을 보자. 초대교회가 인정을 받게 되었던 중요한 이유도 그가 가지고 있었던 신실함 때문이었고, 로마제국에서도 인정을 받을 수 있는 것은 그리스도인의 거룩함 때문이었다.

내적으로 신자들은 성결하였다. 그들은 서로 사랑하는 공동체로서 살았다. 성도들끼리 서로 돕는 위로와 교제의 견고한 공동체는 로마제국의 사람들에게 빛이 되었다. 어거스틴이 불후의 명저 "하나님의 도성"The City Of God에서 지적하고 있는 것처럼, 고트족에 의한 AD 410년의 일시적 로마의 함락은 기독교의 문제가 아니라 타락한 로마문화에 있었다. 당시의 신자의 삶은 그리스 문화전통을 이어받은 로마의 외설스럽고 폭력적인 문명과는 판이하게 달랐다. 초대교회의 선한 행실은 그리스-로마의 무절제한 문화적 전통과는 확연히 구별되는 것이었다. 교회는 로마에서 인정받는 도덕성을 지닌 공동체였다.

보라! 그리스·로마신화의 주인공인 신들은 트로이 전쟁의 원인이 되는 스파르타의 왕비 헬렌을 납치하여 간통한 트로이의 왕자 파리스Paris를 비난하지 않는다. 왜냐하면 그 신들 자체가 정욕과 음란의 화신이었다. 로마의 어떤 신도 로마의 창설자인 로물루스와 어머니의 간통이나 로물루스가 동생 레무스를 죽이는 형제살해 행위를 비난하지 않는다. 그리스·로마 신화는 온갖 음란과 정욕, 정략과 질투, 갈등과 보복, 그리고 욕심과 욕망의 실현이라는 세속적인 신들의 속성을 분명하게 드러내고 있었으며, 그 신을 신봉하는 인간의 생활을 완전히 타락시켜 도덕적인 경각심을 상실하게 하였다.

구약성경은 그러나 이와 정반대이다. 성경은 최고의 군주인 다윗이 우리아 장군을 죽이고 그의 아내 밧세바를 빼앗은 것을 철저하게 드러내고, 그에 대한 하나님의 큰 심판을 명확하게 선언한다. 신약성경에서도 절제와 인내와 순결 및 거룩함은 그리스도인, 곧 교회의 기본적인 미덕이다. 이는 교회 즉 하나님의 나라에 속한 왕 같은 제사장, 거룩한 나라이자, 하나님의 소유된 백성이 가져야하는 기본적인 정체성이었다.^{벧전2:9}

지금의 한국 교회는 여러 가지 질병으로 몸살을 앓고 있다. 탐욕적인 귀족목회자, 성적 타락, 목회세습, 권위주의 등 온갖 망조(亡兆)로 찌들어버린 한국교회의 모습이 그것이다. 이러한 교회의 생태계를 망가뜨린 지금의 중대형교회의 원죄는 "십자가"의 상실에 있다. 우리를 위하여 낮아지신 그리스도를 팔아 금 면류관을 쓰고 있는 것이 현재의 세속적인 소위 "사사로운 복음주의자들"일 수 있다. 우리가 다시 일어서는 방법은 철저히 회개하고 낮아지고 겸손하여져서 예수님의 눈길, 하나님의 관심이 미치는 연약한 사람을 향하여, 역사의 암울한 그늘을 향하여 나아가는 것이다. 하나님의 관심사를 위하여 마련하여 준 자원을 자신의 것으로 사유화함이 망조이다. 이제는 주님이 마련하신 것을 나누는 선한 행실이 필요하다. 공의와 사랑이라는 하나님의 성품을 닮아 교회가 공적인 삶의 현장에서 짠맛을 회복하여야 한다. 세속적인 바벨론을 향하여 다니엘이 사랑과 공의를 가르쳤다면, 그리스도의 몸인 교회에게 소금과 같은 삶은 얼마나 더 필요할 것인가? "그런즉 왕이여 내가 아뢰는 것을 받으시고 공의를 행함으로 죄를 사하고 가난한 자를 긍휼히 여김으로 죄악을 사하소서 그리하시면 왕의 평안함이 혹시 장구하리이다 하니라."단4:27

56 중대형 교회는 목회세습에서 돌아서서 다시금 세상의 빛이어야 한다

중대형 교회의 목회세습은 선교를 위한 생태계를 오염시킨 중대한 잘못이다. 교회는 그리스도께서 제자들에게 가르친 중대한 선교 방법으로

"소금과 빛"의 전략적 방법 중 두 번째 빛의 방법, 곧 선행의 방법을 확보하여야 한다.

교회는 "세상"의 소금과 빛이다. 소금의 녹아짐은 '은밀한 침투'라는 선교전략을 이야기 하며, 이는 공공의 영역에서 그리스도인의 이름을 나타냄이 없이 은밀히 침투하여 세상의 부패를 방지하는 것이다. 공적 신앙은 이 부분에 속한다고 말할 수 있다. 아울러 빛의 전략은 선행을 통하여 사회에 공헌하는 전략을 의미한다.

교회가 회칠한 무덤으로 지탄을 받고 있는 현재의 세속화 사회에서, 과연 지금 선교적인 전략은 어떠하여야 할까? 목회세습과 같은 실책을 범한 경인지역의 중대형 교회가 회개, 내부 개혁의 진행과 함께 외부를 향한 가질 수 있는 접근 전략은 세상의 소금과 빛이 되는 예수님의 선교방법이다. 목회세습과 같은 실책을 회개하면서 우리가 선택하여야 할 회복의 대안은 세상이라는 공적인 영역에 대한 교회의 관심과 참여이다. 소금과 빛의 순서 또한 매우 중요하다. 교회에 대한 부정적인 상황은 이제 교회가 세상을 향하여 던지는 말의 영향력을 상실하게 만들었다. 교회가 말을 하면 그냥 들어주는 것이 아니라, 세상은 교회가 "말은 잘 한다"고 평가한다. 이 시대의 최고 변증은 말이 아니라 부패의 방지, 짠 맛의 유지이다. 은밀한 모습으로 세상에 들어간 신자들이 겸손하고, 순결하며, 거룩하고, 용기 있고, 충성스런 모습으로 다른 사람과는 대조적인 생활양식을 가지는 것이다. 타락할 수 있는 정황에서 고결하며, 유혹의 현장에서 거룩한 것은 그리스도인에 대한 인상을 바꾸어줄 것이다. 자신이 신자임을 굳이 주장하지 않으면서도, 차별적인 인격과 행위로 공동체를 위하여 공헌하는 것이다.

그 다음은 신앙의 표지를 가지고 선을 행하기 어려운 공공의 현장에서 빛나는 선행으로 나아가는 것이다. 마음으로부터 우러나오는 선행은 열 마디 말보다 나을 수 있다. 초대교회는 핍박받는 교회로서, 교회에 대한 사회적 인정이 부여되지 않았던 시대를 살았다. 지금의 한국교회도 더 이상 사회의 인정을 받지 못하고 손가락질의 대상이 되고 있다. 세상의 평가는 교회가 세상보다 나을 것이 없다는 것이다. 신실하지도 않은 교회가 세상에서도 '세속적인 복'을 받고 천국에서도 '영원한 복을 받겠다' 하니 교회는 탐욕스러운 존재로 간주되고 있는 것이다.

사회의 반기독교적인 적대 상황을 겪은 초대교회에서 성도들은 이중적인 고통을 감당하였다. 그들이 교회가 그토록 사악한 집단이 아니라는 사실을 알림으로 교회에 대한 부정적인 인상을 지우는 것과 함께, 다른 사람들을 전도하여 예수 그리스도를 믿는 신자로 만들어야 하는 의무를 가졌다. 이러한 어려움에도 불구하고 교회는 얼마가지 않아서 매력적인 존재로 인정받았다. 로마제국은 기독교 선교 이후 채 300년이 못 되어 교회를 공인하였고, 결국에는 4세기 말, 데오도시우스 황제시절에 기독교가 국교로 선포되었다.

예수 그리스도의 제자이던 베드로는 이처럼 적대적인 세상 속에서 나그네와 행인 같은 그리스도인이 가져야 할 "선한 행실"good deeds

을 반복하여 강조하고 있다. 그는 신자가 말로만 전도하는 사람이 아니라, 말로도 전도하는 사람으로 남아있도록 인도한다. 베드로 사도는 신자의 선행이 최고의 기독교 변증이 되어 불신자들의 적대적인 저항과 비판의 말을 막고 무력화시킨다고 선언한다. 이것이 두 번째 빛의 전략으로, 세상의 빛이 되는 것이다. "너희가 이방인 중에서 행실을 선하게 가져 너희를 악행한다고 비방하는 자들로 하여금 너희 선한 행실을 보고 오시는 날에 하나님께 영광을 돌리게 하려 함이라"벧전2:12, "곧 선행으로 어리석은 사람들의 무식한 말을 막으시는 것이라"벧전2:15, "또 너희가 열심으로 선을 행하면 누가 너희를 해하리요"벧전3:13, "선을 행함으로 고난을 받는 것이 하나님의 뜻일진대 악을 행함으로 고난 받는 것보다 나으니라"벧전3:17 타락한 세상에 소금이 되어 부패를 방지하는 은밀한 노력, 간접적인 노력에 이어서, 드러난 선행으로 이웃을 돕는 빛의 전략은 공공의 영역에서 교회의 무너진 이미지를 순화시키므로 하나님에게 영광을 돌리도록 인도하게 될 것이다.

VII

목회윤리적 관점에서 본 목회세습 12개 조항

57 중대형 교회의 목회세습은 목회적 성공이 불러온 윤리적 실패이다

목회세습의 과정은 다분히 의도적이고 계획적인 준비와 절차를 통하여 이루어진다. 첫째는 교회성장을 통한 자신감의 증대, 둘째는 목회자로서의 의사결정권의 증대, 셋째는 성도의 의사결정권의 비례적 약화, 그리고 마지막은 타교회의 지도자 교체가 준 부정적 인식 등이다.

세습 문제를 문화적인 접근을 통하여 보려는 다른 논지가 있다. 김승진 목사는 소위 그가 말한 "사회문화적인 접근"을 통하여 목회세습 문화의 진단과 처방을 밝히려고 노력한 바 있다. 그는 목회세습의 문제를 진단하면서 현재 "교회가 한국사회 속에서 근본적 신뢰를 잃어버리게 만든 주요원인 중의 하나"라고 바르게 주장한다. 아울러 그는 추가적인 질문, "한국교회가 이러한 세습을 허용하는 이유가 무엇인가"를 물으면서 그 이유는 사회문화적, 혹은 조직문화적인 이유가 있다고 주장한다.[60] 그의 논문 "교회세습에 대한 사회문화적 평가와 대안"은 목회세습 문제의 핵심에 근접한 묘사를 가능하게 했다는 데에 그 의미가 있다고 하겠다.

교회의 목회자가 가지는 교회정치의 현장에도 권력현상은 존재한다. 신학자 해리 콰이퍼트Harry M. Kuitert가 이미 말한 바처럼 "모든 것은 정치이나 정치가 모든 것은 아니다"는 명제[61]는 정치적인 지평이 인간 삶의 모든 영역에 공기처럼 스며들어와 있음에 대한 단언이다. 목회자의 권위 또한 실제 교회정치의 일면에서는 종종 권력으로 나타날 때가 있음도 부인할 수 없다. 교권은 일종의 권력이다. 당회장권은 일종의 권력이며, 교회와 교단의 심판권인 치리권 또한 일종의 권력이다. 종종 교회에서 담임목사의 권한이 말씀의 강론과 성도들을 향한 설득에 합의에 의존하는 것이 아니라, 자신의 생각을 관철시키는 데 사용하는 목회적 장치를 사용함으로 정치화될 가능성이 상존한다. 이러한 맥락에서 볼 때, 김승진 목사는 어떻게 담임목사의 권한이 목회세습을 하는 상황까지 권력화 될 수 있는가를 자세히 설명하고 있다.

목회세습은 우발적인 사건이 아니다. 그것은 일련의 절차로 이루어지는데, 이미 그 절차는 다분히 의도적이고 계획적인 준비 절차와

---

60) 김승진, "교회세습에 대한 사회문화적 평가와 대안" 제8회 샬롬 나비 발표논문 (2014년 5월 30일).

61) H. M Kuitert, *Everything is politics but politics is not everything: A theological perspective on faith and politics*, trans. by John Bowden (Grand Rapids: Eerdmans, 1986).

점진적인 시행을 통하여 이루어진 것이다. 사회문화적인 차원의 분석에 의하면 세습에 이르는 목회자의 윤리적 퇴행에는 다음과 같은 일종의 과정process이 전개된다.

첫째는 목회세습이 "교회성장의 성공적인 경험과 확신" 속에서 시작된다는 것이다. 목회자로서 사역에 열심을 내는 사람들 치고 교회성장을 생각하지 않는 사람은 하나도 없을 것이다. 모든 목회자가 교회성장의 소망을 가진다. 그러나 캘빈대학교가 소재하는 미시건주의 그랜드 래피즈Grand Rapids에 있는 한인은 1,000명이다. 한인교회가 교회성장을 하는 데는 한계가 있다. 펜실베이니아 주도인 해리스버그Harrisburg에 사는 한인은 500명이다. 그곳에 있는 사람이 몇 개의 교회에 다 나온다 하더라도 교회성장은 한계를 가진다. 비슷하게 젊은이들이 모두 빠져나간 한국의 작은 도시나 시골에서 목회하는 사람에게 교회성장은 현실적으로 불가능한 일이다. 그러나 이 특별한 현상인 교회성장을 경험하는 목회적 환경이 있다. 도시화가 진행되던 때에 중대도시의 좋은 "목"location이나 아파트촌의 종교 부지를 선점한 사람들은 숫자적인 부흥을 체험한 많지 않은 목회자 중의 하나일 것이다. 회심성장보다 이동성장에 의하여 부흥을 하게 된 것은 사실상 하나님 나라의 관점에서 보면 천국의 확장이 아니라 교인의 위치이동이다. 사회적 변동을 통하여 시골교회의 목회자의 공력이 도시교회의 목회자의 열매로 이전되어 얻어지게 된 것이다. 대형교회로 성장한 서울 강남과 대도시의 대부분의 교회들은 지난 수십 년간 아파트촌으로 이동한 좋은 목에서 부흥되었다. 압도적인 성공의 경험은 마치 "성장비법"을 사용하여 그렇게 된 것처럼 많은 중소형교회의 벤치마킹의 대상이 되었다.[62]

둘째는 카리스마적 지도자의 공로이다. 모든 도시교회가 성장하는 것은 아니다. 대형교회에서의 성장에 빼놓을 수 없는 것이 목회자들의 역할이다. 실제로 카리스마적 목회자로서 강력한 리더십을 가진 지도자들은 "하나님의 은혜"라고 말하지만, 실제 태도와 행동에서는 자신의 능력과 공이라고 생각하고 고압적인 행동을 하는 경우가 적지 않았을 것이다. 이러한 목회적 성공은 교회의 행정과 교회정치에 있어서 서서히 담임목사의 과도한 영향력의 행사로 나타나기 시작한다. 그 결과 교역자들은 하나님의 부르심을 받은 섬기는 사역자의 위치에서 서서히 군림하는 자로 바뀌고, 교회에 대한 관점도 "주님의 교회"에서 "우리 교회" 결국은 "내 교회"로 바뀌는 상황에 이르게 된다.[63] 당연히 목회세습의 문제를 논의함에 있어서도 "내 교회 내 맘대로 하는데 왜 남들이 그렇게 말이 많은가"라는 어처구니없는 교회에 대한 "사적 소유의식"을 그대로 드러내는 실상을 보여준다. 목회자의 은사를 사용하여 일정한 사회문화적 맥락에서 특별히 베풀어주신 하나님의 은혜를 이제 심정적으로 사유화하기 시작하는 것이다. 이로부터 서서히 주님의 은혜에 대한 망각, 주님의 권세에 대한 심정적 저항과 찬탈篡奪, usurp이 시작된다.

세 번째 단계는 담임목사의 일방적 의사결정과 성도들의 의사결

---

62) 김승진, "교회세습에 대한 사호문화적 평가와 대안" pp. 35-36.

63) 김승진, Ibid., pp. 36-37.

정권의 약화이다. 목회세습을 가능하게 만들어주는 것은 담임목사의 권력을 옹호하는 장치로 변한 당회와 공동의회이다. 예를 들어 장로교회의 최고의사결정기관은 교인들의 총회인 공동의회이다. 그러나 당회장의 권한과 카리스마가 넘쳐나면서, 담임목사는 당회와 공동의회를 압도하는 소위 제왕적 당회장이 된다. 이러한 상황에 이르러 전임자의 권위와 영향력이 정점에 이르게 되면, 어떠한 후임 목회자도 부임 초기부터 전임 원로목사의 영향력 아래에서 실질적인 "수석 부목사"의 역할을 하는 명목상의 담임목사가 된다. 실제로 목회의 현장에서는 "나는 원로목사를 섬기는 부목사다"라고 고백하는 중대형 교회의 후임자를 많이 볼 수 있다. 실제로 그런 자세가 없으면, 목회의 실패가 아니라 목회 이전에 전임자와의 관계에서 갈등이 일어나 중도 사퇴하여야 하는 상황이 발생된다. 여기서 왕적 당회장의 주변에서 권력의 장치로 전락한 당회에서 결정할 수 있는 방법은 "자신의 아들이나 사위면 별문제 없으리라"는 일종의 윤리적 타협이 발생한다. 이는 교회공동체의 공공성의 소망에 대한 포기와 현실에 대한 묵종에 기반을 둔다. 당회의 월권적 타협과 공동의회의 약화는 목회세습을 가능하게 하여주는 통로가 된다.

네 번째로는 "반면교사로서의 학습효과"이다. 이는 목회자 승계에서 실패한 주변교회의 부정적 학습효과가 목회세습을 가능하게 한다는 것이다. 후임자를 선정하여 그 어려움을 겪고 난 다음에 목회세습을 한 교회는 많지 않다. 충현교회의 경우는 담임목회자의 청빙의 실패를 거쳐서 목회세습을 하였으나, 다른 대형 교회에서는 아주 작심을 하고 목회세습을 한 여러 경우가 있다. 이는 타교회의 청빙과정과 지도자 교체에서 일어난 여러 어려움에 대한 정보를 가지고 소위 '원만한 교회 운영'을 위하여 스스로 목회세습을 결정하게 된 과정이다. 그러나 아직 자녀에게 세습하여 실패한 케이스를 많이 볼 수 없는 상황에서 일방적으로 목회세습이 옳았다는 결론을 신속하게 내리는 것은 문제가 있다. 즉 그 목회세습의 편의주의적 결정이 옳았는가는 아직 목회의 차원에서 결정적으로 검증되지 않았기 때문이다. 사실상 여러 경우에 목회세습에서 실패한 경우도 많이 있다. 그러나 목회세습을 자행하는 목회자들에게는 세습을 통하여 발생한 실패 사례를 참고하려고 하지 않는다.

58 중대형 교회의 목회세습 관행이 되지 않도록 하자

목회세습은 관행routine, 慣行이 되어서는 아니될 죄악이다. 죄를 범하는 사람이 모두 죄의식을 느끼는 것은 아니다. 목회세습이란 심각한 영적 마비현상이 벗어나서, 심각한 회개의 대상으로 삼아야 한다.

죄인인 사람들에게 숨겨져 있는 탐욕과 죄성罪性은 땅속에 숨어있는 수맥과도 같다. 땅을 파들어 가면 땅속에서는 어디든지 물이 나온다. 수맥은 높낮이는 차이가 있다 하더라도, 반드시 숨겨져 존재한다. 이처럼 중대형 교회에 있어서 목회세습이 없어지지 않는 것은 목회자의 탐욕이 전적으로 부인되고 있지 않기 때문이다. 비교적 성장을 이룬 교회환경 속에서, 특별히 자식에 대한 애착이 존재하는 경우에는 목회세습에 대한 유혹이 항상 가능성으로 남아있다. 더욱이 대형교회나 초대형교회가 세습을 강행할 때, 그 파괴적인 영향력은 다른 중소형 교회에도 미쳐짐으로 관행으로 고착될 가능성이 농후하다.

1997년 만해도 대형교회의 목회세습이 일반화된 것이 아니었다. 1973년도에 예장통합의 도림교회가 친자에게 세습한 이후에, 1997년 충현교회에 이르기 까지 목회세습을 실행한 6교회, 즉 부평교회 1980, 길동교회[1986], 송월장로교회[1992], 대구서문교회[1995], 기둥교회[1995], 수원성감리교회[1996]가 확인이 될 정도이다. 1997년까지 목회세습이 관행화된 상태는 아니었다. 그러나 2000년 들어 광림교회가 친자에게 교회를 대물림하면서 상황은 달라졌다. 2015년에 이르기까지 목회세습은 새로운 관행으로 자리 잡으며 80개의 중대형 교회가 대거 세습에 참여하였다. 같은 기간에 변칙세습에도 34개 교회가 동참하는 과정에 이르렀다. 빠른 속도로 목회세습은 하나의 관행이 된 것이다.[64]

관행은 습관화, 일상화, 판에 박혀 제도화된 인간의 행동을 지적하는 말이다. 목회세습은 관행화되어서는 아니될 죄악인데, 교회들은 주변의 대형교회로부터 중형교회에 이르기까지 이미 죄의식을 상실한 것처럼 보인다. 죄를 범하는 사람이 모두 죄의식guilt을 느끼

---

64) 강영안, "한국교회와 목회세습" 교회세습반대운동연대 대중좌담회 발제문 (2013년 1월 8일), pp. 1–2.

는 것은 아니다. 사회의 대표적인 초대형교회나 대형교회가 목회세습을 하면서 작은 교회나 중형교회는 오히려 세습을 기정사실화하는 경향이 있다. 이제 탐욕이 제도화된 것이다. 개인의 죄는 집단화되고 이것이 반복됨으로 양심의 부분적 마비현상이 나타나게 된 것이다. 어떤 사람의 경우에는 악의 일반화에 의하여 삶 자체가 악에 사로잡힌 것 같은 경향이 있다. 일반적 편견과 부분적 편견이라는 관점에서 볼 때, 목회세습을 하는 목회자들이 전적으로 악하여 악의 화신化身이 된 것은 아닐 것이다. 그러나 자녀의 승계문제에 대하여는 부분적 편견partial bias으로 양심의 부분마비 현상이 일어난 것이다. 관행도 회개의 대상이다. 마비된 닫힌 의식은 열린 의식의 장으로 올라와서 심각한 자아 성찰의 대상이 되어야 한다. 도덕적 판단에서 제외되었던 목회세습 행위는 합당한 죄의식guilt을 느끼는 성찰의 차원으로 끌어올려지고 이에 대한 회개가 뒤따라야 한다. 양심의 가책이 있어야 그것이 잘못임을 깨닫고 회심에 이르게 된다. 결정적으로 회심한 사람들은 부분적으로 회개하기를 지속하여야 한다. 결정적으로 개혁한 교회가 계속하여 개혁하여야 하는 것처럼, 목회세습이라는 부분적이지만 심각한 잘못을 저지른 목회자들과 해당 교회는 이 부분에 대하여도 깊이 반성하며 철저히 회개하여야 한다.

59 중대형 교회의 목회세습은 목회윤리의 파탄현상으로서 전도의 문을 막는다

목회세습은 심각한 고질병이다. 오히려 이 목회적 고질병을 지적하고, 폭로하고, 비판하고, 방지하는 것이 교회의 목회생태계를 정화시키므로 전도의 문을 막는 교회의 실패를 되돌릴 수 있다. 목회세습에 대한 회개로 일그러진 교회의 이미지를 회복하라.

목회세습을 비판하는 세력이 교회를 망치고 있다는 비난을 하는 사람들이 있다. 목회세습에 대한 비판은 고질병을 가진 환자를 향하여 "중증"重症이라는 진단을 내리려는 것이다. 목회세습을 한 교회의 관련자들이 비판자를 향하여 교회의 명예를 손상시키는 잘못을 했다고 비난한다. 목회세습은 이제 심각하게 고질병이 된 사안이다. 이는 한국교회의 잘못을 아주 압축적으로 예증하는 심각한 중증 질환이다. 목회세습에 대하여 책임을 가진 전임자, 후임자, 당회, 교인들을 포함한 구조적인 문제, 신학적 천박성, 가족중심주의, 개인주의적 영성 등의 수많은 잘못들의 조합이다. 이 문제를 거론하는 것은 교회의 미래를 위하여 교회의 건강을 위하여 필요한 일이다. 목회세습에 대한 지적과 비판이 교회의 명예를 실추시킨다는 주장은 병을 진단한 사람을 향하여 명예훼손을 했다고 강변하는 것과 유사하다.

목회세습에 대하여 반대하는 사람들이 교회 내부에 아직도 남아

있다는 것은 아직도 교회에 자정능력이 살아있다는 증거이다. '왜 기독교권 내부에서 일어난 일을 사회적으로 공론화하느냐'는 항의는 외견상 이유 있는 질문이다. 즉 비판자들이 교회의 명예를 떨어뜨린다는 힐난이다. 그러나 진정으로 공적인 특성을 가진 교회를 망가뜨리고 있는 것은 은밀하게 목회세습을 하는 사람들이다. 원인을 제공한 원인제공자가 다른 지체들의 비판을 소화하지 못하고 그것이 교회에 자해自害가 된다고 말하는 것은 환자가 진단자를 욕하는 적반하장이다.

목회세습을 하고 교회를 사적으로 소유하는 일을 은밀하게 행하여진다. 다윗의 부끄러운 죄가 백주에 폭로된 것처럼 죄는 명백하게 폭로되어야 한다. 그리고 회개가 잇따라야 한다. 드러내는 것은 수술을 위함이요, 개혁을 위함이다. 더구나 이러한 교회의 추함을 드러내 주는 자료가 그 교회에 있는 아픔을 겪는 성도요, 그들의 신고와 탄식을 통하여 목회세습을 알게 되는 것이 시민단체임을 생각할 때, 목회세습의 타락상을 주도한 목회자들 가운데서 평신도들이 얼마나 많은 고민과 고충을 겪고 있는가를 돌아보아야 할 목자의 마음이 필요하다.

중대형 교회의 목회세습 현상에 대하여 교회가 침묵하는 것은 오히려 교회의 자정능력을 상실한 표징이 될 것이다. 2000년대 이후로 기윤실의 노력과 교회개혁연대의 활동, 2010년대의 세반연의 행동으로 대표되어지는 시민단체의 교회정화 운동은 줄기차게 지속되었다.65) 비록 지난 20년 동안 봇물과 같은 목회세습의 확장을 막을 수 없었으나, 시민단체에서 목회세습에 대한 반대를 공론화하는 것은 교회 내부의 변화를 통하여 교회가 살아야 하고 목회의 생태계를 정화하려는 몸부림이었다. 목회세습을 방지하는 목표를 달성한 것은 아니지만 시민단체의 역할을 통하여 성취한 열매가 있다면, 첫째로는 목회세습이 잘못된 것이라는 인식이 퍼지기 시작하였고, 이러한 인식을 우회하는 변칙세습이 생기기 시작하였다는 것이다. 둘째로는 시민단체를 중심으로 여러 신자들과 교회가 목회세습의 반대를 명분으로 조직되기 시작하였다는 것이다. 특히 세반연의 활동은 이같은 개혁적인 생각을 가지는 사람들의 활동을 위한 구심점이 되었다.

60 중대형 교회가 아닌 작은 교회의 대물림도 신중히 고려하여야 한다

작은 교회의 대물림은 아름다운가? 목회자의 과잉배출로 사역지를 구하려는 경쟁에서 한적하게 물러선 곳은 이제 찾기 어려운 형편이 되었다. 이제는 시골의 작은 교회를 혈연에게 물려준다는 것도 기득권의 유지가 되지 않을까 고려하여야 할 상황이다.

---

65) 강영안, 『어떻게 참된 그리스도인이 될 것인가』(서울: 한길사, 2012), pp. 219-233. 이 부분은 "대물림되는 교회 무엇이 문제인가"라는 제목으로 쓰여진 부분이다. 당시의 강영안 교수는 기윤실의 집행위원장 겸 공동대표를 맡아서 세반연이 생기기 전 기윤실이 목회세습을 문제로 시민단체의 반대운동을 주도할 때, 건강교회운동본부의 박득훈 교수와 함께 참여하였다.

중대형 교회의 목회세습은 기득권의 대물림이다. 목회청빙의 광고가 나아가면, 대형교회인 경우에는 100통 이상, 지방의 작은 교회에서 수십 통의 이력서가 도착하는 상황이 되었다. 한국 지역교회의 70-80%가 자립이 어려운 교회임에도 불구하고 목회자의 공급은 과잉상태이다. 사역지가 턱없이 부족하고, 개척하여 성공할 가능성이 많지 않은 상황에서도, 신학교의 목회후보생과 안수 받은 목회자는 과다공급 되고 있다. 과잉 배출된 목회자는 230개 교단 14만 목회자에 이르는데, 교회의 수는 78,000이다.[66] 결국 작은 교회가 대부분인 상황에서 교회의 담임교역자를 다 모실 수 없을 정도로 목회자의 수효가 많다는 것이다. 더욱이 한국의 6개 주요 교단의 경우에는 성도들의 숫자가 대부분 줄고 있음에도 불구하고, 목회자의 수효는 점점 늘고 있다는 점이 문제의 핵심이다. 대한예수교 장로회 합동, 통합, 고신, 합신과 기독교대한감리회^{감리회} 한국기독교장로회^{기장}의 2004년에서 2014년까지의 통계는 장로교 통합측의 약한 증가^{0.06%} 증가를 제외하고는 모두 총 17만 명의 신자가 줄어들었다. 2017년에 발표된 통계는 통합측도 감소세로 돌아섰음을 보여준다. 그러나 목회자의 수는 감리회를 제외하고는 모두 증가하는 추세에 있다.[67] 따라서 목회지를 발견하여 청빙을 받을 수 있는 조건은 점점 어려워지고 있는 상황이다.

---

66) 양희송, "다시 개신교 정신으로," 대중좌담회 교회세습 무엇이 문제인가 발제문 (2013년 1월 8일), p.1.
67) "2015 결산[5] 교인 17만 명 감소, 13만 명이 예장합동" 뉴스앤조이(2015년 12월 31일).

이러한 상황에서 시골의 작은 교회라는 개념은 더 이상 존재하지 않을 수도 있다. 목회자의 임지를 찾으려는 경쟁에서 한적하게 물러난 곳은 이제 찾기 어려운 형편이다. 그러므로 시골의 작은 교회를 혈연에게 물려준다는 것도 이제는 기득권이 되지 않을까 고려하여야 할 상황이 되었다. 정상적인 목회활동이 불가능한 작은 도서 지방, 사람이 많이 살지 않고 목회자의 생활보장을 할 수 없는 오지, 그리고 해외의 척박하고 어려운 선교지가 아니면 경쟁에서 배제된 곳이 없을 정도이다. 따라서 전임목사가 자신이 시무하는 오지의 목회를 자녀에게 물려주는 것을 아름답다하기도 어려운 목회 생태계가 되어버린 현장이 바로 한국이다. 그러므로 어느 곳에서도 목회지를 아들에게 물려주는 것은 목회세습의 오명을 쓰게 될 가능성이 있다. 아주 경쟁이 없는 개척한 선교지나 오지 부임이 아니면 모든 목회지나 선교지가 경쟁 중에 있다는 사실을 부인할 수 없게 되었다. 이제는 기득권이 있는 선교지 마저 선교지 세습, 선교지 변칙세습이 될 수 있는 상황에 이르게 되었다. 결론적으로 작은 교회 부임은 가능하고 아름답기까지 하다는 논지가 바로 세워지기 어렵다는 것이다.[68]

---

68) 박득훈, "교회세습 낡은 가죽부대," 대중좌담회 교회세습 무엇이 문제인가 발제문 (2013년 1월 8일), pp. 1-2.

61 중대형 교회의 목회세습을 이미 이룬 해당교회가 회개할 수 있는 방법은 무엇인가

목회세습의 한 가운데 있었던 원로목사 담임목사 모두가 회개하는 것이 마땅하다. 그러나 목회의 현장에서 물러난 원로목사보다 책임 있는 자리에 있는 담임목사의 회개가 필요하다. 아울러 당회와 성도들도 이를 용납한 것이므로, 모두의 철저한 회개와 뉘우침과 반성도 필요하다.

2012년 6월 12일, 충현교회 김창인 원로목사는 목회세습에 대한 눈물의 참회는 대형교회 세습의 현저한 출발점에 섰던 분이 회개한 것으로서 보는 사람의 마음을 숙연하게 하였다. 그러나 선언적인 참회로 마치는 것과 실제 교회의 회개 사이에는 큰 차이가 있다. 참회가 실제 상황에서의 열매로 맺혀지지 않을 수 있기 때문이다. 더구나 원로목사의 회개에 이어지는 지역교회의 회개가 있어야 하는데, 그렇지 않으면 교회가 회개에 이른 것이라 할 수 없다.

목회세습은 한 사람의 마음으로부터 시작된 것이지만, 이는 구조적인 측면을 가지고 있다. 이 구조적인 죄는 구조적으로, 제도적인 차원의 죄는 제도적으로 해결되지 않으면 아니된다. 그러나 이미 시행한 결정이 잘못되었다고 하여 한 순간에 그 결정에 연루된 사람을 모두 내치거나 물러나게 하는 것은 가능하지도 않고, 또 그렇게 하는 경우에 지역교회가 혼돈상태에 빠지게 되는 상황이 될 것이다. 목회의 선상에서 잘못된 것을 고치는 것은 신속하게 행하여야 하지만, 교회 자체를 파괴시키는 것으로 마쳐져서는 아니 된다. 그렇다면 가능한 회개의 방법은 어떠하여야 할까?

목회세습에는 그것에 관여하였던 영향력을 행사한 사람이 반드시 존재한다. 첫 번에는 교회를 대물림한 원로목사이다. 둘째로는 현재의 담임목사이다. 셋째는 당회로 대표되는 공식적 기관이다. 넷째는 목회세습을 지지한 성도들이다. 이러한 과정에 참여한 모든 해당 기관과 사람들은 자신의 잘못을 뉘우치고 고백하여야 한다. 모든 성도들이 이러한 결정을 부끄럽게 생각하고 회개하는 상황에 이르도록 담임목사는 이 문제의 핵심에 서야 한다. 원로목사는 이 일에 주도적인 영향력을 행사하였고 담임목사는 그 제안을 받아들였으므로, 이 두 목사는 잘못이 일어난 상황에 직접 연결되어 있다. 결국 당회와 성도들이 그것을 지지하여 용납한 것이므로, 이들의 철저한 회개와 뉘우침과 반성도 필요하다. 자칫 이러한 노력이 성도들을 분열시키고 교회에 어려움을 끼칠 수 있기 때문에, 담임목사를 중심으로 한 당회가 이 노력이 중요한 역할과 책임 있는 행동을 인도하고 결정하여야 한다.

이 상황에서 나올 수 있는 죄에 대한 가장 강력한 척결의 방법은 첫째로 담임목사가 자신의 거취를 정리하고 떠나는 것이다. 일정한 정도의 시간을 정하고 교회의 상황을 수습하고 난 뒤, 목회세습을 한 교회에서 사과하고 떠나는 것이다. 사과하고 떠난 목회자는 노회의 지도에 따라 일정한 회개의 기간을 거쳐야 한다. 그 후에 노회의 회복 결정에 따라 타교회로 부임을 할 수도 있고, 아니면 개척이나 선교지의 선택을 할 수도 있을 것이다. 이는 무엇보다도 교인 총회인 공동의회의 결정에 의거하면 더욱 합법적이다. 둘째는 재신임을 받는 방법이다. 거취를 결정하는 것이 성도들 대부분의 지난한 반대에 이른다거나, 이미 목회자에 대한 성도들의 만족과 칭찬이 강력한 경우에는 그대로 교회를 떠나는 것이 지역 교회를 불안에 빠뜨리게 되는 새로운 문제를 만들어낼 수 있다. 이러한 경우에는 반드시 회개를 위한 근신의 기간을 가져야 한다. 이러한 경우 근신의 기간이 지나면, 재신임 투표를 받아야 한다. 재신임을 받은 경우에는 바로 교회 앞에서 공동체가 필요로 하는 회개의 열매를 맺을 것을 조건으로 한다. 셋째로는 목회지에서 퇴임하거나 잔류하거나 반드시 하여야 할 일이 있다. 목회세습은 지역교회에서 발생된 문제이지만 교단과 사회에 교회 전체에 대한 부정적인 영향을 주는 잘못을 범하였으므로, 이에 대한 분명한 잘못을 공적으로 고백하는 일이다. 교회가 교단의 결정을 무시한 목회세습과 변칙세습의 경우에는 교단이 지역교회로 말미암아 생겨난 잘못을 용서하되 새롭게 그에 상응하는 지도와 편달을 제공하여야 한다. 그 결과 영향력 있는 개교회의 회개는 교단의 훼손된 권위를 회복시키면서, 다시 공교회를 세우는 방향으로 열매 맺을 수 있다.

62 중대형 교회의 목회세습을 회개함은 교회 개혁으로 나타나야 한다

신앙에 열매가 필요한 것처럼, 참 신앙에 이르는 회개에도 열매가 나타나야 한다. 회개의 열매란 과거의 잘못을 구체적으로 척결하는 일이다. 목회세습이라는 잘못을 개혁한 교회는 이전의 잘못을 고칠 뿐 아니라 더욱 선을 향하여 구체적 결단을 내리는 것이 좋다.

성경은 다른 삶의 영역과는 달리 정치영역에 대하여는 상당히 세부적인 사항까지 언급하고 있다. 구약의 모세오경 그 자체가 국가 건설의 골간이 되는 법령에 관한 선포이며, 선지서는 법령의 시행을 통한 번영과 법령의 불순종이 가져오는 파괴적 사건에 대한 기록이다. 선지서의 정치비판도 상당부분 율법으로 다시 돌아오라는 개혁의 외침이다. 성경은 건전한 체제의 구성과 그 운용에 대하여 각종 가르침을 베풀고 있으나, 정작 성경을 가르치는 전문가들의 교회정치와 정치윤리의 영역에서 성경의 개혁적인 가르침을 따르지 못하는 사례가 너무도 많다.

지난 30년 동안 정치발전이 지속되는 상황 속에서, 아직 개혁의 성역으로 남아있는 곳 중의 하나는 종교계이다. 기독교계는 스스로가 개혁의 능력, 자정 능력이 있는지 의심되어지는 경우가 상존한다. 교회와 성도들이 발전하는 사회의 기대수준에 미치지 못하는 고인물이 되지 않도록 경각심을 가져야 할 상황이다. 목회자를 비롯한 교계의 지도자들은 무엇보다도 기독교가 성경의 가르침을 따라 사회 속에서 리더십을 회복할 수 있도록, 선하고 정의롭고 매력 있는 집단으로서의 변혁되어야 한다. 이러한 목표를 위하여 교회를 내부로부터 개혁하는 일꾼들이 필요하다. 내부에서 개혁되지 않을 경우, 교회가 교회 외부의 사회로부터 개혁을 당하는 것은 아주 부끄럽고도 어리석은 일이며, 세상의 모범이 되어야 할 교회의 본질에도 어긋난 경우이기 때문이다.

지난 20년의 목회세습의 적폐를 해결하기 위하여 개교회가 회개하는 것은 매우 중요한 일이다. 회개의 당사자가 먼저 회개의 중앙에 나서야 된다면, 목회세습을 한 해당교회의 원로목사와 담임목사는 그 회심의 핵심적 위치에 있는 사람들이다. 그들은 각 교단이나 연합회의에서 개혁의 대상이 된 교회의 대표이므로, 임원이나 책임 있는 자리에 결코 서서는 아니된다. 더구나 무슨 갱신의 모임에서 위원이나 임원이 되는 일은 있을 수 없는 일이다.

개혁은 저지른 잘못에 대하여 수치를 느낄 수 있어야 시행할 수 있다. 회개하는 교회의 담임목사와 장로는 겸손하게 자신을 낮추고 나서, 이제 교회의 장기적인 개혁을 계획하여야 한다. 회개는 개혁으로 열매 맺어야 한다. 개혁은 마음의 슬픔으로 끝나서는 아니되며, 망가진 것deform을 다시 회복시키는 것reform이어야 한다. 공동의회에 의한 담임목사의 퇴진, 혹은 퇴진이 아닌 경우 유임이 결정되면 이어서 취하여야 할 행동이 있다. 이제 교회는 전향적인 발전을 위한 내부개혁을 시작하여야 한다. 그러한 작업에는 다음의 것들이 포함

될 수 있다. 첫째로 제왕적 담임목사직을 시행하지 않겠다는 선언이다. 원로목사, 담임목사는 교회의 주인이 아니며, 불리움을 받은 청지기일 뿐이고, 이 청지기 직분은 하나님의 허락과 성도들의 성원에 입각하여 시행되어야 함을 공포한다. 이에 걸 맞는 제도적 장치를 두는 것은 매우 필요한 일이다. 둘째로 당회와 공동의회의 운영을 민주적으로 운영할 것을 누구든지 알 수 있도록 공포하여야 한다. 담임목사가 원하는 결과를 도출하기 위하여 교구별로 앉혀서 득표를 조작하거나 비밀투표의 원리를 훼손하는 것은 부정한 일이다. 교회가 신본주의神本主義라는 이름하에 담임목사의 권위주의를 강행하는 비민주적 단체가 되지 않도록 교회의 운영을 정상화하도록 노력하여야 한다. 셋째는 소통의 방식을 다원화하고 교회내부의 정치적 무관심과 중우정치衆愚政治를 극복하도록 하는 것이다. 이를 위하여 교회 정보의 다양한 교환과 소통의 채널을 다원화하는 것이 필수적이다. 이러한 기본적인 내부 개혁을 통하여 담임목사 독재가 이루어지지 않는 민주주의의 토양을 가지는 것은 목회세습을 방지하는 일은 물론이고 교회의 발전을 확보할 수 있는 분위기로 조성될 수 있을 것이다. 이러한 조치들은 교회 자체가 거룩한 나라와 백성의 공동체로서의 특성을 가지도록 하려는 것이다.

63 중대형 교회의 목회세습은 교단의 입법과 그 집행을 통하여 척결되어야 한다

총회는 그리스도의 통치가 교단 내 교회에서 이루어지도록 촉구해야 한다. 교단의 책임자들은 법을 세우며, 그 법을 어긴 교회에 대하여는 행정보류나 축출의 결정을 하므로 교회 내부에서 차단하지 못한 죄가 상회의 치리에 의하여 개혁되도록 지도한다.

중대형 교회는 종종 교단의 지도와 지시를 무시하는 경우가 없지 않다. 교단에 지급하는 총회 상납금이나 노회 상납금이 크고 또 한 교회가 차지하는 총대의 숫자가 다수이기 때문에, 그 영향력이 노회나 총회에서 적지 않다. 심지어 목회세습을 금지하는 교단의 지시를 어기고, 목회세습을 자행한 교회가 교단을 탈퇴하는 경우도 없지 않다. 이처럼 상회의 지도를 받지 않고 목회세습을 한 교회에 대하여, 지도적 위치에 있는 노회와 교단 총회는 반드시 지도력을 행사하도록 해야 한다. 목회세습은 교회의 해악일 뿐 아니라 교단 전체, 나아가 기독교 전체에 대한 해악이다. 대교회로부터 몇 푼 받은 거마비에 묶여 결단을 내리지 못하는 것은 더 큰 죄를 방치하는 것이다. 목회세습이라는 죄가 노회나 총회로 들어오지 않도록 하기 위하여, 목회자와 장로의 연합회인 총회는 그리스도의 정의로운 다스림이 교단 내부의 교회에서 이루어지도록 노력하여야 한다. 공식적인 직함을 가진 임원들은 교회 내부에서 차단하지 못한 죄가 상회의 치리에 의하여 개혁될 수 있도록 만반의 준비와 실천을 하여야 한다.

이를 위하여 첫째, 각 교단은 감리교단과 예수교 장로회 통합과 같이 미리 각 교회가 지도를 받을 수 있는 목회세습을 제한하는 지도규정을 만들어 놓도록 하여야 한다. 한기총이나, 한국기독교교회협의회KNCC는 기독교 자체를 도덕적으로 파렴치한 기관으로 만드는 목회세습을 연합회의 도덕성을 가지고 지적하고 단죄하여야 하는 것은 물론이다. 총회는 반드시 좋은 선례를 따라 개혁적인 입법을 통하여 세습과 변칙세습에 대항하는 법규를 만들어야 한다.

둘째로는 이러한 법에 따라 이미 목회세습을 이룬 혹은 변칙세습을 이룬 교회에 대하여 제재를 가하고 경고하고 다시 회개에 이를 수 있는 조치를 취하여야 한다. 대체적으로 대형교회가 목회세습을 하였을 때에, 그 교회는 교단적 영향력이 있는 큰 교회일 수 있다. 그러나 그런 교회일수록 실제로는 목회세습을 통하여 교단의 명예를 실추시키고 교단의 미래를 암울하게 하는 잘못을 범한 것이기 때문에, 반드시 경고하여 일벌백계하도록 하고 다른 작은 교회들도 차마 동일한 일을 다시 하지 않도록 하여야 한다.

셋째로는 교단의 지도부는 노회나 연회 혹은 총회와 같은 상회의 지도를 받지 않는 교회를 향하여 교단을 탈퇴하도록 압박하여야 한다. 이미 변칙세습을 하고 있다는 것은 그동안의 성도들과 사회의 인식변화에 따라 목회자가 시대적인 이의제기로부터 자유로울 수 없는 상황이 되었다는 사실을 보여준다. 상회의 지도에 불복하는 교회는 그의 회원권을 빼앗을지라도 이 원칙을 고수하여 정확한 기준을 가진 교회로 거듭나게 하여야 한다. 그리스도의 통치 아래 있는 교회로서 치리의 정신을 살리도록 하여야 한다. 목회세습 때문에 축출된 교회를 수용하여 회원으로 받는 교단이 혹 있다면, 다른 교단은 그 교단과 교류를 단절하고 단죄하여야 한다.

64 중대형 교회의 목회자는 목회세습이 아닌 목회자 청빙을 통하여 성도를 성숙시키라

목회자가 성도들의 사랑을 받는 것은 아름다우나, 성도들이 담임목회자에게 집착하는 것은 바람직하지 않다. 전임자가 떠난 후에도 청빙된 후임목사와 함께 그 교회가 큰 문제없이 지속적으로 발전된다면 이것이 이상적인 교회이다. 이것이 전임자의 목회적 성공이다.

중대형 교회로의 성장이 있기 까지는 하나님의 은혜는 물론이요, 목회자와 성도들의 많은 노력이 있어야 한다. 부흥이 저절로 이루어지는 것은 아니다. 물론 유사복음, 기복주의, 신비주의, 심지어는 이단의 집단도 성장하지만, 이러한 경우 우리는 진정한 부흥이라 말할 수 없다. 보통 복음적인 교회가 부흥하게 되는 것은 말씀에 의거하여 은혜 받은 사람들이 모여들기 때문이다. 그리고 복음으로 거듭난 성도들이 성장하고 목회자의 말씀사역을 존중하게 되고, 주변의 부교역자들, 장로, 권사, 집사 등 직분자들이 연합하여 봉사하면서 믿음이 자라나게 된다. 믿음을 가진 자가 세례를 받고 성숙하게 되면, 복음 안의 교역자와 직분자를 존중하고 즐거움으로 동역한다. 그들이 영혼을 위하여 헌신한 영적 지도자들이기 때문이다.

이처럼 영적인 교감이 있는 교회에서 자라나서, 영향을 미친 담임 교역자나 부교역자가 이임하고 새로운 사람이 취임하는 것은 감정적으로 매우 아쉬운 순간이다. 좋은 지도자들이 바뀌지 않았으면 하는 마음이 있는 것도 사실이다. 그러나 이 교역자 교체의 순간이 매우 중요한 성숙의 시간이다. 왜냐하면 영적인 영향을 주신 지도자로부터 벗어 나와서 신앙생활을 잘 하는 것이 일종의 도전이고 성숙이기 때문이다. 하나님께서는 사람이 다른 사람을 사랑하는 것은 기뻐하시지만, 다른 사람에게 집착하거나 종속되는 것을 기뻐하지 아니하신다. 존경하고 사랑하는 사람을 시간과 공간적으로 떠나서, 새로운 환경에서 주님을 의뢰하면서 전진하는 것이 영적인 성숙이기 때문이다. 아이들은 부모님과 떨어져야 하며, 젊은이는 고향을 떠나야하고, 일꾼은 공부하던 상아탑을 떠나 이제 세상 속으로 들어가야 하듯이, 교회의 성도들도 자신을 알아주고, 기도하며, 훈련시키고, 양육했던 담임목회자나 부교역자를 떠나서 새로운 미지의 세계로 나와야 하는 변화가 필요하다.

교회의 성도들이 이전 지도자로부터의 격리를 스스로 소화할 수 있도록 배려하는 것이 퇴임하는 목회자의 마지막 해야 할 일이다. 교회가 자신의 영향력이나 지원이 없이도 온전히 설 수 있도록 하는 것이 담임목회를 경험한 사람의 성취이고 성적표이다. 담임목사가 떠난 후에도 그 교회가 큰 문제없이 지속적으로 새로운 목회자의 지도를 통해 발전하게 된다면, 그 전임자의 목회는 성공적인 것이다. 충분히 큰 자녀는 부모의 슬하를 떠나 독립적으로 살아갈 수 있다. 그렇게 떨어져 살 수 있다면, 독립을 향한 발걸음을 떼어 놓을 수 있는 것이다. 이에 목회자의 마지막 할 일은 원로가 되어 사역에서 물러나, 자신이 없는 상황에서도 후임자와 함께 더욱 훌륭한 교회를 이루어 나갈 성도가 될 수 있도록 준비시키는 것이다. 모세가 죽고 여호수아와 함께 가나안을 향하여 나아가는 사람들 중에서 르우벤 지파, 갓 지파, 므낫세 반 지파가 말한 것을 기억하자.

> 우리는 범사에 모세에게 순종한 것 같이 당신에게 순종하려니와 오직 당신의 하나님 여호와께서 모세와 함께 계시던 것 같이 당신과 함께 계시기를 원하나이다 누구든지 당신의 명령을 거역하며 당신의 말씀을 순종하지 아니하는 자는 죽임을 당하리니 오직 강하고 담대하소서 수1:17-18

은퇴를 앞 둔 목회자는 새로운 지도자와 함께 남은 성도들이 새로이 여호와의 싸움을 싸우기를 기대하고 도와야 한다. 자신의 후임이 자신보다 더욱 잘하도록 기도하여야 한다. 그가 나를 뛰어넘어 좋은 역량을 드러내는 것이 결국 원로목사가 누릴 영광임을 기억하라.

65 중대형 교회에서 목회세습을 거부하고 은퇴한 목회자를 귀히 여김이 합당하다

은퇴자를 귀히 여기고 소정의 대우를 하는 것은 미덕이다. 그러나 지나친 대우는 성도들에게 큰 경제적 부담과 사회적인 위화감을 불러일으킨다. 오랜 동안 교회를 위하여 헌신한 목회자들에게 교회에서 드리는 적절한 대우는 교회의 아름다운 덕이요 사랑의 배려이다.

목회를 한다는 것은 한 지역교회와 결혼하는 것과 유사하다. 위임을 받는다는 것은 그 교회에서 은퇴할 때까지 일하게 된다는 허락이며, 그 위임을 수락하는 것은 그 교회에서 평생을 다하겠다는 다짐이다. 그러나 현실에서는 그 위임을 끝까지 수행하지 못하는 상황이 종종 발생한다. 한 지역교회에서 이임하게 되는 것은 신중히 판단할 일이다. 자신의 욕심에 의하여 교회를 떠나서는 아니 될 것이다. 큰 교회를 목회한다는 허영이나 유혹에 이끌려 위임받은 교회를 버리고 떠나는 속된 판단을 내리지 않아야 할 것이다. 최근 미국에서 "생명길 연구"Life Way Research를 통하여 목회자가 퇴임 전에 목회의 현장을 떠나는 경우를 연구하였다. 목회지를 떠나게 되는 다양하고 복합적인 요인 가운데 다음의 몇 가지가 이임, 퇴임의 중요한 요인이라고 한다.

첫째로 이 연구는 응답한 사람 중 48%의 목회자가 교회를 떠나게 된 이유를 청빙위원회와의 소통의 부재에서 찾았다. "청빙위원회가 교회의 사정을 정확하게 말하지 아니하고 청빙하였다"는 것 때문에 목회자가 현장을 떠났다는 것이다. 둘째는 통계조사에 참여한 54% 의 목회자가 교회의 교인으로부터 개인적인 공격을 받았다는 것이 다. 그러한 결과로 공격을 받은 교역자의 25%가 교회를 떠나게 되었 다는 것이다. 셋째로는 48%의 목회자들이 관계적 리더십, 즉 성도 와의 긍정적 관계를 통해 행사되는 리더십에 대한 훈련을 받지 못했 기 때문이라고 하였다. 넷째로 40%의 사람들은 소명의 변화가 생겼 다고 말하였다. 다섯째로 12.5%의 사람들, 즉 8명 중의 하나는 재정 적인 문제로 교회를 떠났다는 것이다. 여섯 번째로 12.5%의 숫자가 가정 문제로 사역을 멈추었다.[69]

　이러한 조사는 변화무쌍한 목회의 현장에서 평생을 은퇴할 때까 지 한 교회에서 담임목사직을 감당한다는 것이 대단히 명예스럽고 귀중한 것임을 알려준다. 이렇게 평생을 목회한 목회자가 아무 사심 없이 은퇴하는 경우에는 교단의 결정이나 교회의 결정에 따라 다소 의 차이는 있지만, 20년 근속한 목회자에게는 원로목사, 25년 이상 을 목회한 목회자에게는 공로목사 등의 마땅한 명칭을 부여하고 예 우를 다함이 좋을 것이다. 종종 대교회의 경우 과도한 퇴임자 대우 가 매스컴에 오르는 경우를 본다. 하늘에서 받을 것을 땅에서 모두

69) Thom S. Rainer, "Six Things You Need To Know About Pastors Who Leave Their Ministry" (Jan. 13, 2016). 미국에서 목회를 퇴임하는 많은 사람들은 다음의 6가 지 현저한 이유 때문에 교회를 사임하였다. 출처는 다음을 참고하라. 이는 온라 인 서베이로 초교파 약 750여 은퇴목사와 65세 이전의 사람을 참고하여 얻은 자 료이다. http://thomrainer.com/2016/01/six-things-you-need-to-know-about-pastors-who-leave-their-ministry/

받으려는 것과 같이 과도하게 주어지는 대우는 바르지 않으며, 상식선에서 지나치지 않음이 옳다. 대부분의 한국교회는 이임하는 담임목회자에게 충분한 대우를 할 수 없는 경우가 많다는 사실을 직시하고, 중대형 교회에서도 가난한 다른 은퇴 목회자와 어려운 성도를 생각하여 욕심을 부리지 않음이 좋다. 입장을 바꾸어 사심 없이 목회하고 명예롭게 은퇴하는 분을 위해서는 성도들이 정성을 다하여 대우함이 옳다. 헌신적인 은퇴자로 하여금 불명예스럽게 하지 않는 것이 전임자와 그 사역에 대한 배려가 될 것이다. 그리고 은혜의 통로로 사용된 지도자를 잘 예우함이 그 교회의 성도 스스로에게도 보람과 명예가 될 것이다.

66 중대형 교회의 목회세습을 피하는 하나의 방법은 철저한 후임자 준비이다

목회자는 후임자를 잘 세우는 일까지 자신의 사역 리스트에 포함시켜야 한다. 교역자의 교체는 릴레이 경주와 유사하다. 지도자를 교체하는 릴레이에서 바턴을 던지면 아니 된다. 후임자가 달리며 속력을 내도록 하고 바턴을 부드럽게 인계받도록 해야 한다.

영원히 목회하는 목사는 하나도 없다. 모든 목사는 사역의 시작과 함께 사역의 종말이 가까이 오는 것을 알고 있다. 그 사역의 종말이 있음을 알면서도 준비하지 않는 것은 자신의 사역을 바르게 하는 것이 아니다. 사역 중에 자신의 이임을 위한 출구전략을 미리 생각하여야 한다. 그리고 연차적으로 그 날이 가까움을 볼수록, 구체적으로 준비한 것을 실행하여야 한다. 건강한 은퇴는 건강한 사역만큼 중요하다. 교회를 마지막으로 흔드는 자가 그 교회를 섬겼던 목회자가 될 수 있다는 사실을 잊지 말아야 한다. 자신의 영향력을 줄이지 않고 후임자를 미리 준비시켜서 워밍업을 하게 하지 않는 것은 릴레이 경주에서 바턴 잇기가 제대로 되지 않는 것과 같다. 바턴을 던져서는 아니 된다. 바턴을 땅에 버리고 주어가라 해도 아니 된다. 이제 후임자가 전면을 향하여 움직이기 시작하도록 하고, 속력을 내면서 바턴을 전달 받도록 해야 한다. 릴레이가 혼자만의 경주가 아니라 여러 사람이 이어서하는 경주이듯이, 교회의 역사는 이처럼 좋은 지도자들의 릴레이 경주가 되어야 한다.[70]

사역을 마무리하는 담임목회자가 떠나면서 반드시 유념하고 행하여야 할 일이 있다.[71] 첫째, 현재의 담임목회자는 후임자에게 바턴을 넘겨주는 것으로 자신이 사역을 마치게 된다는 것을 확실히 하고, 후임자가 새로운 담임목사의 직분이 무엇인지를 알게 하고 사역하도록 도와야 한다. 이것이 목회지도력의 가장 중요한 부분의 하나라는 것을 알고 급작스럽지 않게 미리 계획을 세워야 한다. 좋은 전임자는 좋은 사람에게 평안한 상태의 교회를 물려주므로 최고의 마

---

70) https://www.westernseminary.edu/transformedblog/2014/05/29/how-pastors-accidentally-ruin -their-church/ Andy Flowers, "How Pastors Accidentally Ruin Their Church" in Transformed Living The Gospel In An Everyday World(05/29/2014).

71) Andy Flowers, "How Pastors Accidentally Ruin Their Church." 후반부에서 우리의 상황에 맞게 번역하여 제공하였음.

무리를 하여야 한다. 목회의 마지막에 이르러 교인이 불평하고 자신으로 말미암아 교회가 힘들어지는 것을 보는 것보다 더 커다란 목회의 실패는 없다.

둘째로 교회의 성도들도 준비를 시켜야 한다. 성도들에게 은혜로운 마음을 가지도록 권면하라. 성도들이 새로 오는 목회자에게 오래 참아 인내를 이루도록 하여야 한다. 그 시간 동안 이전의 사역자가 준비시켜야 할 것은 새로운 목회 팀이 구성되어 새 지도자가 자리를 잡도록 하는 것이다. 이때 담임목사와 온 성도들은 하나님을 바라보고 예수님에게 의존하는 법을 배워야 한다.

셋째로 후임자가 전임자의 자리를 대신할 수 있도록 미리 뽑아라. 할 수 있으면 후임자를 부른 다음에 함께 근무하라. 교체가 서서히 이루어지게 하라. 후임자가 목회의 지뢰밭을 식별하도록 하라. 교회의 독특한 문화를 설명하라. 사람들이 새로운 목회자와 좋은 관계를 형성하도록 하라. 그를 당회에 초청하여 참관하게 하고, 미리 회의를 주관하는 것을 익히도록 하라.

넷째로 겸손하라. 후임자는 전임자와 다를 것이다. 두 지도자의 차이가 회중을 어렵게 할뿐 아니라, 종종 전임자도 힘들어하게 만들 수 있다. 떠나는 사람이 인내하여야 할 부분이 바로 이점이다. 전임자가 겸손하여야 한다. 그리하여 새로운 자가 자신의 약점을 발견하여 고치게 하고, 지도를 받아 최선의 교역자로 세워지게 하라. 그리고 피차가 최고의 지도자교체의 모범이 되도록 서로 노력하라.

다섯째, 방해 말고 자리를 비켜주라. 후임자가 새로운 지도자로

부상할 수 있도록, 중앙 무대의 전면에 나오도록 배려하여야 한다. 퇴임을 준비하는 전임자는 늘 주변에서 지원하며 격려와 지지를 보내고, 그가 필요한 경우 도움을 청할 수 있도록 가용한 자리에 머물러야 한다. 그러나 운영권은 전적으로 다 넘겨주고 그의 리더십에 부담이 되지 않도록 하여야 한다.

여섯째, 기도하여야 한다. 지혜와 은혜와 힘과 연합을 위하여 기도하라. 지도자를 교체하는 동안 하나님께서 교회를 지켜주시고 인도하시기를 위하여 간구하라. 기도를 통하여 온 성도와 교역자들이 하나님께 영적으로 드려지기로 결심하라. 비록 솔로몬의 손자요 르호보암의 아들인 아비얌^{흑은 아비야} 왕이 경험으로나 군사적으로나 여로보암에 열세를 면치 못하였을지라도, 그가 여호와를 의지하고 기도할 때에 40만으로 80만의 대적을 물리친 것을 기억하면서, 하나님을 의뢰하는 것이 사람을 의뢰하는 것보다 나음을 온 교회가 체험하도록 하라.

67 중대형 교회의 목회세습을 피하기 위하여 목회자는 영적 전쟁에서 승리하라

지도력 교체 기간은 지역교회가 담임목사의 섬세한 목회적 돌봄을 가장 필요로 하는 상태이다. 담임목사는 청빙위원회의 관리자로서의 책임, 성도를 향하여 기도와 분별에 힘쓰도록 돕는 책임, 그리고 후임자에 대하여는 교회에 적응하고 리더십을 발휘하도록 세우는 책임이 있다.

거의 모든 교회에서 교회가 가장 연약한 상태에 빠지게 되는 때는 지도자의 교체가 있는 기간이다. 사탄은 이 시간을 너무 많이 이용하여 왔다. 그는 교회 안에 불일치를 일으키고, 이권과 기득권에 착념하게 만들며, 은퇴를 앞둔 목사의 탐욕을 일으켜서 교회에 혼란을 가져온다. 우리는 전임자가 최고의 모습으로 자신의 역할을 마무리하고 후임자를 공백 없이 세울 수 있도록 기도하고 조심하고 배려하여야 한다.

개신교 지도자의 교체는 일정하게 규정된 방법이 있는 것은 아닌 것 같다. 로만 카톨릭에서 교황의 선임은 추기경단이 "콘클라베" Conclave, 열쇠로 문을 잠근 방 회의를 통하여 후임자를 정한다. 선임된 추기경단의 회의로 결정하는 것은 1059년 교황 니콜라우스 2세 이래로 제도화되었다. 그러나 개신교에서는 각 교단에 따라 후임자를 정하는 방법은 다양하다. 지역교회의 자율권이 큰 개신교회에서 후임자는 전임자의 관리 아래 선출되는 것이 일반적인 방법이다. 이러한 과정에서 다양한 의견이 있는 것이 사실이다. 어떤 사람은 전임 목회자가 당회와 협력하여 인도하여야 한다고 주장한다. 어떤 사람은 모든 일을 청빙위원회에 완전히 맡기고 손을 떼어야 한다고 생각한다. 어떤 사람은 은퇴 잔치가 열릴 때 까지 전임자가 아무것도 끝난 것이 없다고 생각한다. 어떤 방법에도 문제가 전혀 없는 것은 없다. 그러나 무엇보다도 중요한 것은 바로 이때가 지도력의 공백이 생길 가능성이 크므로 담임목사의 목회적 돌봄이 가장 필요한 상태라는 것을 분별하여야 한다.

담임목사는 청빙위원회를 향해서는 공정한 관리자로서의 책임을 가지고 필요한 도움을 주어야 한다. 성도를 향하여는 격려와 기도와 분별에 힘쓰도록 하여야 할 책임이 있다. 그리고 선발된 후임자에 대하여는 교회에 적응하고 리더십을 발휘할 수 있도록 지혜를 제공하는 책임을 감당하여야 한다. 지도자 교체를 마치고 후임자가 자리를 잡을 때가지 지속적으로 기도와 배려와 가르침을 잃지 말아야 한다.

불가피한 상황에 의하여 후임자를 선임하지 못하였거나, 선발된 후임자에게 문제가 발견되었다면, 다시 전임자가 목회를 재개하는 것은 지혜로운 방법이 아니다. 이렇게 되는 상태에서 잘못하면 목회세습이나 변칙세습이 일어날 가능성도 있다. 공석이 지속되고 전임목사의 인척이 있을 경우, 교회가 전임자의 인척을 후계자로 내정할 가능성이 높아진다. 원로목사나 전임자는 때에 맞추어 퇴진하고 "임시목사"interim pastor를 내세워 목회를 하는 것도 나쁘지 않은 방법이다. 그는 이후에 올 위임목사를 위하여 길지 않은 기간 동안 성도들의 상처 난 마음을 위로하고 새로운 목회자를 기대하면서 새로운 목회자와 성도의 미래를 위해 길을 예비하는 자로서의 역할을 하여야 한다. 임시목사가 준비되지 않은 교회에서, 혹은 어떤 후임자가 와도 희생양이 될 수 있는 환경에서, 교회를 도울 수 있는 사심 없고 영향력 있는 기관목사나 타교회의 은퇴자, 신임 받는 교수나 교회와 직접 관련되지 않은 교단내의 원로목사가 임시목사의 직분을 감당함도 가능하다.

가장 목회의 어려운 부분은 수많은 불평이 일어나고 교회에 갈등이 생긴 후에, 후임자가 교회를 떠나게 되는 상황이다. 이는 그 교회에도 커다란 아픔이며 상처이다. 후임자는 교회의 "희생양"이 되고, 전임자는 다시 되돌아온다. 그리고 이러한 상황에서 후임자의 연속 청빙으로 희생양이 2–3명이 넘을 수도 있다. 이것이 누구의 책임인가? 새로 온 목회자의 책임인가? 어떤 교회는 훌륭한 목회자가 후임자로 가서도 버틸 수 없는 심각한 목회적 생태계가 된 곳도 많다. 심지어 전임자의 카리스마가 넘치는 교회에서 후임자를 향한 충분한 준비와 배려가 없으면, 교회의 평안한 리더십 교체는 불가능하다. 가장 즐겁고 경사스런 후임자 청빙을 이룸이 목회세습에 대한 유혹을 극복하는 최선의 방법이다.

68 목회세습의 유혹을 물리친 목회자는 목회지에서 지혜로운 거리두기를 하라

전임자, 특히 막강한 영향력을 아직도 가지고 있는 원로목사의 경우에는 항상 교회에 영향력을 미칠 수 있으므로, 후임목회자의 원만한 홀로서기를 위하여 마음과 몸의 적절한 거리두기를 염두에 두는 것이 좋다.

후임자를 선정하고, 그가 리더십을 행사할 수 있는데 까지 위임을 하면서 이·취임식을 마치는 것으로 목회가 끝이 난 것이 아니다. 전임자는 항상 관여할 수 있는 인적 환경을 이미 가지고 있다. 그러므로 이미 전임자와 인격적으로 관련성을 가지고 있는 성도들은 보통 사람이 가질 수 있는 마음, 곧 인지상정人之常情으로 전임자와 영적, 인간적 유대를 가지고 있는 경우가 많다. 이러한 맥락에서 전임자가 사사로운 마음이 없이 성도를 돌아보거나 심방을 하는 것도 후임자에게 부담이 될 수 있다. 그러나 중요한 것은 장인과 도제의 인격적인 관계가 있는 경우나, 아버지와 아들처럼 영적인 지도력을 계승한 경우에는 이러한 부담이 없다. 전임자와 후임자가 인격적인 관계의 잔고account가 충분하기에 오해 없이 이겨낼 수가 있지만, 그렇지 않은 경우에는 작은 일로부터 오해가 발생할 수 있다. 전임자, 특히 막강한 영향력을 아직도 가지고 있는 원로목사의 경우에는 교회를 부흥시키는 일은 어려울 수 있어도, 후임자의 목회를 망칠 수 있는 능력이 있다는 것을 명심하고 행동하여야 한다.

이러한 상황에서 전임자, 특히 목회세습이 가능할 정도의 환경과 조건이 갖추어진 원로목사나 공로목사의 경우에는 다음의 몇 가지 조치를 스스로 취하여 의도적으로 교회에서 지혜로운 거리두기를 하는 것이 덕스럽고 안전하다.

첫째는, 담임목사직에서 떠나는 것을 연연해하지 말고 너무 슬퍼하지도 말아야 한다. 성경은 영적인 지도자를 목자라고 하였다. 양을 위하여 하나님이 부르신 하나님의 종이다. 비슷하게 정약용 선생은 "벼슬살이를 머슴살이라"고 하였다. 목민관도 머슴이니 교체가 되고 나서도 "너무 슬퍼하여서는 아니된다"고 목민심서에서 적고 있다.[72] 깨끗이 떠나고 미련을 두지 않는 것을 한 동안의 장기여행을 떠나는 것으로 표현하는 것도 나쁘지 않다.

둘째는, 전임자가 책임을 다하도록 일정한 심신의 거리두기를 하는 것이 후임자의 목회에 부담을 주지도 않고 안전하다. 거리두기란 앞에서는 마음의 거리두기이다. 더욱 못지않게 중요한 것은 몸으로 거리를 두는 것이다. 성도들이 섭섭하다거나 눈물을 흘리거나 붙드는 것은 감사하고 아름다운 일이지만, 거기에 절대로 마음을 두어서는 아니된다. 지도자 교체가 되고 나서 전임자는 결단코 개인적인 사무실을 교회 안에 두지 않도록 하는 것이 좋다.

셋째, 거주 이전의 자유는 시민의 기본권이기 때문에, 전임자가 교회에서 몇 킬로 이상 떨어져 살아야 한다는 규정은 그렇게 바람직하게 생각되지 않는다. 요즈음은 교통과 통신의 발달로 장소적인 거리를 두는 것 자체가 그리 효과적인 것도 아니다. 그러나 사무실도 교회에 두지 않는 전임자가 교회에서 코 닿을 곳에 사는 것은 그리 바람직하지 않다. 전임자가 교회와 거리두기를 하기 위한 또 다른 중요한 요소는 당회의 요청이 있기 전에는 정기적으로 설교를 하려고 하지 않는 것이다. 전임자는 후임자의 요청을 예외로 하고는 의도적이라도 설교를 포기하라. 설교하는 전임자는 교회를 떠난 것이 아니다. 영적인 영향력은 그 교회가 아니라 다른 새로운 장소에서 광범위하게 끼치도록 하여야 한다.

---

72) 정약용, 『역주 목민심서(牧民心書)』(서울: 창작과 비평사, 1985), 해관 6조 제1장, pp. 162~163.

넷째, 전임자는 교회에 생기는 갈등이나 불평에 가담하거나 참여하지 말아야 한다. 담임목사의 경우는 목회의 현장에서 종종 반대자의 난관에 부딪힐 수 있다. 완벽한 사람이 있을 수가 없다. 항상 불만은 있게 마련이므로, 보통 수년의 밀월단계를 지나면 불만이 생길 수 있는 상황이 발생한다. 전임자는 자신에게 찾아와서 교회의 불만을 말하는 사람과 절대로 말을 섞지 말 것이며, 성도와 함께 새운 후임자를 비방할 수 없다. 전임자와 후임자의 신뢰관계와 전임자의 교회와의 거리두기는 이러한 교회의 분열가능성을 애초에 방지하는 것이다.

다섯째, 전임자는 새로운 사역의 가능성을 교회 밖에서 혹은 선교지에서 찾을 수 있도록 노력함이 가하다. 65세 70세의 은퇴자는 앞으로 20년여를 더 살아가면서 일할 가능성이 높다. 이러한 경우에 은퇴는 곧 새로운 사역의 시작이 되도록 하면 선하다. 영어의 은퇴 "리타이어먼트"retirement란 적극적으로 해석하면 "다시re- 타이어를 갈아 끼고tire 새로운 사역을 시작하는 것"으로 해석하는 경우가 종종 있다. 전임자는 교회를 떠나 다른 종류의 사역을 할 수 있는 수많은 가능성이 있다. 새로운 사역을 위한 준비가 "은퇴 계획"retirement plan이며, 이것이 사역하던 교회에 부담을 주지 않는 방법이다.

VIII

목회세습 극복을 위한
대안적 목회철학 12개 조항

69 중대형 교회의 목회세습을 극복하기 위한 목회철학[1]: 조직에서 가족으로

사회학적 차원에서 교회는 비영리단체이나, 신학적으로 교회는 성도의 공동체이며 가족이다. 그 가족공동체의 체험이 괴로움과 한탄이 아니라 즐거움이 되어야 한다. 상처가 아니라 치유여야 한다. 공동체의 목적은 조직의 공학이 아니라 목양적 섬김이다.

중대형 교회의 목회세습을 가능하게 하는 것은 목회자의 권위적 authoritative 영향력에 기반을 두지만, 그것과 어울려 교회의 인적 환경, 즉 목회 생태계의 오염과 맞물려 있다. 목회자의 자녀를 교육시켜 규모가 큰 부친이나 장인의 교회에서 봉사하도록 하는 것도 절차상 용이한 일은 아니다. 아들 목회자가 전임 사역자로 일하게 될 때,

주변의 목회자에게는 심상치 않은 기류가 형성될 수 있다. 아버지 혹은 장인이 목회하는 교회에서 아들이 전임교역자로 채용되는 것은 한편으로는 목회귀족을 만들어내는 상황이 된다. 보이지 않는 가산점을 부여하거나, 주변의 다른 교역자들과의 미묘한 관계가 조성될 수도 있다. 공적인 교회에서 자녀인 교역자가 다른 많은 교역자보다 더 자주 강단 위에 서게 되고, 아들이라는 것 때문에 더 중요한 위치를 차지하게 된다면, 이는 공정성을 넘어서는 불평등이요, 다른 목회자의 오해와 나아가서는 소문과 험담의 주제가 될 것이다.

담임목회자의 정의로움은 여기서부터 무너질 수 있다. 교회의 담임목사직은 사기업의 소유주가 아니다. 권위주의적 목회가 아니고는 이러한 상황에서 오랫동안 동역한 다른 교역자들의 인사고과나 공헌을 물리치고, 아들을 담임목회자로 세울 수 없다. 담임목회자의 혈육이 탁월하게 목회를 잘하여 다른 사람보다 더 능력이 있으면, 교회 밖에 나가서 개척을 해도 좋다. 다시 돌아와서 교회를 연합하는 변칙세습만 있지 않다면, 좋은 능력을 가진 자제가 아버지의 정신적 지도를 받아 목회를 하는 것이 매우 바람직한 일이다. 그러나 여기서도 다른 부교역자들과의 형평성을 유지하지 않으면 결국 정의가 아니며, 하나님 나라의 공공성을 상실하는 혈연주의, 가족중심주의에 빠지고 마는 가능성이 높다.

한 걸음 더 나아가서 자신의 아들이나 사위를 담임목사로 세우기 위하여 애꿎은 부목사들은 대량 사임시키는 경우가 비일비재하다. 종종 새로운 목회 시스템을 구성하기 위하여, 결국은 후임자를 위한 인력자원이 선발되고, 공급되는 상황에 이른다. 이러한 상황에서 우리는 수도 없이 교회에서 들어온 세속적인 조직의 행태를 체험하게 된다. 마치 개인회사에서 벌어짐직한 일들이 하나님의 도성, 하나님의 가족에게서 벌어지는 상황이 발생한다.

교회는 조직인가? 외견상으로 보기에는 그렇다. 교회는 어떤 종류의 조직인가? 사회학적으로 보면 교회는 비영리 단체NGO, non-profit organization이며, 자발적 결사체voluntary association이다.[73] 그러나 성경에서 말하는 가르침에 의하면, 교회는 서로 사랑하므로 운영되어야 할 확대된 가족공동체이다. 신약성경은 교회를 묘사하는 여러 상징가운데서 가족의 은유들로 가득 차있다. 하나님을 아버지로 하여 어른을 아버지처럼 여기고 나이든 여성을 어머니처럼 여겨야 한다. 교회는 대가족으로서 평범하게 가족oikos으로, 종을 포함한 권속oikeios, household으로, 일꾼들을 청지기oikonomos로, 또 하급 신분으로 노예doulos, slave나 허드렛일을 하는 하인huperetes, servant과 같은 존재가 포함되어있다. 사도 바울은 특히 신자들을 부를 때, 형제adelphos, adelphoi라는 표현을 즐거이 사용하였고, 이러한 표현은 믿음안의 고귀함을 가진 존재로서 이들을 위하여 예수께서 돌아가셨다고 말씀하신다.고전8;11,13 바울서신 전반에 흩어진 "형제"라는 가족적인 표현과 함께 여성을 향하여도 압비아 "자매" 베베 "자매"라고 지칭하고 있다.몬1:2 '코이노니아' 라는 아름다운 말은 많은 경우에 교회가

---

73) 현요한, "교회세습에 대한 조직신학적 고찰" 학술 심포지엄 자료집, 교회세습 신학으로 조명하다(세반연, 2013년 2월), p. 42; 각주 5 참조.

이러한 가정과 같은 사랑으로 가득 찬 맥락에서 다양한 교제, 나눔 등의 의미로 사용되어졌다.[74]

목회세습을 하는 중대형 교회는 이러한 성경의 관점, 즉 교회가 하나님 아버지의 사랑과 그리스도의 은혜와 성령님의 교통하심 속에서 세워진 공동체라는 관점에서 떠나는 경우가 종종 발생한다. 교회가 조직이 되어버린 것이다. 조직의 아름다움이 아니라 조직의 쓴맛, 조직의 상처, 조직의 차별대우, 조직의 불의injustice, 조직의 폐단을 남김없이 보여주고 결국은 목회세습을 통하여 처절한 조직의 사유화까지 보여주는 것이다. 교회는 조직을 넘어서는 고귀한 가족이다. 그 가족공동체의 체험은 쓴맛이 아니라 즐거움이다. 상처가 아니라 치유이다. 조직의 공학이 아니라 가족의 코이노니아이다. 현대 한국 지역교회의 많은 조직운영은 성경의 원리로부터 떠나 파괴되었다. 초대교회의 간절함과 자유함과 소망과 비전의 혼연한 공동체가 부요함과 화려함이 넘치는 욕망의 집단이 되어 생명력을 상실하였다. 교회의 파괴는 공산주의의 핍박에 의하여 실행된 것이 아니라, 탐욕적 자본주의의 세뇌에 의하여 발생하였다. 북한에 남아있는 소수의 핍박받는 교회는 주를 위하여 생명을 바치는 순교적 교회가 되었으나, 남한의 교회는 생명을 상실한 교회가 되었다. 목회세습과 변칙세습을 계속하는 대한민국의 교회는 실제로 어떤 상황에 있는가? 죽었는가 살았는가? 성경에서 가르치는 행위로 우리의 믿음을 보여야 한다. 이 종말적 자본주의의 탐욕적 질서 속에서 우상

---

74) Banks, *Paul's Idea of Community*, pp. 45-57.

에게 아직도 굴복하지 않았음을 우리는 우리의 공동체의 운영을 통하여 보여야 한다.

70 중대형 교회의 목회세습을 극복하기 위한 목회철학[2]: 갑질에서 배려로

목회는 공학을 이용한 조직적 관리가 아니라 사랑의 배려에 기반을 두어야 한다. 사랑의 배려는 낮아짐이 있다. 돌아봄이 있다. 거기에는 인격의 나눔이 있다. 섬김에서 느껴지는 다양한 촉감이 있다. 사랑의 공동체인 교회는 보이지 않는 인격의 부드러움이 있다.

중대형 교회의 목회세습을 극복하기 위한 방법은 특별한 수단을 구하는 것이 아니다. 목회의 테크닉은 평생의 목회를 통하여 부족함이 없이 많이 배웠을 것이다. 많은 세미나, 강의, 교육, 탐방 및 선교여행 등 중대형 교회의 담임교역자들은 목회방법론에 대한 적지 않은 교육과 훈련을 받았고 체득하였을 것이다. 그런데 배움과 연구와 견학 속에서도 쉽게 무너질 수 있는 것은 영성이다. 조직은 사실 섬김을 위하여 있는 것이다. 가정을 조직이라고 부르기 힘든 이유는 조직원 간의 힘의 흐름보다는 사랑과 자비와 섬김과 긍휼과 같은 조직 이전의 성정性情 곧 섬김의 에토스ethos가 조직을 관통하고 있기 때문이다. 교회가 가족이라는 이유는 마찬가지로 조직 이전의 영성이 그 공동체를 압도하고 있기 때문일 것이다. 조직을 운영하는 데는 기술과 공학이 필요하다. 그러나 가정과 교회를 유지하는 데는 기술적인 것, 공학적인 수단 이전에 더욱 필요한 사랑과 나눔과 교제와 일치가 있다. 현대의 교회가 가진 많은 문제점의 하나는 이 교회의 근본 영성이 희석되고 있다는 것이다.

우리의 선조들은 "덕승재면 위지군자德勝才謂之君子요, 재승덕이면 위지소인才勝德謂之小人"이라고 가르쳐 왔다. 덕스러움이 재주를 넘어서면 군자라 칭하고 재주가 덕스러움을 넘어서면 이를 소인이라고 한다는 말이다. 목회자로서 나는 누구인가? 우리는 목회를 하기 위한 수많은 기술 즉 목회공학을 배운다. 조직의 운영방법은 일종의 공학이다. 대조직을 거느리는 사람에게는 이것도 필요하다. 그러나 목회공학에 경도되면 영성은 상실되고 나중에는 하나님 자신도 들어오실 공간이 없다. 기도 없이도 굴러가는 교회의 조직과 관료주의는 "합리성과 효율성"이라는 우상 아래 영혼도 없이 굴러가고, 성도의 아픔과 가난과 근심과 고생, 그리고 심지어 죽음 까지도 파일과 기계적 반응으로 처리될 수 있다. 세련됨 속에 마음은 점점 비어가고, 합리성 속에 영적으로 기댈 언덕은 점점 없어진다. 섬기기 위하여 도입된 조직은 이제 영혼 없는 조직이 되어 사람과 사람의 정감 있는 교통이 점점 힘들어지게 만든다.

목회세습과 같은 일은 보통 사건이 아니다. 이 일이 죄요 악이라면, 죄와 악을 이룰 수 있는 조직의 실상은 조직의 정신적 파탄, 영성의 깨어짐에 기반하고 있기 때문이다. 조직의 영성은 누구에 의하여 주입된 것인가? 하나님을 떠나 세속과 타협하고 난 후, 담임목사의 영성에는 무엇이 남아있을까? 십자가 없는 사랑은 진정한 사랑인가? 하나님 없는 영성은 바른 영성인가? 조직의 공학은 대부분 "갑질"로 나타난다. 부교역자에 대한 갑질은 부교역자의 인격을 깨는 것이다. 당회에 대한 갑질은 당회의 기능을 깨는 것이다. 목회세습을 통해 목회자는 성도에 대한 교묘한 갑질을 행할 수 있다. 그것은 성도의 신앙을 깨는 것이다. 자애로운 아버지의 이미지를 가지는 담임목사는 실제적으로 성도들을 교회의 미래에 대한 중대결정에서 배제시키는 독선으로 실질적인 목회세습의 갑질을 행하고 있는 것이다. 목회세습을 하는 목회자는 성도의 미래를 깨어버리므로, 겉으로는 부드럽고 외모는 거룩한 소위 "은혜가 넘치는 도적"이 된다. 그는 외양의 친절로 신임을 받아 교회의 목회를 후손에게 넘김으로 실상은 사람들의 영성을 죽인다. 친절한 외양이지만 기실 그것으로 사람을 죽이는 것이다. killing with kindness 매너는 거룩하고 부드럽지만, 실상 목회세습의 갑질로 정의를 깨는 것이다. 목회자가 아무리 다른 면에서 훌륭하다 해도, 이 목회세습은 그리스도 안의 가족인 성도를, 형제인 당회를, 그리고 아들과 딸인 동역자를 미워하고 깨뜨리는 것이다. 겉으로 친절한 사람이 욕심 때문에 무서운 일, 교회를 깨고 망치는 일을 행하는 것이다.

2017년 들어서면서 알파고의 바둑은 며칠 동안에 세계 최고의 고수들과 겨루어 60전 전승을 올렸다. 최근에도 세계 랭킹 제1위 바둑의 고수 커제를 압도적으로 이겼다. 기계는 공학의 결과물이다. 목회는 공학의 지평이 있지만, 그것이 전부가 아니다. 목회가 공학이라면 로봇을 고용하면 된다. 합리적인 처리를 하려면 기계도 가능하다. 그러나 목회는 공학을 이용한 조직적 관리가 아니라 사랑의 배려이다. 사랑의 배려에는 낮아짐이 있다. 돌아봄이 있다. 분위기가 있다. 미소가 있다. 그리고 여운이 있다. 촉감과 사랑이 있다. 속력은 약간 느리다. 그러나 모든 사람이 천천히 빠짐없이 움직인다. 그리고 한 지점, 그리스도를 향한 신비적 통일성이 있다. 그리고 교제가 있다. 성 삼위 하나님의 교제가 사람들과 함께 이어지고 있다. 이것이 사랑의 배려이다.

71 중대형 교회의 목회세습을 극복하기 위한 방법[3]: 위계에서 두레로

두레는 교회의 사회학적 모형으로서 우리의 전통 속에 있었던 수평적 단체, 자발적 결사, 평등한 네트워크로서 과거에서 현재에 이르는 위계적 문화에 대한 대안적 공동체의 모습이다. 교회는 유교적 위계에서 벗어나 공동체적으로 두레의 모습을 품어야 한다.

목회세습을 낳는 목회 생태계는 지도자의 권위주의적 지배가 그 특징이다. 교회는 거대한 조직을 가진 회사처럼 운영되고 그 정점에 서 있는 담임목사는 부교역자들에게는 친견하기 어려운 회사의 최고 경영자CEO와 방불하다. 더욱이 목회자가 개척교회 시절부터 강력한 리더십을 행사하여 대교회를 일군 지도자인 경우에 그가 가진 카리스마는 어떤 조직보다도 강력하여, 모든 교역자와의 관계는 수직적이고 권위주의적인 위계질서hierarchy로 구성될 가능성이 크다. 모든 교회 조직은 담임목사를 정점으로 조직화되고 교역자단, 당회나 기획 운영부서 등이 하부기관으로 조직된다. 이러한 조직상의 위계질서는 그리스도의 다스림의 방법과는 매우 동떨어진 사회적 통치 질서를 방불하게 한다. 문제는 이러한 지도자를 통하여 공동체가 발전되었을 때, 지도자 자신이 자기의 능력으로 이를 이루었다는 착각으로 목회에 관한 한 신화적 인물이 되었다는 시험에 들 수 있다. 그리고 누구도 그 지도력에 대하여 의문을 제기하지 않고, 선악판단을 하는 비판능력은 그의 개인적 성취와 능력으로 마비되고 만다. 이러한 상황에서 교역자의 걱정스런 태도변화에 대하여 현요한 교수의 지적은 의미심장하다.[75]

교회의 발전과 성장에 있어서 카리스마적인 목회자의 역할이 지대하였음을 부정할 수 없다. [중략] 아마도 그래서 카리스마적인 그 목회자는 그 교회의 성장이 자신이 자수성가하여 이룩한 자신의 공적이요, 자신의 소유물인 것처럼 느끼고 이를 다른 사람에게 물려주는 것에 대하여 아깝고 불안하게 느낄지도 모른다.[76]

인격의 나눔과 사랑, 교제와 나눔의 교역자 관계는 흘러간 시대의

---

75) 현요한, "교회세습에 대한 조직신학적 고찰" 학술 심포지엄 자료집, 교회세습 신학으로 조명하다(세반연, 2013년 2월), pp. 41-42.
76) 현요한, "교회세습에 대한 조직신학적 고찰," p. 42.

유물이 된다. 위계 속에서 지도교역자는 점점 높아져 운상인雲上人, 즉 구름 위에 떠 있는 신비적 존재가 되어 목회의 현장에서 점차 격리된다. 문제는 여기서 생긴다. 카리스마적 지도자에게 집중된 권력 구조에서 운상인이 된 목회지도자에게 견제와 균형의 장치는 수동적으로 작동하도록 변화된다. 누구도 지도자의 의도에 거부할 수 없는 상황에 이르면, 정책결정 기관은 담임목사의 의도를 관철하는 거수기가 된다. 이 위계질서에 의하여 결정은 신속히 되고, 갈등하는 혹은 죄의식 없는 추종자들은 담임목사에 대한 심판을 하나님에게 돌리고 자신은 역사적 책임을 면하려고 한다.

유교의 위계적 질서에 대응하는 조선시대의 공동체는 "두레"이다. 두레는 이앙법이 퍼지면서 집중적인 노동이 필요한 모내기나 삼베 채취를 위하여, 또는 여성들의 길쌈을 위하여 또는 노동력이 집중적으로 필요한 촌락공동체의 과제를 위하여 자연발생적으로 형성된 노동공동체이다. 노동을 위하여 동네마다 두레가 생겨났고, 이 두레공동체는 함께 도우며, 노동하고, 함께 농악을 연주하며 즐기는 공동체 역할을 하였다. 이들은 정부와 관료사회의 유교적 상하관계 속에서 비교적 평등하게 교제하고 도우며 위계적 사회 속에 수평적인 네트워킹networking을 이룬 모임이 되었다. 한국의 근대 이전 사회에서 이러한 두레는 대내적으로는 노동단체, 예배단체, 도의단체, 유흥단체의 의의를 가졌으며, 대외적으로는 군사단체로 동지동업同志同業의 순수한 결사로 활동하게 된다. 두레는 교회의 사회학적 모형으로서 우리의 전통 속에 있었던 수평적 단체, 자발적 결사, 평등한 네트워크로서 자본주의와 권위주의적 사회에 대한 대안적 공동체의 모습을 담을 수 있는 개념적 그릇이다.

교회의 모습은 한걸음 더 나아가면, 성령공동체이다. 성령이 함께 하시는 공동체는 성령 안에서 삼위하나님과 함께 교제한다. 삼위하나님의 존재양식이, 아버지의 머리되심이 평등성을 해치지 않고 존재하신다. 교회는 담임목사의 권위를 존중하는 가운데 함께 유기적으로 교통하며 평등한 나눔을 가능하게 하는 신적 두레를 형성하는 것이다. 대조적인 공동체는 교회정치적인 면에서도 대조적이어야 한다. 대안적 공동체는 자원의 나눔에 있어서도 정의로워야 한다. 종말론적 공동체는 이 타락한 사회 속에 천국이 향기를, 소망의 냄새를 피워야 한다.

72 중대형 교회의 목회세습을 극복하기 위한 방법[4]: 사사화에서 공공성으로

교회는 신학적으로는 공교회이며, 내적 특성으로는 공동체이며, 운영의 양식으로는 공영체이다. 공교회는 개인의 소유가 아니다. 그리스도의 이름으로 부흥되고 성장한 교회는 사사회의 대상이 아니라 공공성이라는 이상을 이루기 위하여 하나님의 은총에 맡겨져야 한다.

사사화私事化, privatization란 교회가 작동하는 방법을 묘사하는 하나의 패러다임이다. 교회는 신학적으로 공교회이므로 신앙의 이론적 성찰이나 생활의 실천에 있어서 공공성公共性, publicity을 가진 공동체로 작동하는 것이 당연하다. 그러나 실제로 교회의 부흥을 통하여 강력한 담임목사의 지도력을 구가하고 있는 교회에서의 목회 운영 방식은 지극히 권위적이고 사적인 형태로 작동되는 경향을 종종 보여준다. 이러한 신앙의 사사화에 관한 한, 유광석, 다니엘 코널리 Daniel Connolley와 김은성의 공동연구는 대형교회가 종종 "교권독점, 세습화, 대형화, 재정 관리와 정교유착"과 같은 5가지의 사안에서 사사화를 극적으로 보여주었음을 주장한다.[77] 실제로 한국의 수많은 대형교회는 목회세습을 비롯한 담임목회자의 교권적 이익을 확보하는데 있어서는 교회의 공공성을 망각하고 매우 높은 정도의 사사화의 경향을 보여주었다.

그러나 대형교회의 이러한 사적 지향성이 항상 일관되게 사사화로만 나타난 것은 아니다. 이러한 의미에서, 피터 버거Peter Berger가 일률적으로 현대의 종교가 세속화됨에 따라 사사화의 방향으로 발전한다고 보았던 20세기 말의 관점을 21세기에 들어 스스로 교정하며 최초의 의견을 거두어들였던 것이 옳았다.[78] 한국의 대형교회,

---

77) 유광석, Daniel Connolly, 김은성, "한국대형교회의 '사사화'에 대한 재해석: 새로운 패러다임의 관점에서," 『종교와 문화』 vol., 28 (서울대학교 종교문제연구소, 2015), pp. 53-78.

78) 종교의 사사화는 세속사회의 주요한 특징으로서 피터 버거에 의하여 세속화 명제의 주요 개념 중 하나로서 사용되었다. 버거의 세속화 명제에 따르면 사회의 발전과 합리화의 증대로 인해 종교는 공적 영역에서 점차 퇴출되고 사적 영역에서만이 의미 있는 것으로 남는다고 하였다. 그러나 같은 세속화 명제를 지지하면서도 루크만은 종교의 점진적 쇠퇴라는 버거식의 세속화 개념을 거부하고, 종교가 보이지 않는 형태로 현대사회에서도 여전히 번창하고 있기 때문에 종교의 쇠퇴가 아니라 개인적이면서 사적인 종교의 변화를 논하였다. 오히려 21세기에 들어와 종교는 사사화가 아닌 탈사사화, 탈세속화의 모습을 보이며, 국내 국외에

혹은 초대형교회에 있어서, 교회 내부의 문제, 교회 재산의 처리나 담임목사직 세습에 관하여 강력한 사사화의 경향을 보이던 교회가 동시에 사회적 문제에 대하여 탈사사화脫私事化, deprivatization 혹은 탈세속화脫世俗化, desecularization의 깊은 관심과 참여의 경향을 보여주는 것은 의미심장하다. 결국 한국 대형교회의 행동의 실상은 교회의 세금을 납부하는 문제, 특정한 보수적 담론을 형성하는 문제, 대선에서 특정한 후보를 지지하는 사안, 이슬람의 수코쿠법에 대한 반대, 단군상을 공공현장에 세우는 것을 반대하는 것, 심지어는 4대강 공사의 집행을 찬성하는 등의 구체사안에 이르기까지 깊은 관심을 표하는 강력한 탈사사화경향을 보이는 모습을 발견할 수가 있다.

사사화와 탈사사화의 양극단을 오가는 한국 대형교회의 혼돈스런 행태는 일관된 공공신학의 부재에서 시작된다. 피상적인 역사인식과 사회적 공공재로서 교회의 정체성에 대한 인식의 부재는 사회적 현상에만 일차원적으로 신속히 반응하면서, 그러한 반응이 가져올 공교회 전체가 겪게 될 영향에 대하여는 거의 생각하지 않는다. 그 결과 전체 교회는 하나를 이루지 못하고 "흩어진 목소리"scattered voices를 가진 존재로서 사회 속에 드러난다. 선거만 치러지면 교회는 정당별로 갈리며, 복음은 지방색을 극복하지 못하는 것처럼 보인

서 공적인 영역에 엄청난 참여의 재분출(resurgence)을 보이고 있다. 이에 대한 설명과 더 깊은 연구는 다음을 참조하라. 유광석 Connolly, 이은성, "한국대형교회의 '사사화'에 대한 재해석," pp. 56-58. Peter L. Berger, *The Sacred Canopy* (New York: Anchor Books, [1967]1990); Thomas Luckmann, *The Invisible Religion* (New York: Macmillan, 1974); Peter Berger ed., *The Desecularization of the World: Resurgent Religion and World Politics* (Grand rapids: Eerdmans, 1999).

다. 교단정치에서 놀랍게도 "기독교"와 "예수교"가 갈리고, "합동" 하려는 사람과 "통합"하려는 사람들이 갈렸다. 교회 내외에서 이처럼 기독교가 일관된 목소리를 유지하지 못하는 이유는 계급을 초월하는 복음에 대한 객관성과 사회적 정파를 포괄하는 공공성을 상실하고 있기 때문이다.

사회적 능력이나 영향력에서 교회는 더 이상 사사로운 영역에 있지 않다. 교회는 원래 그 정체성에서 공교회였으며, 교회 내부적인 경영이나 집행에 있어서도 더 이상 사적인 영역에 머물러 있는 은둔자의 공동체가 아니다. 특히 대형교회의 교회정치나 목회자의 목회적 판단은 완전히 공개되어 있다하여도 과언이 아니다. 우리가 모든 교회의 사안에서 사회적 인정과 존경을 추구하지는 않는다 하더라도, 공공적인 판단으로 볼 때에도 별 어그러짐이 없어야 하는 것은 당연하다. 목회자의 퇴임이나 선임에 있어서 사적 탐욕을 배제하는 것은 마땅한 일이다. 더구나 공적인 명분으로 사적인 의도를 합리화하지 않도록 수단과 방법에서 정의로워야 한다. 공公과 사私는 치밀하게 분리되어야 한다. 공과 사를 분리하려는 아주 지극히 간단한 지혜를 통하여, 우리는 상당한 수준의 정의를 이루어 나갈 수 있다. 공교회는 개인의 소유가 아니므로 사사화의 영역에 있지 않다. 사사화와 탈사사화 사이를 왕래하는 기준이 모호한 왕복운동에서 나아와, 기독교 공동체는 공공성의 기준을 가지고 일관됨을 유지하여야 한다. 그리스도의 이름으로 부흥되고 성장한 교회에서 목회세습이라는 사적인 윤리로 나아가는 것은 공적으로 구별된 영역을 사사로

이 판단한 인지적認知的 오류에 기인한다.

73 중대형 교회의 목회세습을 극복하기 위한 방법[5]: 내리사랑에서 두루사랑으로

내리사랑은 자손을 사랑하는 선조의 아름다운 사랑이다. 그러나 내리
사랑으로 교회의 공적인 문제, 특히 목회세습의 오류를 범하는 것은 잘못
이다. 우리는 성경이 교회에 가르쳐주는 두루사랑의 관점에서 목회세습
의 문제를 치유하여야 한다.

내리사랑이라는 용어는 아름답다. "내리사랑은 있어도 치사랑은
없다"는 것이 우리민족 고유의 속담이다. 자손에 대한 사랑은 가능
하지만, 부모 조부모에 대한 자손들의 사랑은 쉽지 않다는 것이다.
내리사랑이 아름다운 것은 가정에서 이루어지는 희생적인 아버지의
사랑과 어머니의 사랑이라는 면에서 아름답다. 정상적인 가정이라
면, 조부모와 부모의 자식 사랑은 천륜이다. 이들을 향하여 가풍과
소유를 물리려고 하는 것은 아무도 말릴 수 없는 행위이며 불법도 아
니다. 공적으로 정한 법규에 의거한 상속이 합법적이라면, 우리는
가정에서 어른들이 후손에게 베푸는 소유권의 행사를 누가 막을 수
있겠는가?

그러나 내리사랑을 공공의 영역에서 행사하는 것은 종종 실책이
되며 심지어는 범죄가 되기도 한다. 교회라는 공동체에서 후임목회

자를 정함에 있어서 이를 내리사랑의 공식으로 처리하는 것은 사적인 윤리인 "내리사랑"의 명제를 공적인 영역에 잘못 적용한 것이다. 공적인 차원에서의 사랑의 행위는 오히려 "두루사랑"의 원리에 의하여 시행되어져야 한다. 교회의 후임자를 구하고 지도자 교체를 하는 문제는 내리사랑의 사적 윤리로 행하여서는 아니된다. "두루"라는 말은 순수한 한글로써, "널리, 모두, 무엇하나 빠짐없이 골고루"라는 의미를 가진 아름다운 용어이다. 하나님의 사랑은 두루사랑이다. 하나님의 사랑은 편협하거나 편파적인 사랑이 아니라 한 하나님 안에 세 인격 상호간의 지극한 사랑이 두루사랑이고, 이 사랑은 온 피조물로 흘러 넘쳐 사람에게나 자연 속에 골고루 퍼지는 두루사랑이다. 두루사랑은 영어로 "완전한 사랑"thorough love이다, 총체적인 사랑이다. 사사로움이 없는 공적인 사랑이다. 누구에게든지 치우치는 않는 편벽됨이 없는 사랑이다. 이 두루사랑은 순전한 우리말로는 두루 굄이다. 굄은 어머니의 사랑이다. 두루 굄의 배려는 연약한 자를 괴는 것이다. 낮아진 사람을 괴어 높이는 것이다. 흔들리는 장롱과 책걸상을 괴어 흔들리지 않게 하듯, 사람을 성숙시켜 세우는 것이다. 한국교회는 갑질에서 깨어 사랑 곧 굄의 영성을 회복하여야 한다. 이처럼 어머니 교회의 모습을 회복하여야 한다.[79]

하나님의 백성들은 이 두루사랑 안에 있어야 행복하다. 하나님의

---

79) 저자 미상의 사모곡(思母曲)을 참고하라. "어머니처럼 괴실이 없어라." 캘빈은 하나님을 아버지로 믿는 자에게 교회는 어머니라고 하였다. 어머니의 모습, 굄의 모습을 상실한 교회는 본질에서 떠난 공동체를 깨는 교회이다. 공동체성을 깨는 교회는 홀연히 깨어나야 한다. 부수는 깸에서 각성하는 깸으로 돌아서는 교회는 굄을 하여야 한다. 어머니의 아름다운 사랑이 굄이다.

사랑은 두루 흘러 넘쳐 우리의 삶에 나타나기 때문이다. 이 사랑은 영향력 있는 선배가, 유경험자가, 지식인이, 소유주가, 그리고 능력자나 권세자가 그 영향력 아래에 있는 사람들을 향한 선한 윤리적 행동을 하려는 기본적인 마음가짐과 행동유형이다. 이 두루사랑의 마음을 가진 하나님과 사람은 연약한 사람을 도우려는, 자신의 영향력 아래에 있는 사람을 세우려는 모습으로 나타난다. 그래서 두루사랑은 두루괴음으로 나타난다. 전임자는 후임자를 괴는 존재가 되는 것이다. 그러므로 두루사랑은 두루괴음이다. 강한 자가 약한 자의 어려움을 돕는 것이다.

이 두루사랑과 두루괴음이 구체화되어 표현되는 실천원리는 다음과 같다. 이론과 실천은 밀접하게 연결되어 있어야 하며, 전자와 후자는 나누어질 수 없는 것이다. 논리적으로는 구체화되나 실제적으로는 결합되어 있는 동전의 양면과 같다. 두루사랑과 두루괴음의 원리들은 다음의 두문자어頭文字語, acronym에 대한 풀이로 설명할 수 있다.

첫째는 "두루" "thorough"라는 단어의 "t"로 시작되는 "totality", 즉 전체성이다. 하나님의 두루사랑은 혈연이나 가문에 종속되지 않는다. 모든 교역자나 교회의 교인이나 사회의 구성원에 대하여도 배려를 하는 마음이 된다. 총체적인 사랑, 두루괴음을 추구하는 것이다.

둘째는 두루thorough 라는 단어의 "h"로 시작되는 "harmony", 즉 조화이다. 이는 교회 안의 성도들과 교회 안팎의 사람들에게 무사無私함으로 공의로움으로 나타나는 것이다. 두루사랑은 나와 남을 차별적으로 나누지 않으며 타인을 이웃사랑의 대상으로 삼는다. 두루사랑은 각 영역 안에서 유기적으로 연합을 이루어 교회 내부와 외부에 조화와 균형을 이루려는 생각이다.

셋째는 "o"로 시작되는 "orthodox", 즉 정통 신앙이다. 우리는 신실한 믿음의 선배들이 이루어 놓은 가르침과 신학에 동조한다. 교파를 정죄하지 않지만, 성경에 합당한 복음주의를 중요하게 생각한다. 교역자의 은퇴와 청빙 또한 건강한 정통신학과 복음적 신앙아래서 일치를 이룬다면 두루 인재를 널리 채용하여 사용하겠다는 생각이다.

넷째는 "r"로 시작하는 "radicality" 즉 근본성根本性이다. 이는 과격함보다는 뿌리를 건드리고 바꾸려는 행위이다. 두루사랑은 피상적인 두루가 아니라 뿌리까지 미쳐지는 깊은 사랑이다. 그러므로 우리는 목회세습의 뿌리로 내려가 이를 전복시켜야 할 개혁의 필요성과 열매를 절감한다. 두루사랑은 피상적인 변화를 거부한다. 근본을 바꾸는 행위의 열매를 맺어야한다. 이는 세계관의 변혁을 동반하는 뿌리 깊은 변화와 새로운 열매를 거두는 것으로 나아가야 한다.

다섯째, 다시 "o"로 시작하는 "ortho-praxis", 즉 바른 행동이다. 우리의 믿음은 선한 행위를 낳는 것으로 열매 맺는다. 두루사랑의 열매는 행동으로 보이는 사랑이다. 우리는 행위 없는 정통이 죽은 정통이라는 사실을 안다. 정통신앙은 교리에서 마쳐지면 아니된다. 죽은 정통이 될 수 있기 때문이다. 두루사랑은 행위로 열매 맺는 정통적 행동을 중요하게 생각한다.

여섯째, "u"로 시작하는 "uprightness", 즉 올곧음이다. 이는 목회의 현장에서 도덕적 탁월성과 윤리적 올곧음을 통하여 때를 얻든지 못 얻든지 증거 하는 것을 의미한다. 올곧음으로 대별되는 도덕적 탁월성이 말로 하는 우리의 증거가 신실하고faithfulness 진정한authentic-ity 것임을 확증한다. 올곧음은 정통적인 변증의 방법이다.

일곱째, "g"로 시작하는 "globalism", 즉 세계화이다. 이는 우리의 올곧음이 가장 지방적인 특성을 반영하여야만 하지만, 우리가 지구촌의 삶을 살아가는 사람으로서 세계의 경향과 사조에서 소외되지 않는 소통을 소망하는 것이다. 두루사랑은 지방적local인 요청을 수행하지만, 그 두루사랑은 선교적 지향을 가지는 것이다. 두루사랑은 세계적으로 생각하고 가장 지역적인 특수성에 맞게 지방적으로 행동함을 의미한다.

여덟째, 다시 "h"로 시작하는 "humbleness", 즉 겸허함이다. 사랑은 무례히 행하지 않는다. 이는 우리가 겸손한 모습으로 섬기는 두루사랑의 증인이 되어 이 사회 속에서 또는 세계와 열방을 향하여 선교사가 되어야 함을 의미한다. 두루사랑은 이전 시대에 서구열방이 제국주의적인 성향을 가졌던 것을 극복하려는 것이다. 우리를 향하여 소망에 관한 이유를 묻는 자에게 대답할 것을 예비하되 온유와 두려움으로 그리고 겸손함으로 나아가야 한다. 이는 능력자를 낮추어 종이 되게 하는 것으로서, 목회세습의 유혹에 처한 목회자가 자기 부인을 하도록 만든다.

두루사랑의 높은 이상은 가장 지방적이고 지엽적인 한 교회의 목회자 선택과 청빙에 적용되어야 한다. 이 두루사랑의 청빙과정을 통하여 한국교회가 길러온 영적 자원들, 곧 목회 지도자들이 두루뀜을 받도록 하여야 한다. 혈연만이 아니라 그리스도 안의 모든 형제, 자매가 두루뀜의 대상이다. 특히 공적 기관인 교회는 두루뀜의 대상 중에서 후임자가 결정되는 공변됨과 공의로움을 보여주어야 한다.

74 중대형 교회의 목회세습을 극복하기 위한 방법[6]: 몸몸맘맘에서 몸맘맘몸으로

다석 유영모 선생의 가르침 중 중요한 핵심은 "몸의 소욕을 멸하고 마음과 영의 욕구에 정진하고 집중하는 것," 곧 "몸맘맘몸"이다. 그러나 목회세습이라는 혈연중심의 탐심은 몸의 소욕을 좇아 몸에 착념하는 것 즉 "몸몸"이고 마음과 영혼의 요청을 버리는 "맘맘"이다.

다석 유영모 선생1890-1981은 한글을 가지고 철학활동을 한 분이다.[80] 그는 한글 사랑의 마음을 가지고, 한글철학자로서의 삶을 살되, 서양철학, 동양철학, 성경과 다른 경전을 두루 섭렵하면서 생각의 폭을 넓혔다. 16세에 세례를 받고 기독교인이 되어서, 조만식 선생의 뒤를 이어 오산학교 교장이 되었고, 정통기독교 신앙을 전하려고 애썼다. 40대에는 월남 이상재 선생의 뒤를 따라 YMCA에서 30

---

80) 김흥호, 『다석일지공부 2』(서울: 솔출판사, 2001). p. 314. 김흥호 선생은 이대에서 교목을 하였다. 다석의 제자였으며, 그는 오랫동안의 일지와 강의를 정리하고 역주를 달아 출간하였다. 다석(多夕) 선생은 김교신 선생과 교분을 가졌다. 하루에 한 끼를 드셨다. 저녁을 넉넉히 드셨다는 의미로 호를 다석이라고 하였다.

년이 넘도록 강의를 하였다. 그는 맘과 몸, 뜻과 얼, 씨알 등의 고유한 언어로 한글을 사용하여 철학과 정신세계, 신학 사상의 깊이를 넘치게 표현하였다.

유영모 선생의 한글 조어 중에 "몸맘맘몸"이라는 말이 있다.[81] "몸맘"이라는 의미는 육신의 정욕을 제하고, 육체를 따르기를 중지하며, 곧 옛사람의 소욕을 추구하지 않겠다는 것이다. "몸맘"은 그러므로 몸의 소욕을 추구함을 끝냈다는 의미에서 "몸의 요구를 정지시켰음, 끝냈음"the end of fleshly desire이라고 쓸 수 있다. "맘몸"이라는 말은 마음을 모은다는 의미이다. 마음을 요청, 즉 영의 요청에 집중한다는 것이다. 이는 "마음을 모음"the concentration of spirit, 즉 영적인 것을 추구함이라고 말할 수 있을 것이다. 이 몸맘맘몸의 정신은 그러므로 구습을 폐하고 영의 새로운 가르침을 따라 살아가겠다는 것이다. 타락한 세속적 욕망을 제하고 성령의 새롭게 하심을 따라 전진하겠다는 다석 유영모 선생의 복음적 가르침이다.

그러나 한국의 중대형 교회에서 지금 나타나고 있는 목회세습, 변칙세습의 모습은 육체의 소욕을 거부하는 것이 아니라 영의 요청을 거부하는 것이다. 결국 목회세습, 변칙세습은 "몸몸맘맘"이다. 이는 몸의 소욕에 집중하고 마음의 소욕을 거절한 것이다. 중대형 교회의 목회세습은 그러므로 몸몸이다. 육의 요청은 구습의 요청이요, 구습의 요청은 유교적 가족중심주의라는 세속적 영성을 따라 간 것이

---

81) 몸맘맘몸 혹은 몸맘맘몸: 한문으로는 육파영집(肉破靈集), 영어로는 flesh, smashing, spirit, focusing.

요, 몸의 욕구에 마음을 모은 것이다. 몸의 소욕에 우리 자신을 맡기면 반드시 이는 "맘맘"에 이르게 된다. 맘맘은 마음의 소욕을 포기하는 것, 즉 우리의 깊은 심령으로부터 나오는 성령의 욕구를 뿌리치는 것이다. "너희가 육신대로 살면 반드시 죽을 것이로되 영으로서 몸의 행실을 죽이면 살리니."롬8:13

우리는 어디로 가야 할 것인가? 나는 어디에 서있는가? 몸몸맘맘인가 몸맘맘몸인가? 몸몸맘맘은 육적 신앙이요, 몸맘맘몸은 영적 신앙이다. 나의 교회는 어디에 서있는가? 몸몸맘맘의 교회는 목회세습이나 변칙세습을 하고, 몸맘맘몸의 교회는 목회청빙의 정의를 통하여 공적인 올곧음을 드러낸다. 내 교회의 미래는 어디에 있을 것인가?

75 중대형 교회의 목회세습을 극복하기 위한 방법[7]: 소유양식에서 존재양식으로

교회의 존재를 극대화시키려고 존재양식을 따르는 사람들은 청빙과정을 즐거운 잔치가 되게 하려는 방법을 모색한다. 소유양식은 교회의 영성을 시들게 한다. 소유양식은 기쁨과 즐거움을 누리는 사람들을 줄어들게 한다. 존재양식은 많은 사람들의 즐거움과 칭찬을 불러일으킨다.

사회심리학자 에리히 프롬의 소유냐 존재냐 라는 저술82)에서, 사

82) Erich Fromm, *To Have or To Be?* (New York: Bloomberry Academy, 2013[1976 first

람은 그 의도에 따라서 소유양식으로 살아가는 사람이 있고 존재양식을 추구하는 사람도 있다고 주장한다. 소유양식의 사람이란 사물을 나의 것으로, 즉 배타적인 소유를 통하여 만족을 얻으려는 사람이다. 꽃을 꺾어 소유하고, 좋은 자동차를 사서 소유함으로 만족을 얻고, 비싼 예술작품을 집에 소장함으로, 유물을 내가 사서 가정에 둠으로 즐거움을 얻으려는 삶의 태도를 일컬어 소유양식의 삶이라고 한다.

이러한 소유양식으로 살아가는 목회자에게는 교인의 숫자가 우상일 것이다. 얼마나 많은 교인이 있고, 또 교회 재산을 얼마나 가지고 있느냐가 목회의 성패를 가늠하는 가치판단의 기준이다. 이러한 소유양식은 목회자로 과로하게 하고, 속도를 중요시하며, 목적을 소유에 두기 때문에 부흥하지 않고 작은 상태로 남아있는 교회를 견딜 수 없어한다. 결국 교회의 방침을 숫자적인 팽창에 두어 그 목적을 삼으며, 영혼의 돌봄과 성숙의 노력들이 소홀히 할 수 있다. 소유양식은 교회의 후임자 선정에서도 나타난다. 소유양식으로 추구하여온 교회이기 때문에 결국 목회세습을 통하여 자신의 혈연에게 물려주고, 그것을 계속하여 누리려고 한다. 소유의 포기는 가장 큰 가치의 포기이기 때문에, 교회를 사적 소유로 간주하고 청빙의 절차를 밟아 다른 사람에게 넘겨주는 것을 몹시 힘들어 한다. 이는 그의 소유양식에 입각한 삶이 그를 사로잡고 있기 때문이다.

이에 반해 존재양식은 생명력을 극대화시키는 삶의 양식이다. 꽃

---

ed.]), 차경아 역, 『소유냐 존재냐』(서울: 까치, 2007[1996]).

을 있는 곳에서 감상하며 흙에서 자라나도록 한다. 존재를 풍성하게 하려는 존재양식이 사람은 위대한 예술품을 공유하려고 한다. 그것을 사회로 환원시켜서 나의 소유물이 아니라 공공재public goods가 되도록 한다. 이는 내가 타인과 공유할 수 있는 소유를 나누어 많은 사람의 즐거움이 되게 하는 것이다. 존재양식으로 살아가는 사람은 귀한 것을 나누는 것을 즐거워한다. 수백만 평의 땅을 기증하여 로스엔젤레스의 명소가 된 그리피스 파크는 기증을 통하여 시민이 즐기는 명소가 되었다. 패사디나의 헌팅턴 라이브러리에 있는 아름다운 정원과 오래된 책들은 시에 기증하여 시민이 나누어 사용하는 시설이다. 게티 뮤지엄Getti Museum의 세계적 명화를 무료로 보게 하는 나눔은 귀한 것을 잃어버리는 것이 아니라 항상 살아있게 하려는 배려이다. 더구나 미국의 중심부인 워싱턴 D.C.에 운영되는 모든 초대형 규모의 박물관은 모두 무료입장이다. 현대미술관의 위대한 예술 작품들, 자연사박물관의 수많은 암석들과 화석들의 관광도 무료이다. 미국의 동네마다 있는 수많은 시립 도서관들은 무료이다. 존재양식은 이처럼 가치 있는 것을 나눔으로 그 존재의미를 드러내고 그 존재감을 나누고, 그 존재를 활용하는 것이다. 함께 풍성함을 누리려고 하는 것이 이 존재양식의 특성이다.

존재양식의 차원에서 교회를 생각할 때, 그 교회의 가치가 가장 극대화되게 하려는 것이 존재양식을 가진 담임교역자가 이루고 싶은 목적일 것이다. 교회의 있음이 사회에 가장 커다란 즐거움이 될 수 있는 방법은 무엇인가? 교회의 존재가 가정과 커뮤니티에 행복을 가져오게 하는 방법은 무엇인가? 교회의 지도자의 교체가 교인과 주변 커뮤니티에 가장 잔치가 되게 하는 방법이 무엇일까? 존재양식을 따르는 사람은 존재를 극대화시키는 방법으로 활동한다. 교회의 존재를 가장 활성화시키는 교역자 청빙의 방법은 무엇인가? 가장 적확한 인물을 발견하는 섬세한 절차를 걸쳐 목회자를 초빙하는 것이다. 복수의 훌륭한 지도자를 그 교회가 배출하는 것은 존재양식을 따르는 것으로 보인다. 그렇지 못한 경우에는 공정한 경쟁의 방식을 사용하여 청빙과정을 거치는 것이다. 교회의 존재를 극대화시키려는 존재양식을 따르는 사람들이 청빙과정을 즐거운 잔치가 되게 하고, 교회 안팎의 잔치가 되게 하려는 것은 당연하다. 소유양식은 교회의 영성을 시들게 한다. 소유양식은 많은 사람들의 안타까움을 불러일으킨다. 그러나 존재양식은 새로운 소망과 에너지를 분출한다. 존재양식은 그 청빙과정에 참여한 자로 보람과 의미로 충만하게 한다. 소유하고 죽을 것인가, 나누고 살 것인가? 그것이 우리 선택에 달려있다.

76 중대형 교회의 목회세습을 극복하기 위한 방법[8]: 공생에서 함생으로

공생은 함께 사는 것이지만 종종 기생이나 야합을 배제하지 못한다. 그러나 함생은 두루, 널리, 사랑 안에서 함께 사는 것이다. 목회세습은 기득권을 누리는 사람들의 공생적 관계에서 이루어지나, 함생적 차원에서 보면 목회세습은 중대한 결점을 가진다. 교회는 함생적 공동체이다.

에리히 프롬이 말한 소유양식에서 존재양식으로의 이전은 교회의 생명력을 극대화시키는 좋은 이론적 제안이고 방향성의 정리이다. 그런데 어떻게 존재양식을 확대하여 나아갈 수 있는가? 여럿이 살아가는 사회에서 이웃 간의 공생을 통하여 이러한 존재양식을 추구할 수 있을까? 이 점에 있어서 좋은 철학적, 신학적 단초를 제공하고 그 사상을 발전시키는 중에 있는 이정근 목사의 "함생주의 사상" 혹은 "함생주의 신학"이 주목할 만하다. "함생"咸生, combiosis은 "모두 사는 것, 함께 사는 것, 끝까지 사는 것, 온전히 사는 것, 그리고 남을 살리는 것"을 의미한다. "함"咸이라는 단어는 모두 다, 널리, 두루 등의 의미를 가지고 있는데, 이는 두루 사랑과 두루 꿈과 상통하는 단어이다. 이는 존재양식에 있어서 생명존중 사상을 의미하며, 프롬이 말한 바 존재양식의 확대를 말하는 것이다.

그런데 "함생"이라는 개념은 공생共生, symbiosis이나 상생相生 83)과는 약간의 차이가 있다. 상생은 오행五行의 사상으로서 함께 공존한다는 의미는 적다. 그보다는 조화를 이룬다는 말이 더 적합할 것 같다. 상생은 서로 함께 존재한다는 말 보다는 변증법적인 발전과정에 의하여 발전하여 나아간다는 의미와, 변하고 이전되어 간다는 의미가 크다. 또한 함께 산다는 의미의 공생은 서로를 유익하게 한다는

---

83) 오행의 상생과 상극. 상생은 금에서 수가, 수에서 목이, 목에서 불이, 불이 흙이, 흙에서는 금이 낳는 것을 말함. 이러한 면에서 "서로 함께 존재한다"는 말은 부수적인 차원이 될 수 있음.

의미보다는 붙어서 사는 기생寄生, parasite이나 야합野合, illicit matching이 될 수 있다는 의미에서 함생과는 다르다. 공산주의적 공생이 가난한 공생으로 전락할 수 있는 것도 그러한 이유이다.[84]

공생과 함생사상의 기본전제의 의하면, 공생은 윤리적 의미보다는 같이 살고 보자는 비윤리적 의미가 강하다. 공생은 날마다 선인가? 공생이 윤리성을 상실할 때는 더욱 재난이 될 수 있다. 그런 의미에서 목회세습은 아버지 목사와 아들 목사가 함께 사는 공생의 방법은 될 수 있다. 그러나 의미를 넓혀서 교회가 살았는가, 그 교회로 말미암아 공동체가 살았는가, 그 목회세습으로 말미암아 사회가 감동을 받았는가를 생각하면 부분적으로 공생은 되었으나 함생이 된 것은 아니다. 목회세습은 모두를, 다를, 끝까지, 온전히 살게 하지는 않았다는 것이다. 따라서 목회세습은 공생적 차원에서, 특히 기득권을 누리는 사람들의 공생적 관계에서는 그 가치가 있을지는 모르지만, 함생적 차원에서 보면 목회세습은 중대한 결점을 가지는 것이다. 교회의 지도자 교체는 함생이 되어야 한다. 아니 교회는 함생적 공동체이다. 그렇기 때문에 교회의 존재는 함생적 윤리위에 세워져야 한다.

국가가 어느 정도까지 함생적 공동체가 될 수 있을지는 모르겠다. 아니 오히려 국가의 성격상 불가능할 것처럼 보인다. 그 이유는 국

---

84) http://sgti.kehc.org/data/field/sunggyul-theology/others/24-7.htm 이정근 목사의 함생사상에 대한 서적은 다음을 참고하라. 이정근, "함생사상과 삶의 기본 이해: 나의 신학을 말한다," (서울대학교 기독교 총동문회 회지 〈서광〉 기고논문); 이정근, 『목회자의 최고 표준 예수 그리스도: 함생목회론을 말한다』(서울: 북앤미, 2016).

가가 물리적 강제력, 때로는 폭력을 중심으로 존재가 가능하였기 때문이다. 한 계급과 힘 있는 정치적 집단이 주도하는 것이 국가라면, 그것은 함생공동체가 아닐 수 있다. 그러나 교회는 산상수훈의 적용이 가능한 존재일 수 있다. 교회의 함생윤리는 목회세습을 부인하고 변칙세습을 거부한다. 교회는 공생적 집단이라기보다는 함생적 존재가 되어야 한다.

77 중대형 교회의 목회세습을 극복하기 위한 방법[9]: 교회중심에서 천국운동으로

시내산의 율법수여는 광야용이 아니라 가나안용이다. 가나안 땅에 들어가서 믿음의 나라를 세우기 위한 영광의 언약이다. 모세오경은 그러므로 국가건설을 위한 "신법"神法, divine law의 수여이다. 복음은 교회 예전용이 아니다. 복음은 세상을 변혁시키는 천국운동을 위하여 있다.

시내산에서 하나님의 영광의 임재와 율법의 수여가 있었던 것은 광야에서의 삶을 연장하기 위함이 아니다. 율법의 수여 즉 하나님과 하나님 백성의 결혼식은 시내산과 광야라는 장소에 국한된 것이 아니다. 율법의 수여는 예식용이 아니라 가나안에서의 삶을 위한 것이다. 그것은 가나안용이다. 국가 건설용이다. 가나안 땅에 들어가서 새로운 믿음의 나라를 세우기 위한 영광의 언약이다. 법이 없으면, 국가가 온전히 세워질 수 없다. 모세오경은 그 용도가 시내산에 국한된 것이 아니라, 그것은 반드시 가나안에 나라를 세우기 위한 "신법"神法, divine law으로 수여된 것이다.

교회란 무엇인가? 신자의 공동체이다. 신자의 공동체는 무엇을 위하여 있는가? 세상의 소금과 빛이다. 우리의 선한 행실을 보고 세상의 사람들이 하나님께 영광을 돌리게 하기 위함이다. 모세오경에서 마지막에 기록된 언약의 책, 신명기는 국가의 건설을 위하여 다시 주어진 율법의 언약으로, 가나안 땅에서 국가건설nation-building로 응답되어져야 하는 요청의 말씀이다. 여기서 국가의 건설이라 함은 세속국가가 아니다. 국가의 건설은 세상의 왕의 법king's law이 아닌 영원한 법, 하나님의 법God's law을 통한 영원한 나라의 건설이다. 성경은 그러므로 신법神法을 통한 신정국가theocratic kingdom에 관한 담론으로 성취되어야 할 것이다.

이러한 관점에서 볼 때, 목회세습은 두 가지 면에서 중대한 실수를 범하고 있다. 한 가지는 교회가 하나님의 소유된 공동체 내부에서 이상적인 모습을 보여주지 못했다는 것이다. 교회운동은 시내산 사건으로 끝나서는 아니된다. 그곳은 중요한 장소이지만 사막 안에 있는 장소이다. 하나님의 법만 있고 법을 실천할 나라가 없다는 것은 법을 무색하게 하는 것이다. 문제는 교회 공동체가 시내산 운동에만 머물러 있으면, 공동체는 반드시 타락하고 만다는 것이다. 전선戰線, 프론티어가 없기 때문이다. 자신만을 위한 공동체가 되기 때문이다. 자신만을 위한 공동체의 대표적 패착의 하나가 바로 목회세습이다. 이는 공동체를 자신의 소유나 가업으로 삼아 혈육에게 이전시키므로 교회 공동체의 공공성을 무너뜨리고 교회 안의 하나 됨을 손상시키는 영적인 이적행위이기 때문이다. 교회의 생태계를 훼손시킨 이 큰 죄는 교회를 매력적인 존재가 아니라, 걱정스러운 존재로 만드는 패착이다.

두 번째로, 목회세습은 천국운동을 해야 할 교회와 세상 사이에 소통단절을 위한 장애물을 설치한 것이다. 변화산에서 은혜를 받은 사람들이 세상으로 내려와야 하는데, 변화산에서 모인 몇 제자가 "여기가 좋사오니 여기에 나와 우리들의 사무실을 차리고 오랫동안 함께 있자"는 선언이 바로 목회세습의 핵심이다. "괴론 세상에 할 일 많아서 날 가라 명하신다"라는 세속을 향한 소명을 물리치고 "밤 깊도록 동산 안에 주와 함께 있으려" 하는 것에만 착념하는 것이 바로 목회세습이다. 주초의 금지와 금욕에서 성공하였다고 무죄한 것이라 생각하지 말아야 한다. 지역교회에서 이룬 내적 성취에 만족하여 선교의 현장을 버리는 것, 은혜로 이룬 명예와 영광 때문에 공공재로서의 교회의 사명을 망각하는 것, 그리고 세상에서 요구하는 윤리적 수준에도 미치지 못하는 단계로 스스로 떨어지는 것으로 이웃이 교회에 대하여 절망하게 만드는 것이 더 큰 죄이다. 목회세습의 실상은 세상과의 소통의 가능성을 스스로 차단한 것이다. 하나님은 살아계신 분이지만, 교회가 세속을 향하여 "우리 교회에 하나님의 공의가 실천되지 아니함"의 증거를 보여준 사건이다. 교회는 스스로 속을 수 있으나 세상은 연속적으로 속지 않는다. 세상이 교회보다 더 정의로울 때는 교회가 세상에 의하여 밟히게 되어있다. 개신교 지역을 상실한 유럽의 타락한 중세 교회를 보라. 프랑스 혁명을 통해 배척당한 사제집단의 비극을 보라. 유사복음인 공산주의에 무릎을 꿇은 소위 복음을 가졌다고 생각했던 러시아 정교의 비극을 보라. 중세의 로만 카톨릭과 근대의 동방정교가 보여준 오誤 시범에 뒤이어, 우리 한국 개신교가 이제는 목회세습이라는 테마로 불행을 재연할 것인가? 종교개혁을 이룬 교회가 이제 정녕 종교개혁의 대상이 되겠는가?

78 중대형 교회의 목회세습을 극복하기 위한 방법[10]: 은혜에서 정의justice로

목회세습은 정의가 아니다. 이를 고치는 방법은 공동체적 회개운동과 궤를 같이하여야 한다. 전임자와 후임자의 회개뿐 아니라, 성도들을 우민화해왔던 이전의 목회방식을 회개하여야 한다. 타당한 문제제기와 담론을 배제한 교회의 비민주성도 함께 치유되어야 한다.

"참을 수 없는 신앙의 경박함!" "싸구려 신앙!" "세속적 지성에 미치지 못하는 목회자의 의식수준과 수행의 부족!" 이 시대가 기독교에 대하여 던지는 경고이다. 깊이를 상실하였다. 너무 싸구려가 되었다. 회칠한 무덤이 되었다. 이처럼 교계가 골고루 죄에 연루된 것을 어떻게 우리가 부끄러워하지 않을 수 있으랴? 경건의 모양은 있으나 경건의 능력을 상실하게 되었다. 차라리 교회가 가난하고 교회에 고난의 훈장이 있었을 때가 한국교회의 전성기였다. 이 한국교회의 경박함은 하나님의 성품 중에서 한 부분만 강조하고 한 부분을 잃어버리면서 시작이 되었다. 거의 무당종교와 다름이 없는, 무당종교 보다도 훨씬 더 정교한 기복주의를 가르친 교회에 의하여, 신앙의 결정적 천박성이 도래하고 말았다. 그것은 은혜만을 강조하면서, 하나님의 정의로움을 상실한 신앙이다. 하나님의 공의로움을 교회의 의식 속에서 방치한 것이다. 하나님의 의를 실천하는 것을 포기하여 버린 것 때문이다. 이는 영광을 취하고 십자가를 버린 결과이다. 십자가 없는 영광, 죽지도 않고 부활하기를 바라는 왜곡된 신앙을 취함으로 생긴 것이다.

은혜로운 목회자는 정의로운 목회자가 되어야 하는데, 은혜와 정의가 분리된 행동의 대표적인 것이 바로 목회세습이다. 목회세습은 정의를 상실한 것이며, 정의를 땅에 던져버린 것이다. 조선시대의 타락한 사대부들은 혹 용납했을지 모르지만, 지금 이 시대의 필부들도 별로 지지하지 않는 목회세습은 오히려 교회 내에서 수그러들지 않고 있다. 1997년으로부터 시작하여 2017년에 이르는 20년 동안 한국교회가 이러한 망조에 들려 회개하지도 않고 있다. 이미 중대형 교회가 이러한 자충수를 두었으며, 기회만 있으면 이러한 목회세습의 죄를 짓고 싶은 사람들이 줄을 대어 기다리며 기회를 엿보고 있다. 정의를 실천하는 신앙은 기독교의 참된 모습 그 자체인데, 은혜 놀음에 정의의 추구는 교회와는 거리가 먼 것으로 생각하고 있다.

목회세습은 정의가 아니다. 정의에는 세 가지 측면을 고려하여야 한다. 그 첫째는 응보정의이다. 둘째는 분배정의이고, 셋째는 회복정의이다. 첫째로 죄인을 심판하는 정의는 응보정의retributive justice이다. 이러한 면에서 목회세습을 자행한 교회는 교단으로부터 마땅한 지도와 치리를 당하는 것이 옳다. 둘째로 분배정의distributive justice의 차원을 고려하여야 한다. 일한 사람에게는 마땅한 임금을 주어야 하지만, 약한 사람에게는 도움을 베풀어서 비참함을 피하게 하려는 것이 분배정의의 의도이다. 이러한 정의는 사랑과 떼어서 생각할 수 없다. 응보정의도 무절제한 혹은 강력한 "갑"이 약한 "을"에게 무도한 일을 저지르는 것을 막으려는 것이요, 분배정의도 역시 약한 사람이 배려를 받게 한다는 면에서 사랑과 통한다. 정의는 그러므로 종종 공공의 영역에서 일어나는 약자의 훼손을 위한 방어책이라고 하여도 과언이 아니다.[85] 목회세습은 이 분배정의의 차원에서도 공정하지 않다. 그 이유는 공적 기관으로서의 중대형 교회의 후임자는 경쟁을 통해서 정당한 결정에 이르도록 하여야 한다. 그러나 합리적인 절차가 상실되고 혈연을 내세워 이 공의로운 과정을 생략하는 것은 마땅한 기회의 분배, 공정한 가능성의 부여를 배제한 행위이기 때문이다.

정의에 대한 논의는 여기서 끝나지 않는다. 기독교에서 말하는 정의의 중심은 세 번째, 회복적 정의restorative justice에 있다.[86] 회복적 정

---

85) 손봉호, 『약자중심의 윤리』, pp. 148-168.

86) 회복적 정의에 대한 많은 문서들이 연구되고 출간되는 상황에 있다. 이는 정의를 바라보는 확대된 방법을 제시하는데 성경에 기반을 둔 생각이다. 번역서로 나온 다음의 자료를 참고하라. http://peacetheology.net/pacifism/biblical-bases-for-restorative-justice/ Ted Grimsrud, "Biblical Bases for Restorative Justice" from Lec-

의란 이미 이루어진 응보적 정의의 실행에 의하여 완전한 회복이 이루어지지 않는 것에 대한 법적인 차원의 문제제기로 시작되었다. 사법적인 정의 시행으로 사회의 치유가 온전히 이루어지지 않기 때문이다. 회복적 정의는 가해자와 피해자의 만남과 화해와 회개와 치유를 추구한다. 사법적인 차원에서 뿐만이 아니라 이는 사회적인 교계적인 차원에서도 강조해야 할 부분이다. 회복적 차원에서 볼 때, 분배에서 배제된 사람을 무상으로 돕는 것이 그 사람을 온전히 회복시키는 것이 아니다. 풍성하게 지불되는 사회보장은 시민을 게으르게 하고 심지어는 시민을 망가뜨린다. 회복적인 차원에서 볼 때에, 회복은 재화를 가지게 하는 것으로 확보되는 것이 아니라 독립적으로 회복될 수 있는 배려를 하는 것으로 이루어진다.

이러한 맥락에서 볼 때에 목회세습이란 어떤 정의의 관념도 만족시키지 못한다. 이를 고치기 위한 방법은 심화된 공동체적 회개운동을 통하여 이루어져야 한다. 전임자와 후임자의 회개뿐만이 아니라, 성도들을 우민화해왔던 이전의 목회방식을 회개하여야 한다. 정상적인 문제제기와 담론을 배제한 교회의 비민주성이 함께 치유되어야 한다. 아울러 이것이 사회에 어떠한 악영향을 미쳤는지를 생각하며, 사람에 대한 처벌의 차원이 아니라 사회에 대한 배려와 개

ture, Center for Justice and Peace Building. Eastern Mennonite University (12/1/2008); 안계정. 『기독교와 정의』(파주: 이담북스, 2013); Howard Zehr, *The Little Book of Restorative Justice: Revised and Updated* (New York: Good Books, 2014); Zehr, *The Big Book of Restorative Justice: Four Classic Justice & Peacebuilding* (New York: Good Books, 2015); Zehr, *Changing Lenses: A New Focus for Crime and Justice* (Scottsdale, PA: Herald Press, 1990), 손진 역, 『회복적 정의란 무엇인가?: 범죄와 정의에 대한 새로운 접근』(춘천: KAP, 2010).

혁과 공헌을 위한 다짐으로 나아가야 한다. 미국에서는 교회 건물을 건축하기 위하여 공청회를 하는 경우가 종종 있다. 주변의 주민과 회사와 유관기관을 모두 모이게 하고 교회가 들어오는 것으로 끼쳐지는 불편과 어려움을 교회 주변의 공동체에 공헌하는 것으로 공동체가 교회건축을 허가한다. 우리의 잘못을 어물쩍 넘어갈 것이 아니라 교역자, 장로, 제직회와 공동의회 및 주민회에 대한 반성과 다짐으로 나아간다면, 교회는 다시 주변 지역사회의 자랑으로 한 걸음을 내딛는 기회를 삼을 수 있을 것이다.

79 중대형 교회의 목회세습을 극복하기 위한 방법[11]: 유아론 唯我論에서 세계관으로

기독교는 도덕론이 아니라 세계관이다. 기독교가 인생관과 가치관을 포함하지만, 그것은 세계관으로서 삶의 총체에 대한 종합적인 판단의 틀을 제공한다. 신앙은 우리를 자아 안에 가두어 놓지 않고, 이 땅 곧 차안에서 우리를 행동하는 사람으로 만든다.

"철학자들을 보통 사람들을 놀라게 한다. 그러나 기독교인들은 철학자들을 놀라게 한다." 이는 프랑스의 철학자이자 수학자인 파스칼이 그의 명상록, 『팡세Pensées』에 남긴 말이다.[87] 기독교 신앙은 우리의 개인의 인생사와 삶의 지혜에 대한 말을 포함하지만, 그것이

---

87) 박철수, 『파스칼의 팡세: 생각하는 갈대』(서울: 좁은문, 1994), p. 54.

전부가 아니다. 기독교는 세계관을 제공한다. 신자들이 하나님을 믿고 성경을 통하여 얻게 되는 세계관은 하나님, 창조, 타락, 구속, 종말, 악령, 역사와 민족, 심판과 세상, 정치, 사회, 종교, 문화에 대한 기본적인 사상의 단초를 포함한다. 성경은 이러한 가장 기본적이지만 심오한 문제에 대하여 토론이나 의심없이 중대한 선언을 한다. 그러한 질문에 대한 논쟁이나 논증 이전에 이미 일정한 답을 제공하고 있다. 그러므로 성경을 통한 신앙을 가진 사람들은 세계관적인 신앙을 가지게 된다.

세계관적 지식인은 자기 개인의 문제에 대한 입장을 가진 도덕론자와는 매우 다르다. 개인주의적인 신앙에 머무르게 되면 신앙의 공적 영역을 상실하게 되고, 공공성의 문제에 대하여 어둡게 되면 결국 세계관을 가진 인본주의자를 상대하기 어려운 단계에 이르게 된다. 대표적으로 지난 한 세기 동안 기독교에 대한 대척적인 점에 서 있었던 하나의 세계관은 "마르크스주의"이다. 세계관으로서의 마르크스주의는 지식의 총체, 존재에 대한 종합적인 판단의 틀을 제공한다. 마르크스주의가 세계관을 가지고 있다는 것은 하나의 종합적인 가치관, 인생관, 세계에 대한 일관된 태도와 총체적 이론체계를 가진다는 것이다.[88] 그러나 기독교나 마르크스주의가 세계관적 사유

---

88) 전통적인 마르크스주의는 신론에 있어서는 무신론을, 그리고 철학의 면에 있어서는 유물론적 전제와 변증법적 방법론을 선택한다. 마르크스주의는 경제이론으로 노동가치설, 잉여가치설을 기반으로 경제 결정론을 이야기 한다. 마르크스주의는 역사이론으로 사적 유물론, 즉 유물사관을 말한다. 사회론으로는 계급투쟁론과 폭력혁명론을 말한다. 정치론으로는 프롤레타리아 독재론과 국가사멸론을 이야기 한다. 마르크스주의적 종말론은 자본주의가 최고도로 발전한 사회에 임하는 공산사회의 도래다.

체계로 유사한 카테고리를 가지고 있다는 것은 우리에게 마르크스주의와의 대화의 가능성을 가지도록 기회를 던져준다.

복음은 그리스도를 믿고 곧 이 세상을 떠나는 것이 아니라, 이 세상에 살면서 하나님의 백성으로서 하나님의 영광을 추구하게 된다. 하나님의 백성들은 그리스도의 십자가를 통한 죄의 청산, 그리스도께서 피 값으로 우리를 사신다는 구속救贖의 대사면을 받고 감격 속에서 그의 나라의 백성으로 새로운 소명감을 가지게 된다. 미래 천국이 좋다고 하여 지금의 삶을 포기하는 피안의 사람이 아니라, 이 땅 곧 차안에서 주의 나라가 임하도록 사용받기 위한 꿈을 꾸게 된다. 구속에 머무르는 것이 아니라 하나님의 세상에서, 하나님께서 주신 환경을 통하여, 하나님의 영광을 드러내게 하는 새로운 사명을 가지게 된다. 이는 복음의 전파와 함께 우리의 문화적 활동을 통해서 나타나야 한다. 하나님께서는 우리에게 내려주신 두 큰 명령, 문화명령cultural mandate, 창1:26-28과 복음명령the great commission, 마28:18-20, 이 두 가지 중에서 어떤 하나를 거두어 가신 적이 없기 때문이다.

네덜란드의 캘빈주의자들은 복음의 총체성과 세계관적 신앙의 중요성을 분명한 이론적 틀을 통하여 증거한 사람들이다. 신캘빈주의자Neo-Calvinist인 아브라함 카이퍼는 "하나님이 이 세상에서 나의 것이 아니라고 인정한 부분은 한 치도 없다"고 바르게 말하고 있다. 하나님은 이 세상의 정치, 경제, 사회, 문화, 예술, 종교의 모든 영역에서 자신의 주권을 주장하고 계신다는 주장이다. 우리는 사람의 영혼과 영성뿐 만이 아니라, 이 창조의 모든 세계에 대한 배려와 관리와 이용과 변화에 대하여 하나님에게 책임을 져야 하는 하나님의 주인 되심을 이루어야 하는 소중한 존재라는 것이다.

그러므로 교회가 교회의 내적 영역에만 머물러 중대한 정책결정을 내리는 것은 하나님의 우리를 향한 전영역에 대한 소임에 충성한 것이 아니다. 광활한 창조와 사회적인 영역을 함께 고려하면서 우리는 교회와 함께 이 사회 속에서 책임을 가진 존재로서 그 주님의 주신 영광스러운 자녀의 견지에서 책임 있는 윤리적인 결정을 내려야 한다는 것이다. 이렇게 주님의 총체적 소명에 반응함이 성숙한 그리스도인의 선택이라는 것이다.

세계관적 사명을 가진 성도들은 자신과 교회 내부에만 한정되지 않는다. 우리는 닫힌 공동체로서 이 세상에 존재하는 것이 아니라, 사회와 세계를 향하여 열린 공동체로 세상에 존재한다. 오로지 자신에만 집착하는 유아론적 공동체가 아니라 세계관적 공동체로서 존재한다. 유아론이 아니라 세계관적 지성의 요청을 받는 우리는 목회의 청빙과정에서 조차 불편부당함을 가지려고 노력하여야 한다.

목회세습은 이러한 면에서 볼 때, 탐욕으로 말미암아 세계관적인 안목에서 타락하여 유아론적 퇴행의 한 단면을 보여주는 사건이다. 중대형 교회의 지도자들이 추구하고 있는 목회세습은 하나님 앞과, 교회 앞에서, 이 세상의 세계관적 지성과 타락한 영적인 존재들 앞에서도 심히 부끄러운 일을 하고 있는 것이다. 이미 목회세습을 실행한 목회자들은 마땅히 부끄러워해야 한다. 그리고 한때 세습을 부끄러워하지 아니하고 십자가를 밟아버린 목회자들은 반드시 회개하여야 한다. 십자가를 말하는 목회자들은 복이 있을지어다. 십자가를 따라 행하는 자들에게는 더욱 평강이 있을지어다. 십자가를 잃어버린 목회세습의 지도자들에게는 눈물의 회개가 있을지어다.

80 중대형 교회의 목회세습을 극복하기 위한 방법[12]: 구속救贖에서 창조로

목회세습은 거룩한 공동체, 대조적인 공동체로서의 모범을 보여주지 못하는 윤리적 실패이다. 십자가의 진리를 깨달은 공동체는 이제 창조의 광활한 세계 속에서 주의 영광을 드러내는 가장 아름아운 공동체로 나아가야 한다. 그 출발점은 역시 십자가이다.

그리스도안의 구속을 체험한 사람은 이 세상 가운데서 새로운 가능성을 발견하게 된다. 그리스도를 알기 전에, 그리스도를 통하여 하나님을 알기 전에, 하나님과 그 아들을 통해서 임하시는 성령을 체험하기 전에, 우리는 우리 자신이 누구인지를 제대로 알지 못하였다. 그러나 우리에게 부여하신 "신지식"神知識, the knowledge of God 곧 하나님에 관한 지식은 우리 자신이 하나님의 자녀인줄로 알게 하는 "인간에 대한 지식"the knowledge of human beings을 가지게 하였다. 창조의 하나님을 믿을 때에, 우리가 사는 세상이 하나님의 소유 아래에 있는 세상이면서 하나님의 섭리 가운데서 우리에게 위임된 세상이라는 사실을 알게 만든다. 신지식은 인간에 관한 지식을, 그리고 인간에 관한 지식은 곧 피조물인 세상과 자연에 관한 책임을 불러일으킨다.

그러므로 구약시대에 성소를 향하여 나아가던 인간은 이제 그리스도의 십자가로 말미암아 새로운 신비에 이르게 되었다. 그것은 성소와 지성소를 가르는 찢어진 휘장을 통하여 하나님의 신비의 가장 깊은 곳을 보게 된 것이다. 그리스도의 성육신과 십자가의 죽으심과 부활을 통하여, 성령을 통하여 신자는 하나님의 신비에 참여한바 되었으므로, 이제 신자들은 성소와 지성소를 향하여 나아가는 삶이 아니라 이미 임재하신 그리스도와 성령의 능력으로 살아가는 존재가 되었다. 결국 그리스도 안에 있는 사람은 그리스도께서 산 성전이듯이 모두 움직이는 성전이 되었고, 또 그리스도를 모퉁이 돌로 삼아 함께 지어져가는 성전이 되었음을 깨닫는다.

우리는 왕 같은 제사장으로 세상을 향하여 나아간다. 변화산에서 머물지 않고 세상을 향하여 내려가는 것처럼, 우리는 이 세상을 향한 사명과 사역을 감당하기 위하여 세상으로 들어간다. 세상의 영혼만 구원하는 것이 아니라 온 세상의 총체적 영역whole spheres이 주님의 권세와 말씀에 복종하도록 인도하기 위하여 이 세상에 선교사로 나아간다. 선교사로 나간다 함은 오직 사람의 영혼뿐만이 아니라 그들의 생활도 그리스도의 사랑과 정의의 다스림에 들어오도록 섬기는 사랑과 희생의 사도로서 나아간다는 것이다.

따라서 변화산은 우리의 머물 집이 아니다. 지성소 또한 우리의 거처가 아니다. 교회당의 아름다운 영역도 우리 모두가 머물러있어야 할 장소가 아니다. 선교는 우리가 해야 할 일 중의 하나가 아니라 온 성도의 삶이 선교사의 삶이요, 선교적 교회는 온 성도를 선교사로 세상 속에 파송하고 있다. 우리의 삶이 선교이며, 기회가 주어지면 말로도 전도할 수가 있다. 소망에 관한 이유를 물어보는 사람에게 준비된 마음으로 겸손과 온유로 대답할 수 있다. 온 성도가 자신의 직업을 통하여 선교사의 삶을 사는 중에 열방을 향하여 나아가는 선교사님을 보낼 수도 있다. 우리 모두가 선교사인 중에 특별히 성령을 부르심을 받는 이 시대의 바나바와 바울을 세계 선교를 위하여 파송할 수 있는 것이다.

우리 온 성도들의 사역은 다시 잃어버린 영역을 찾아 나아가는 것이다. 이 시대의 세속화로 우리가 세상을 잃어버렸기 때문이다. 과학은 세속화되었다. 역사는 세속화되었다. 이제는 하나님을 거론하지 않고도 과학과 사회와 정치와 세계관을 논하는 세속화된 사회가 되었다. 이 세상은 하나님과의 관련성을 거부하려는 상황에 있다. 세속적 세계관이 세상을 덮고 있다. 그 세계관의 하나는 진화론이다. 이 진화론은 생물학에서 시작되어 과학, 역사, 인간학으로 나아가는 하나의 중대한 패러다임을 형성하였고 이 세속적인 패러다임을 통하여 사회진화론이 나왔다. 엄밀한 의미에서 증명된 실증과학이 아닌 진화론적 가설이 지배하면서, 세상에 대한 해석은 하나님으로부터 떨어져 나왔고, 이 세속주의는 하나님에게 속한 영역을 신앙과 무관한 중간지대로 돌려세우며 세속화의 대상으로 삼았다.

교회가 개인윤리의 담지자로 남아서는 사회와 제도와 구조와 국가와 국제정치에 대하여 아무 책임 있는 일을 감당할 수 없게 된다. 사회는 종교의 기능을 사적인 것에 묶어놓으려 한다. 종교는 마음에 관한 것을 취급하는 것으로 족하다고 한다. 그러나 그것은 종교에 대한 개인주의적 환원이다. 목회세습의 죄악도 교회가 가진 개인주의적, 가족주의적 환원의 극단적 표현이라고 할 수 있다. "개 교회가 하는 일에 무슨 반대한 권리가 있는가"라는 질문이 이와 같은 개인주의적 환원의 대표적인 경우이다. 교회는 개인윤리만을 위한 실체가 아니다. 지금의 한국 교회는 이제 공적 실체가 되었다. 특히 대교회는 이제 명실공히 교계를 대표하는 존재로 원하건 원하지 않건 공중에 드러나게 되었다. 이제는 사회윤리가 필요한 때가 되었다. 사회윤리, 혹은 공공신학적 사고의 전환이 없이는 이제 교회는 많은 경우에 사회로부터 질타를 받는 상황이 되었다.

교회에서 자라나는 교회의 자녀들은 교회를 특별한 공동체로 산 위의 도시가 되도록 하여야 할 의무가 있다. 교회가 산 위의 공동체라 함은 칩거하거나 격리되어 세상이 볼 수 없는 고립된 공동체라는 말이 아니다. 산 위의 공동체라 함은 세상에서 관찰할 수 있는, 세상에서 감추어질 수 없는 공동체라는 것이다. 교회는 세상에 대하여도 책임을 져야 하는 성숙한 성도들로 세워야 한다. 학자는 기독교적인 패러다임을 세우는 일로서, 교사는 창조에 대한 광활한 지식과 함께 기독교 세계관을 선택할 수 있도록 대안을 제시하는 일로서, 정치가는 정의를 실천하는 일로서, 경제인은 합리적인 경영을 통하여 최선의 재화와 서비스를 공급하는 공헌을 이루는 일로서, 예술가는 심미적 세상에 나타난 아름다움을 추구하고 전함으로, 철학자는 지적인 상상력을 통하여 현상을 구성하는 실재에 관한 진리를 탐구함으로 각각 자신의 사역을 감당하여야 한다. 무엇보다도 교회는 이러한 평신도를 훈련시켜 파송함과 아울러 교회 자체가 거룩한 공동체가 되도록 하여야 한다.

그 공동체의 거룩함과 신실함을 드러냄에 있어서, 목회세습은 본질에 합당하지 못한 치명적 결함을 드러내고 있다. 대조적인 공동체로서의 사회윤리의 모범을 전혀 보여주지 못하는 일차원적 신앙에 머무르고 있는 것이다. 십자가의 사랑을 버린 것이다. 창조의 광활한 세계 속에서 가장 아름아운 공동체로 나아가는 방법은 역시 십자가이다. 하나님 사랑과 이웃사랑의 십자가는 개인윤리와 사회윤리에 있어서 여전히 고려하여야 할 영적 화두이다.

IX

중대형 교회의 목회세습을 부끄럽게 하는 대안적 사례 10개 조항

81 중대형 교회의 원로목사로서 목회세습을 거부한 수많은 목회자의 사례도 많이 있다

자식이나 사위를 목회자로 둔 경우에도 혈연에게 승계하지 않은 훌륭한 목회자들이 있다. 이러한 목회자는 경쟁적이고 활력 있는 목회 생태계를 건설하는데 있어서 귀중한 공헌을 한 사람들이다. 그들은 기득권에 대한 집착을 떨어버리고 십자가를 택한 사람들이다.

본능 앞에서 강한 사람은 아무도 없다. 본능을 제어하는 것은 십자가이다. 자녀에 대한 애착과 사랑과 배려를 십자가로 극복한 사역자는 흔하지 않다. 자녀를 목회자로 두고도 목회세습의 유혹에 떨어지지 않고 기독교의 정신을 따라 후임자 청빙을 잘 하는 목회자들이 곳곳에서 한국교회의 훼손된 영성을 회복시키며 사역의 정의로운 골격을 유지하고 있다.

충남 홍성성결교회의 송헌빈 원로목사에게는 목사인 아들이 4명이나 있었고, 교인들도 그 중의 한 명을 청빙하기를 원했다. 그러나 고인은 이를 단호히 거부했다. 그 전통은 후임자에게도 이어져 유기성 원로목사도 목사 아들이 있었지만 그를 세우지 않았다. 부산 호산나 교회의 최홍준 목사는 사위가 목사였지만, 외부에서 청빙을 하였다. 후임자에게 사정이 생겨 교회를 떠날 때에도 사위를 불러올 생각을 하지 않고, 로스 엔젤레스에서 20년 이상을 열심히 목회한 목회자 유진소 목사를 청빙하였다. 화평교회의 안만수 원로목사와 성락성결교회 박태희 원로목사 역시 아들이 목사였지만 외부에서 후임목회자를 청빙하였다. 수영로 교회의 정필도 목사도 아들과 사위 모두가 목사였지만, 초대형교회를 자녀에게 물려주지 않았다. 너무도 당연한 모습일 수 있지만 목회세습이 관행이 되는 상황에서는 이들은 귀중한 모델이 되고 있다. 자식이나 사위를 목회자로 둔 경우에도 이처럼 혈연에게 승계하지 않고 있는 목회자는 경쟁적이고 활력 있는 목회 생태계를 건설하는데 있어서 귀중한 공헌을 하고 있다. 강변교회의 김명혁 원로목사의 경우에 있어서도 목회자를 자녀로 두었음에도 불구하고 다른 사람을 청빙하여 십자가의 복음을 손상시키지 않았다.[89] 이러한 숨겨진 목회자들의 양심과 노력에 의하여 한국교회의 의로운 영적 골격이 그나마 유지되고 있다.

---

89) 나이영, "교회세습, 상식에서 생각하자," 대중좌담회 교회세습 무엇이 문제인가 발제문 (2013년 1월 8일), pp. 1-2.

계시록에서는 소아시아의 일곱 교회를 촛대에 비유하고 있다. 계시록 2–3장에 나타난 일곱 교회 즉 에베소, 서머나, 버가모, 두아디라, 사데, 빌라델비아, 라오데게아 교회는 도시의 규모를 미루어서 볼 때, 에베소, 라오디게아의 교회가 크고 넓은 도시에서 비교적 강력한 교세를 유지하였다고 생각할 수 있다. 그러나 촛대lampstand로 표현된 교회가 촛대의 크기로서 평가받기는 힘든 것 같다. 촛대의 크기가 아니라 불이 켜있으며, 광채를 비출 수 있는가가 문제이다. 칭찬만을 받은 교회는 십자가를 지고 있는 순교적 교회인 서머나와 빌라델비아 교회였다. 사도 요한은 그리스도의 계시를 전하되, 가장 부요한 지역에 있는 라오데게아 교회를 질타하고 있다. 교회의 규모가 아니라 '그리스도의 피가 묻어있는가'가 문제의 핵심이다. 하나님 앞에는 말씀에 바로 선 교회, 성령으로 등불이 켜진 교회, 그리스도의 십자가가 있는 교회, 그리스도의 영이 살아있는 교회, 그리고 계명을 순종하는 교회가 칭찬을 받는다.

중대형 교회의 목회세습이라는 유혹을 물리친 림인식 목사[90]

림인식 목사의 경우는 4대 목회자 가문이다. 큰 아들 림형

---

90) 안타까운 일이다. 목회세습의 흔적도 허용하지 않고 훌륭하게 목회하신 림인식 목사님께서 지난 11월 12일 명성교회의 부자세습의 현장에서 축도 순서를 맡아서 참석하셨다. 림인식 목사님은 순서가 "축도"인 만큼 저주하지 않고 축복하셨을 것이다. 좋은 표상이 되었던 흔치않은 지도자가 마치 목회세습을 지지하고 인정하는 장소와 시간에 예식의 순서를 맡은 것은 매우 유감스러운 일이다. 좌절스럽고 상심시키는 사건이지만, 그러나 림목사님의 지난 선한 사역은 역사적 사실이기에 아픈 마음으로 그 분의 사역을 삭제 없이 초고대로 싣는다.

석 목사와 둘째 아들 림형천 목사가 모두 목회자임에도 불구하고 그는 목회세습과는 상관없는 아름다운 길을 걸었다. 오히려 목회자가 된 아들을 작은 교회로 보내어 그 교회를 부흥시키도록 인도하였다.

림인식 목사의 경우는 그 앞에서 목회세습이라는 말을 사용하는 것조차 미안할 정도로 강직하고 사심이 없는 목회자이다. 대한예수교장로회통합에서 68회 총회장을 역임한 노량진교회 림인식 원로목사는 "4대 목사가정"에서 3대가 되는 목사이다. 할아버지 1대 목사 림준철씨는 림인식 목사에게 가장 많은 영향을 주었다. 림준철 목사는 젊어서 만난 선교사를 통해 복음을 접한 이후, 신자가 되었다. 문중의 종손으로 고향 동네에서 제주祭主 역할을 하던 사람이 예수를 믿은 것은 동네 문제로 확대되었고, 결국 마을에서는 용서받지 못한 채 떠났다. 그러나 그는 결국 신앙을 버리지 않았고, 평양신학교 15회 졸업생으로 목사 안수를 받았다.

할아버지 림준철 목사는 삭주대관교회 시무 시절 3.1운동의 지도자 역할을 감당하므로 3년형을 살았고, 출소 후에는 봉천 현재 심양으로 중국 선교를 위해 떠났다. 중국선교를 마치고 고향인 평안북도 박천으로 돌아온 할아버지는 고향에서 최고 일곱 교회까지 동시에 섬기다가 해방 바로 전해인 1944년 별세했다.

림인식 목사의 아버지 2대 목사 림재수 목사는 아버지의 옥살이와 개종으로 인한 핍박, 경제적 어려움 등으로 많은 고난을 체험했다. 림목사의 아버지는 가급적 목회자의 길은 피하려 했다. 중학교 진학도 어려웠던 상황에서 림인식 목사의 아버지는 늦게 공부해서 교편을 잡고, 오랜 기간 교직생활을 했다. 그러나 그도 결국 평양신학교에 진학, 고난의 일제시대에 목회를 시작하여 주로 농촌의 남촌교회, 항동교회 등에서 시무를 했다. 아버지 림재수목사는 70세에 정년 은퇴하셨고 이후 83세를 일기로 별세하기까지 내성적이지만 온화하고 남을 배려하는 목회자적 성품을 잃지 않고 생활하던 분이었다. 또한 그의 삼촌인 림신행 목사는 감리교 목회자로, 강단서 설교하다 쓰러져 시무 중 별세, 뿌리 깊은 신앙의 유산을 남겨준 인물로 꼽는다.

3대 림인식 목사 역시 해방 직후 평양신학교에 입학, 부산 피난시절 장신 4기로 졸업했다. 평양신학교 1학년 때 부터 평양 창동교회에서 전도사로 시무했고, 1952년 평양노회에서 목사안수를 받아 군목과 부산신암교회와 부산동광교회, 대구영락교회를 거쳐 1962년 노량진교회에 부임, 32년간 시무했다. 그는 늘 할아버지 목사처럼 살고 싶은 마음을 품고 있었으며, 이것이 림인식 목사를 자연스레 목회의 길에 들어서게 만들었다. 깨끗한 기독교적 신앙과 목회자 가정의 기틀을 다진 할아버지. 나라의 자유와 독립, 목회를 위한 기도와 함께 매일 아침 가정예배 때마다 자손들을 하나님의 귀한 종으로 사용해 달라며 간절히 무릎 꿇던 그 기도가 결국 후대에 와서 이뤄진 것이다.[91]

---

91) http://www.pckworld.com/news/articleView.html?idxno=878 백명자, "뿌리깊은나무/ '4대 목사' 이룬 림인식 목사 가정," 한국기독공보 (2000년 1월 22일).

림인식 목사의 동기간 4남매 가운데 두 명의 매부도 목사이고, 자신과 동생도 목회자가 되었다. 림인식 목사의 5남매 중 큰아들 림형석 목사와 둘째 아들 림형천 목사나성영락교회 시무 후 현 잠실교회 시무가 4대 목사 가정의 대를 이어가고 있다. 셋째 아들 림형진 장로 역시 현재 텍사스주립대 교수로 오스틴장로교회 장로로 시무하며 기독교 가정의 열매를 맺고 있다.

림인식 목사는 큰 아들 림형석목사와 둘째 림형천목사가 모두 목회자임에도 불구하고 목회세습과 같은 일은 전혀 생각지도 아니한 의로운 목사였다. 그는 오히려 목회자가 된 아들을 작은 교회로 보내어 그 교회를 부흥시키도록 인도하였다. 림형석 목사는 LA선한목자장로교회에 시무하며 장년 60명 내외의 교회를 700명 이상의 교회로 일구어내었고, 현재 시무하는 평촌교회도 건강한 교회로 부흥시켰다. 림형천 목사의 경우도 롱아일랜드 아름다운교회를 개척하였다. 그 교회를 열심히 시무하며 부흥시켰고, 이후에 LA의 대표적인 교회인 나성영락교회에 부임하여 열심히 사역을 감당하였다. 2012년 귀국하여 현재에는 서울의 잠실교회를 섬기고 있다.

림인식 목사의 지론은 목회세습을 넘어 후임자를 선정하는 일도 교회의 청빙위원회에 맡겨야 한다는 것이다. 전임자가 영향력을 미치는 것이 합당하지 않다는 주장으로, 자녀를 세우지 않는 것은 물론이요, 후임 청빙에 영향력을 행사하지 않는 것이 좋다고 주장한다. 이는 영향력을 행사함으로 발생할 수 있는 어려움을 미리 차단하려는 의도를 보여주는 것이다. 교회마다 각기 다른 양식으로 후임자를 준비하고 또 지도자 교체를 하지만, 청렴한 뜻과 사심 없는 마음으로 목회를 한 림인식 목사의 주장도 하나의 선택일 수 있다.

충분한 명성과 영향력을 가지고 오히려 아들 목회자들을 낮은 곳으로 나아가게 하는 림인식 목사의 자녀에 대한 배려는 이 시대의 귀중한 목회자의 표상이 아닐 수 없다. 실제로 림인식 목사는 당회의 강한 반대에도 불구하고 지난 1994년 정년을 2년 남겨두고 조기 은퇴했다.[92] 이는 목회의 정점에 이르렀을 때 미련 없이 떠난다는 소신에 따른 것이다. 림인식 목사는 후임자 선정에 관해서도 일절 관여하지 않았으며, 모든 권한을 당회에 맡기고 당회가 청빙위원회를 구성해 후임자를 선정하도록 했다. 그는 후임자를 지목하지도 않았고 후보군을 추천해 주지도 않았다. 아들이 있었지만 목회세습을 할 생각을 염두에도 두지 아니한 것은 물론이다. 이것은 전임자의 퇴임 방법 중 모든 것을 당회에 위임하는 퇴임의 한 패러다임을 제시하여 준다.

83 중대형교회 목회세습의 유혹을 이기고 원로목사 강령을 제시한 림인식 목사

림인식 목사는 후임자 청빙에 관여하지 않는다는 패러다임을 모델로 남기면서 퇴임하였다. 퇴임후에도 림 목사는 원로목사의 역할이 어떠하

---

92) https://www.usaamen.net/bbs/board.php?bo_table=john&wr_id=84&page=19&device=pc 고석표, "목회자가 바뀌면 분란이 일어난다," 아멘넷 (2011년 1월 28일).

여야 할 것인가에 대한 네 가지의 모델을 제시하면서 그 중에 가장 좋은 것이 아버지-아들의 모델이라고 주장한다.

림인식 목사는 깨끗한 전임자가 되어 노량진 교회에서 물러나셨을 뿐만이 아니라, 두 아들 림형석 목사와 림형천 목사를 오히려 작은 교회, 개척교회로 나아가도록 종용하여 그 교회를 부흥시키도록 인도하였다. 한 걸음 더 나아가 림인식 목사의 경우는 귀중한 원로목사론을 제시하여 원로목사의 바른 역할을 주문한다. 요즈음 같은 고령화 사회 속에서 원로목사가 되고 나서 얼마나 많은 시간이 지날 줄 알 수가 없기 때문에, 원로목사로서의 좋은 모습을 간직하는 것이 매우 중요하다는 것이다. 림인식 목사는 원로목사의 4가지 형태가 있다고 주장한다.[93]

첫째는 가장 안 좋은 관계로서 원로목사가 전임자와 후임자의 관계 속에서 전임자라는 의식과 전임자 권한을 지속적으로 가지게 되는 경우이다. 이 경우는 전임자가 후임자와 비교의식, 경쟁의식, 비판의식, 승부의식을 가지게 된다. 어떤 원로목사는 자기 후임에 대하여 '마음대로 한다' '예절이 없다' '나의 일을 뒤집는다' '교인이 줄었다'라고 말하며 후임에게 긴장과 불안을 심는다. 이렇게 하면 원로목사에 대한 교우들의 존경심이 사라지고, 심하면 전날에 오래 수고한 공로가 모두 없어지며, 원로목사를 배척하게 된다.

---

93) http://kr.christianitydaily.com/articles/86215/20160109/ "원로목회자 노량진교회 림인식 목사가 말하는 '원로 목사 강령," 기독일보 (2016년 1월 9일).

둘째는 선배가 후배를 대하듯이 대하는 경우로서 구약의 모세와 여호수아나, 엘리야와 엘리사 혹은 신약의 바나바와 바울의 관계를 예로 들 수 있다. 성경의 경우는 대부분 모두 성공한 사례라 할 수 있다. 그러나 선배와 후배와의 관계도 성공률이 높은 편이 못되고 선, 후배가 바나바와 바울같이 잘 맞지 않는 경우가 있을 수 있다. 선후배 관계를 넘어선 더욱 깊은 인적 유대가 필요한 것이 전임자와 후임자의 관계라는 것이다.

셋째로는 형제와 같은 관계로 대하는 경우로서, 사이가 좋을 때는 타인보다 낫지만 사이가 나빠지면 타인만 못할 때가 종종 있다. 성경에서는 형 가인이 동생 아벨을 죽였고, 동생 야곱은 형 에서를 속여 장자의 명분을 빼앗아 원수가 되었다. 또 요셉의 경우에는 형들에게 노예로 팔려가는 수모를 겪었고 형들의 분노로 죽음의 위경에 처하기도 했다. 전임자가 형과 같은 위치에 있으면 동생이 똑똑한 경우 시기, 질투, 증오하며 마음으로 경쟁심을 가진다.

넷째로는 아버지와 아들과 같은 경우로, 바울 사도가 디모데를 대하는 마음의 상태이다. 그는 자신의 멘티인 디모데를 아들로 여기고 함께 동역하였다. 이처럼 원로목사와 담임목사의 관계가 부자관계일 때 두 사람의 관계는 가장 이상적이고 성공적이 된다. 전임자는 항상 아들 같은 담임 목사를 위해 "건강하게 해 달라" "평안하게 해 달라" "성공하게 해 달라"고 기도한다. 아버지 같은 원로목사는 아들 같은 담임목사가 잘못하는 것을 보아도 입으로 말하지 않고 마음으로 용서하고 사랑으로 품는다. 원로목사가 언제나 아버지 마음으로 담임목사에게 비판보다 칭찬을, 책망보다 조언을, 불평보다 위로를, 절망보다 희망을 던져 주면 이상적인 원로목사가 될 것이다.

이러한 림인식 목사의 원로목사 역할론은 사실상 성경의 바울과 디모데, 바울과 디도의 관계와 유사한 모습으로 여겨진다. 믿음 가운데서 낳은 아들이라는 말은 동역하다가 세운 후임자를 대하는 원로의 마음을 가늠하게 만든다. 대체적으로 후임자의 사역을 20년 내외로 생각하는 한국교회의 후임자 청빙 과정에서 나이로 보나 경력으로 보나 영적인 아버지와 아들의 관계는 매우 아름다운 기본적인 모델이라고 생각된다.

84 중대형 교회의 목회세습이라는 유혹을 물리친 성공적인 사례 최복수 목사

최복수 목사는 유종필 목사와 개인적인 친분이 전혀 없었지만, 기도 후에 확신을 가지고 공식 청빙제안을 하였다. 당회, 제직회와 공동의회가 하나가 되어 유종필 목사를 정하고, 학위논문을 쓰기까지 1년을 더 기다려 청빙절차를 마쳤다.

동산교회는 서울시 금천구 시흥동에 소재하는 대한예수교 장로회 대신측 한남노회에 소속된 교회이다. 교회는 1980년 3월 16일 최복수 전도사에 의하여 개척되었다. 40세 신학교 3학년 시절에 개척목회를 시작한 최복수 전도사는 판자집이 밀집된 가난한 동네의 상가건물 가정집에서 장년 7명, 주일학교 학생 50명으로 출발하였다. 1998년 교회설립 18주년에 부흥하는 성도를 감당하기 위하여 현재의 교회당을 완성하였으며, 6층 건물로 완성된 교회당은 지하에 본당, 1층은 주민을 위한 커피샵, 2층은 어린이 집, 3층은 학생회실과 성가대실, 원로목사실, 4층은 사무실과 재정부실, 새가족실과 당회장실이 있고 5층은 유초등부실과 청년 1, 2실, 유아실이 있다. 6층은 식당 겸 탁구실로 주일에는 온 성도들의 교제실로 사용한다. 2014년 현재 교세는 재적 700명에 500여명이 출석한다.[94]

외견상 보통의 모습을 가진 동산교회이지만, 동산교회의 특징은 첫째, 설립 이후 가난한 지역을 떠나지 아니하고 지역의 발전과 교회가 함께하였다는 것이다. 둘째는 설립 이후 지금까지 교회 분열이나 갈등으로 흔들린 적이 없었다는 점이다. 셋째는 개척초기 멤버들이 여전히 교회의 중직이 되어 섬기고 있으며, 넷째로는 성도들의 대부분이 출석 20년 이상 된 이 커뮤니티와 함께하는 주민이라는 것이다. 현재에도 여전히 가족적인 정서가 흐르고 있는 교회이다.

동산교회의 설립자이자 정년 70세에 이르러 목회사역 30년을 마치게 된 최복수 목사는 후임선정에 들어가면서 선출을 위한 몇 가지 원칙을 세웠다. 첫째는 성도들의 화합과 통일을 위하여 신문이나 광고를 통하여 공모를 하지 말자는 것이었다. 그 이유는 성도 간에 찬반으로 갈려 갈등을 일으킬 가능성이 있다는 것이다. 두 번째는 사

---

94) 이 부분은 제8회 샬롬 나비 학술대회에 제출한 유종필 목사의 글에 의거하여 작성되었음을 알린다. 원문은 다음을 참조하라. 유종필, "건강한 목회지도력 계승의 한 사례" (2014년 5월 30일), pp. 79-80.

사로이 개인적인 조건을 내세우거나 인맥을 통한 후보자 선정을 하지 말자는 것이다. 셋째 원칙은 당회에서 한 후보를 선정하고 그 분을 만장일치로 추대하여 교회 공동의회에서 허락을 받자는 것이었다. 당회에 추천권을 주고 최복수 목사님은 기다리셨다. 당회원은 목사님에게 추천권을 다시 위임하여 드리고 담임목사님 부부는 기도하시면서 다음의 후보조건을 마련하였다. 첫째는 교회 개척 경험이 있는 40대 목회자, 둘째는 장로님이나 목회자의 가정에서 자라난 자녀, 셋째는 미국 유학을 경험하고 박사학위가 있는 목회자 및 교수 경험이 있는 자를 찾던 중, 기도제목에 합당한 유종필 목사를 찾게 되었다.

최복수 목사는 친분이 전혀 없는 유종필 목사지만, 기도 후 확신을 가지고 공식적인 청빙제안을 하였다. 당회, 제직회와 공동의회가 하나가 되어 유종필 목사를 정하고, 학위논문을 쓰기까지 1년을 더 기다린 후 청빙을 마쳤다. 유목사는 동산교회에 오자마자 강단을 맡아 주일설교를 하고 3개월 후에 담임목사 이·취임식, 공로·원로목사 담임목사 위임식을 동시에 치렀다. 그 후 원로목사는 교회의 권한을 100% 담임목사에게 맡기고, 2선으로 물러나 교회에 대한 일체의 관여를 하지 않았다.[95]

최복수 목사의 경우는 자신이 개척하고 성장시켜 커뮤니티의 교회로 부흥한 동산교회를 성도들과 연합하여 미련 없이 후임자에게 이양하였다는 것이다. 당회와의 원만한 의사결정은 전임자와 청빙

---

95) 유종필, "건강한 목회지도력 계승의 한 사례," pp. 80-81.

위원 간에 종종 발생하기 쉬운 의사결정의 난항, 파벌싸움, 주도권 다툼의 부정적인 모습을 전혀 보이지 않았다는 것이다. 이는 전임자가 사심 없이 결정권을 행사한 이전의 경험이나 당회원들의 적극적인 협조와 신뢰를 통해서 이룬 쾌거라 할 수 있다. 공동체이자 공영체인 동산교회가 사람의 소유가 아니라 예수 그리스도의 소유이기 때문에, 전임자와 당회원은 새로운 담임목사의 결정에 있어서 주변에 많은 연고가 있는 사람들을 배제하고 오직 원칙을 정하여 당회, 제직회와 공동의회가 한 마음으로 결정하여 담임목사의 청빙이 교회의 분열이 아닌 교회가 한 단계 더욱 큰 경사를 체험하는 잔치가 되게 만들었다는 점에 있다. 최복수 목사의 경우는 박영순 사모와 함께 기도의 깊은 영성으로 하나가 되어 교회의 유익이 되도록 이 일을 추진하였다. 전 교인과 당회도 전적으로 원로목사의 지도력에 신뢰를 보내면서 정직하게 후임을 선정하고, 또 인내로 학위를 마칠 때까지 1년을 기다리는 선한 모습을 보여주었다. 후임자인 유종필 목사는 감사로 사역을 감당하며, 목회자 계승에 대한 자체평가를 다음과 같이 내리고 있다.

1. 전임과 후임 사이에 어떤 이권 계약 조건이나 거래가 없었다. 2. 목회자 리더십 이양 문제로 교회는 조금도 몸살을 겪지 않았고 자연스러우면서 은혜롭게 이양되었다. 3. 후임목회자는 공식적으로 정식 청빙을 받아 부임한 것으로서 향후 사역이 보장되어있고, 교회는 교회가 원해서 청빙했으니 소임을 다하려는 노력을 하고 있

다. 4. 원로목사님의 계획대로 후보는 적합한 한 사람만 정하고 여러 후보를 모집, 경선 시키지 않음으로 교회 내에 파벌이 없었다. 5. 교회는 전임 목사님의 모든 사역권과 혜택을 후임에게 그대로 인수했다. 6. 원로목사는 은퇴 이후에도 교회가 오직 담임목사 중심으로 하나가 되어야 함을 강조하시면서 음양으로 지원과 후원을 아끼지 않는다. 7. 성도들도 하나 같이 담임목사를 존중하며 순종하고 협조한다. 8. 동시에 후임목사의 숙제는 30년 전통을 갖는 교회의 장점을 어떻게 계승하고 단점을 보완해야하는 것과 … [중략] 계속 원로목사님과 성도들과 좋은 관계를 유지하는 것, 나아가 교회의 새 비전과 재도약으로 시대와 세계가 요청하는 건강한 교회로 부흥하는 것이다.[96)]

85 중대형 교회의 목회세습을 극복하려는 목회자는 모세의 죽음을 생각하라

모세가 살아서 차세대 지도자 여호수아의 후견인이 되는 것이 여호수아의 지도력을 확보하는 것은 아니었다. 하나님께서는 모세를 데려가신다. 모세는 눈이 흐려지지 않았고 기력이 쇠하지 않았음에도 불구하고, 새 시대를 위하여 여호수아를 홀로 세워 지도력을 감당하게 하신다.

영성훈련에서 가장 기초적이고 중요한 것은 사생관死生觀의 확립

---

96) 유종필, "건강한 목회지도력 계승의 한 사례," pp. 81-82.

이다. 살고 죽는 것이 하나님 앞에 있고, 주를 위하여 살고 주를 위하여 죽으리라는 것은 그리스도 안에서 영생을 얻은 사람들이 가지는 믿음의 핵심이다. 세례를 받는 의식도 이 사생관에 대한 확인이다. 그리스도와 함께 죽음으로 물속으로 들어가고, 그리스도의 새 생명에 접붙여짐으로 물 밖으로 나오는 것이다. 로마서 6장 1-11절의 세례는 그리스도 안의 사생관을 결정하는 복음의 진수이다. 복음은 우리를 옛사람에 대하여 죽고, 새사람에 대하여 살게 하는 것이다. 하나님께서 우리에게 삶을 주셨으니 이제는 그리스도를 위하여 살고, 죽는 것도 복음을 위한 공헌이 됨으로 유익이 될 것이라고 믿게 된다.

모세는 평생을 하나님의 집을 위하여 산 사람이다. 그가 하나님을 위하여 살았으니, 하나님 아버지와 그리스도를 위하여 하나님의 집에서 종의 역할을 한 사람이다. 그는 종으로서 그리스도의 교회의 전신이 되는 하나님의 백성을 위하여 충성하였으며, 그리스도의 모형인 성막을 만들었으며, 홍해를 믿음으로 건너 세례를 받도록 하였으며, 예수님의 십자가와 죽음을 예표하는 유월절 예식을 정하였다. 히11:24-28

모세는 최고의 지도자이다. 앞으로 오실 예수님을 예표하는 선지자이다. 그러나 하나님은 그 선지자가 그처럼 소망하던 약속의 가나안 땅을 바라보게만 하시고 느보산에서 생명을 거두어 가신다. 모세가 죽을 때에도 그의 눈이 흐려지지 않았고 기력이 쇠하지 않았다. 그럼에도 불구하고 하나님은 구세대의 최고 지도자를 정리하신다.

외면적으로는 모세가 '반석에게 명령함'이 아니라 '두 번 쳐서 물을 내는 잘못'을 한 것에 대한 심판으로 그가 가나안에 들어가지 못하게 되었다고 성경은 이야기 한다. 그 말씀은 그대로 순종을 강조하는 교훈으로 받아야 한다.

그러나 성경에서 말하는 것보다도, 깊이 숨겨진 의미도 적지 않을 것이다. 특히 모세가 백성들을 살리기 위하여 들었던 놋뱀을 수백 년이 지난 후에도 백성들이 음란하게 섬긴 것을 생각하면, 모세 자신이 살아있다는 것은 그가 세운 여호수아가 최고의 훈련을 받고 준비가 된 지도자라 하더라도 모세 앞에서 백성들에게 지도력을 발휘하기가 쉽지 않았을 것이다. 성경은 침묵하고 있지만, 이스라엘 백성들의 지금까지의 행태를 보면 여호수아의 지도력이 세워지는 것이 힘들 수 있다는 생각은 그렇게 어려운 상상력을 필요로 하지 않는다. 모세와 같은 카리스마적 지도자에게도 반역하기를 자주 하던 백성이 그들이었다. 하나님은 자신의 백성을 위하여 위대한 지도자 모세를 취하신다. 그리고 온 백성의 기대와 기도와 의뢰가 한 새로운 젊은 지도자 여호수아로 향하게 한다. 하나님께서는 자신의 종을 지도자를 정하여 세우시고, 새로운 힘을 얻게 하신다. 모세를 데려가신 후, 여호수아는 담대하게 새로운 역사를 감당한다.

후임에 대한 사람의 많은 우려는 하나님의 도우심 앞에서 기우杞憂에 불과할 수 있다. 염려가 있다면 하나님께 간절히 기도할 것이요, 기도하면 하나님이 들으시고 좋은 지도자를 세워주실 것이다. 하나님께서는 지도자를 세우는 분이시오, 새로운 지도자를 통하여 새 역사를 창조하시는 분이시다. 하나님께서는 여호수아에게 군대장관을 보내어 여리고 정찰을 나온 그로 하여금 신을 벗게 만든다. 모세가 떨기나무 불꽃 앞에서 주의 음성을 듣고 신을 벗어 하나님의 종이 된 것처럼, 여호수아도 동일하게 하나님의 사자로 임하신 존재 앞에서 신을 벗고 종이 되어 자신의 싸움이 아니라 하나님의 싸움을 싸우게 된다.

86 중대형 교회의 목회세습에서 돌아서, 에스라 · 느헤미야의 영적 부흥을 이루자

에스라서에 실린 112명의 명단은 이방결혼의 죄를 범한 명단이지만, 그 이름은 가족을 버리면서까지 개혁을 시행한 사람들의 이름이다. 세반연의 책자 『교회세습, 하지맙시다』에 부록으로 실린 목회세습과 변칙세습의 당사자 120여명은 이제 회개와 개혁의 명단이 되게 하자.

에스라서와 느헤미야서를 개혁의 교과서라고 말한다. 에스라에서부터 시작된 선민공동체의 개혁은 느헤미야서를 통해서 심화된다. 이 놀라운 성취는 비록 바벨론 유수의 비극을 겪었지만, 그 불명예의 상태를 벗어나와 유대 공동체 전체를 영적으로 바꾸고 고친 이야기로 묘사된다. 페르시아의 왕 고레스의 칙령B.C. 538으로 바벨론에서 돌아온 사람들은 폐허 상태로 방치되어 있던 솔로몬성전 터에 스룹바벨 성전을 재건B.C. 516하였다. 고레스왕의 지원과 다리우스

왕의 도움으로 방해의 어려움 끝에 성전은 건축되었지만, 제사와 율법을 통한 언약이 회복되는 것은 성전의 건축 못지않게 중요한 것이다.

세스바살과 스룹바벨 총독의 주도로 귀환한 약 5만 명의 백성을 중심으로 1차 귀환이 이루어지고 성전이 완성이 되었다. 이후 영적으로 더욱 깊은 개혁을 하게 되는 계기는 에스라를 중심으로 한 2차 귀환B.C.458이다. 에스라는 페르시아에서 인정받는 권위 있는 율법 학자이자 제사장 출신의 지도자였다. 에스라는 언약 백성의 내면과 영성을 회복시킨다. 에스라는 율법의 말씀으로 가르치고 시행하며, 성전의 예배를 회복시키기 위하여 유월절과 기타 절기를 말씀대로 지켜 백성을 정결하게 한다. 이 일을 위하여 에스라는 레위사람을 구별하여 제사의 일을 시행하도록 한다. 에스라는 역대상·하를 교과서로 삼아 하나님의 백성들을 영적으로 재무장한다.

히브리인의 개혁은 눈물과 기도의 지도자 느헤미야 총독이 제3차 귀환B.C.444을 하는 것을 통하여 다시 점화된다. 느헤미야는 총독으로서 성벽을 재건하기 위하여 돌아와서 52일 만에 성벽까지 건축함으로, 이제는 이스라엘이 영적으로뿐 아니라 군사적으로도 강화된다. 에스라와 느헤미야는 함께 백성들을 영적으로 갱신시킴으로 앞으로 도래하게 될 메시야왕국을 준비한다.

에스라에서 느헤미야로 이어지는 개혁에서 가장 중요한 것은 사람의 개혁이다. 에스라-느헤미야서는 성전과 성벽의 건설을 통해 의도하는 것이 있는데, 바로 그것이 영적인 개혁, 곧 언약 백성의 영적 개혁을 바라보고 있는 것이다. 성전과 성벽이 외형적 개혁이라면, 이 개혁이 진가를 발휘하기 위하여 성전에서 예배드리는 사람들의 내면이 개혁되어야 했다. 그 첫째로 바벨론 포로기간 동안 유다땅에 '남아있던 자들'과 '귀환자들' 사이의 깊은 갈등과 불신의 벽을허무는 작업을 해야 했다. 둘째로는 이방결혼으로 인한 민족적, 영적 정체성의 혼란을 배제하기 위하여 결혼의 신실함을 다시 회복하여야 했다. 에스라 1-6장까지가 외형의 개혁이라면, 7-10장까지는내면의 개혁이라고 할 수 있다.

에스라서의 개혁 내용은 파격적이다. 율법이 선포된 다음에 이방여인과 결혼한 사람들은 여자와 자식까지 축출하도록 조치되고 있다, 성벽을 쌓는 데에도 성전을 짓는 데에도 이방인들의 도움을 허락하지 않는 것을 볼 수 있다. 이러한 개혁은 나중에 느헤미야에 의해서도 동일하게 실시된다. 느헤미야는 이스라엘 사람에게서 난 혼혈족인 암몬과 모압 사람을 분리시켰다. 그는 성전에서 레위인에게주는 몫을 조정했으며, 안식일을 엄수시켰고 이방인과 통혼한 사람을 꾸짖으며 그들이 혼인한 이방여인을 공동체로부터 떠나게 하였다. 느13:23-30

에스라와 느헤미야의 개혁 중에서 가장 중요한 공통적인 개혁은이방인과의 통혼의 금지이다. 에스라와 느헤미야의 개혁은 비장한개혁이었다. 영적인 개혁에서 가장 엄청난 것은 이방과의 통혼을 한사람이 자신의 혼혈 가족을 버리게 한 것이다. 예루살렘과 유다에살기 위하여 온 사람은 믿음이 돈독한 사람으로서 하나님 나라를 회복시키려는 열망을 가진 사람들이었다. 그러나 그들이 결혼하는 것으로 주변의 민족들과 섞이기 시작하였다.

목회세습에 있어서 핵심은 혈연에 대한 관용이다. 목회세습이란 공공적인 교회의 목회 직분을 혈연에 승계하는 것이다. 에스라나 느헤미야의 개혁의 핵심은 가정을 깨뜨리더라도, 순수한 교회를 세우려는 것이다. 에스라는 회개하면서 가족을 버릴 것을 종용한다. 하나님의 백성들을 조직적으로 조사하여, 이방인과 통혼한 사람을 모두 조사하고, 가족을 포기하기 까지 순전한 하나님의 나라를 세우기로 작정한다.

하나님 나라 앞에서 혈연조차 상대적인 것이다. 회개하는 일의 핵심은 아내를 버리고 자식을 버리더라도, 하나님 나라의 순수성을 찾겠다는 것이다. 에스라와 느헤미야에 의하여 진행된 개혁은 믿음에서 떠난 가족을 버리는 것으로서, 민족적인 정체성과 신앙정체성을 확보하려는 것이다. 목회세습을 거부하려는 것은 혈연을 앞세우던 관행을 하나님의 나라를 세우는 열정으로 바꾸자는 것이다. 에스라 느헤미야의 개혁은 이 시대의 교회가 가정을 파괴하는 것은 아닐지라도 어떻게 철저히 회개하여야 하는지를 우리에게 실례로 보여주고 있다.

첫째로 목회세습을 단행한 교회는 그 이전의 상태로 돌아와야 한다. 공중 앞에서 한갓 헛된 혈연관계를 극복하지 못하였노라고 성도 앞에 고백하여야 한다. 이 고백에 따라 당사자는 원로목사 혹은 담임목사의 직분을 교회에 반납하여야 한다. 이러한 회개가 성도의 공동체를 훼손하지 않도록 성도들에게 진실하게 용서를 구하여야 한다.

둘째로 목회세습을 단행한 교회는 에스라와 느헤미야의 경우처럼 회개하는 목회자를 존귀하게 여기고 그들에 대한 거취를 성령님의 인도하심에 맡겨야 한다. 교우들은 지도자의 회개에 대하여 정죄하는 마음이 아니라 함께 그 결정에 동참한 것에 대하여 회중이 같이 회개하여야 한다. 성삼위 하나님께서는 반드시 두세 사람의 주의 이름으로 모여서 기도하면서 치리하는 곳에 하나님이 함께하신다고 말씀하셨으므로 교단과 교회의 전통에 적합한 해결책을 제시하실 것이다.

셋째로 목회세습을 이미 한 교회들은 그 명단이 어느 정도 파악이 되어있다. 그 명단이 지금은 하나님 앞에 불명예스런 명단이지만, 회개를 통하여 성령의 지시와 인도를 따른 교회들은 목회세습의 잘못된 결정을 되돌려 영광스러운 회개에 동참케 되는 명예회복의 이름이 되도록 할 것이다. 에스라서에는 112명의 이방인과 통혼한 불명예스러운 이름이 올라와 있다. 그러나 그들이 회개하고 난 다음에는 이 이름이 얼마나 영광스러운 이름인지 모른다. 그들은 이방결혼을 회개하고 가족을 버리면서 하나님을 택한 것이다. 그들은 하나님을 위하여 가정을 희생한 것이다. 보라! 에스라서에 기록된 가정은 회개한 가정이다. 이 가정은 천국의 명단에, 생명책에 기록된 가정일 것이다. 목회세습의 명단에 올라가있는 교회는 세습의 고리를 끊고 회개함으로 말미암아 한국교회에 회개의 물고를 트는 새로운 영성을 일으키자.

87 중대형 교회의 목회세습을 차단하는 목민심서의 지혜[1] : 목회는 목회사역 이전에 준비되어야 한다

목양의 사역은 철저한 준비를 통하여 이루어져야 한다. 목회는 기술이
아니다. 그 기술을 관통하는 사랑의 정신이 없으면 결국 여러 실수를 범
하게 된다. 청빙과 퇴임이 이러한 영성에 의하여 이루어진다면, 목회세
습과 같은 절도사건은 한국교회에 나타나지 않을 것이다.

정약용 선생의 『목민심서牧民心書』는 방대한 책이다. 목민심서는 기
독교 즉 서학西學 97)에 몰입했던 다산 정약용의 경력 때문에 정죄를
받고, 전남 강진에 내려가 유배당한 때에 쓴 책이다. 그와 함께 서학
을 연구하고 신봉했던 선비들과 형제들은 순교를 당하였다. 신유사
옥辛酉邪獄 순조 원년, 1801으로 죽은 선비들은 주로 남인 시파에 속한 이
승훈, 권철신, 정약종, 이가환, 최창현 등이었다. 이중 정약종은 형
정약전과 동생 정약용의 신앙이 굳세지 않다고 하여 홀로 순교를 당
하였고, 귀양 간 동생 정약용은 강진에서 목민심서를, 형 정약전은

---

97) 서학이라 함은 동학과 대별된다. 동학이 유, 불, 선의 사상을 대변한다면 서학은
서쪽인 중국에서 온 가르침으로 기독교를 일컫는다. 다산 정약용은 서학을 믿었
다. 신앙 이후에 그는 배교하였다. 그러나 샤를르 달레의 교회사에서는 그가 60
세 이후 강진에서 풀려난 이후 회심의 생활을 살았다고 기술한다. 다음을 참고하
라. Charles Dallet, *Histoire de l'Eglise de Coree*(1874), 安應烈·崔奭祐 譯註, 『韓國
天主教會史』, 上·中·下 (왜관: 분도출판사, 1979 1980).

흑산도에서 『자산어보玆山魚譜[98])를 썼다. 한편, 조선에 들어와 선교하던 주문모 신부는 자수하여 300 여명의 천주교신자와 함께 새남터에서 순교하였다.

다산이 17년 동안에 걸쳐서 남긴 목민심서는 12책으로 구성되어 있다. 이 12책은 각 책이 6장으로 구성되어 있다. 총 72장에 걸쳐서 섬세하게 목민관의 예를 들어가면서 자신의 주장을 남긴 책은 목민, 즉 백성을 섬기는 관리들이 어떻게 생각하고, 준비하고, 행동하며, 퇴임하여야 하는가를 섬세하게 기록한 책이다. 다산은 백성을 다스리는 관찰사, 군과 현의 지도자들이 어떠한 마음으로 다스려야 하는가를 말할 때, 백성을 사랑함으로 섬겨야 함을 말한다. 12권의 책 중에 애민愛民 즉 "백성 사랑"은 목민관의 기본적 마음가짐이라고 말한다. 아울러 그는 또한 목민의 "벼슬살이"를 "머슴살이"라는 말로 표현하므로 사랑하는 마음은 섬김으로 나타나야 함을 주장하고 있다. 이 책은 목양을 하는 목회자들이 어떻게 시작하고 마쳐야 하는가를, 그리고 어떤 정신으로 목회를 하여야 하는 가를 우리에게 간접적으로 가르치고 있다. 죽음의 면전에서 백성을 사랑함으로 남긴 제언들은 십자가를 지고 목회하며 사역하여야 할 사람들에게 깊은 도전을 준다.

다산의 가르침을 받아들인다면, 목민이나 목양은 기술技術, technique의 문제가 아니다. 목회사역을 위하여 일종의 기술과 지식이 필

---

98) 자산어보는 정약전이 천주교 박해사건인 신유박해 때(순조 원년, 1801년) 전라도 흑산도에 유배되어 1814년(순조 14년)까지 생활하면서 이 지역의 해상 생물에 대해서 분석하여 편찬한 해양생물학 서적이다.

요할지 모르나, 정약용 선생의 목민심서의 절반은 목회를 시작하는 마음가짐과 목회를 마무리하는 마음가짐에 대하여 말하고 있다. 소위 됨됨이, 목회자의 존재^{being}와 함께 목회적 실천^{doing}을 말하고 있는 것이다. 목회신학, 혹 실천신학의 차원에서 다산의 목민심서는 목회를 기술 혹은 기능으로 생각할 수도 있는 현대목회에 깊은 도전을 제공하는 문서로서 목회의 전 과정을 다시 돌아보게 만든다. 그가 말하는 목민관의 의무에 관한 12가지 제목은 목회자의 임무가 얼마나 총체적인 것인지, 그리고 목회세습을 하는 목회자의 그릇된 영성의 문제가 무엇인지를 통찰하게 한다. 목민심서 12책의 제목은 다음과 같다.

Ⅰ. 부임赴任: 왕명을 받들어 궁궐을 하직하고 관직을 향하여 나아감.

Ⅱ. 율기律己: 부덕한 관리가 되지 않도록 자신을 다스림.

Ⅲ. 봉공奉公: 공적인 일, 임금을 위한 일을 감당함.

Ⅳ. 애민愛民: 목민관으로서 백성을 사랑함을 사역의 기본으로 삼음.

Ⅴ. 이전吏典: 인재등용, 인사관리의 원리.

Ⅵ. 호전戶典: 재정관리, 경제운용의 원리.

Ⅶ. 예전禮典: 도덕과 철학을 깨우치고 예식이나 의례를 집행함.

Ⅷ. 병전兵典: 군사를 일으키고 훈련하여 백성의 생명과 재산을 지킴.

Ⅸ. 형전刑典: 잘못된 것을 벌주어 바로잡음. 재판의 규례.

Ⅹ. 공전工典: 부역 혹은 공사를 통하여 치산, 치수의 사업을 함.

Ⅺ. 진황賑荒: 어려움에 빠진 백성의 황폐함을 치유함. 구제.

XII. 해관解官: 관직에서 놓여나 자유로워지거나 타지방으로 전근을 감.

목민심서의 12책 중에서 목민관으로서의 해야 할 과제는 V-X 장에 이르는 6가지이다. 그러나 정약용은 그 목민관의 6가지 임무로 앞에 오지 않게 하고, 목민관으로서의 마음가짐과 준비를 앞의 네 장, I-IV에 걸쳐서 가르치고 있다. 그 내용은 어떻게 부임하여야 하겠는가, 자신을 어떻게 다스리겠는가, 임금의 명을 어떻게 공적公的으로 흠 없이 받들겠는가, 그리고 백성을 어떻게 사랑하겠는가를 묻고 있다. 앞의 4장은 가렴주구로 토탄에 빠져있는 백성을 어떻게 구제할 것인가 하는 절절한 마음에서 목민관의 경험을 돌아보며, 그리고 조선말에 멸망을 향하여 나아가는 국가의 운명을 되돌리기 위한 지도자론이요, 국가개혁론을 설파하고 있다. 마지막의 2장, XI-XII는 특히 황폐함과 토탄에 빠진 백성을 어떻게 긍휼히 여겨 구제하고, 어떻게 관직을 마치며 이임하는가를 말하고 있다. 그는 다시금 특별한 어려움을 가진 백성에 대한 구제와 치유, 그리고 깨끗한 관직의 마무리를 서술하였다. 목민관의 세습은 유교적인 사회에서도 쉽게 있을 수도 없는 일이었다. 자식을 과거에 급제시키기 위하여 노력하는 사람은 있었으나, 자신의 관직을 그대로 물려주려했던 상황은 결코 쉽지 않았다. 정약용 선생이 우리 목회자에게 주는 통찰력을 다음과 같이 바꾸어서 목회의 전반을 다시 묵상할 수 있다.

I. 부임赴任: 1. 청빙: 소명을 확인하고 받들어 청빙된 지역으로 나아감.

Ⅱ. 율기律己: 2. 영성훈련: 부덕한 목회자가 되지 않도록 자신의 영
성을 수련함.

Ⅲ. 봉공奉公: 3. 천국운동: 목회적 헌신을 통하여 주께 충성하고 그
의 나라를 세움.

Ⅳ. 애민愛民: 4. 영혼사랑: 목회자로서 인간의 영혼을 사랑함을 기본
으로 삼음.

Ⅴ. 이전吏典: 5. 인사행정: 인재등용, 인사관리의 원리.

Ⅵ. 호전戶典: 6. 재정관리: 헌금과 기부를 바로 관리하고 사용함.

Ⅶ. 예전禮典: 7. 예배와 예식: 예배를 통한 교통과 윤리를 위한 가르침.

Ⅷ. 병전兵典: 8. 영적 전쟁: 세상을 분별하고 제도적·인적·영적 도전
을 물리침.

Ⅸ. 형전刑典: 9. 치리: 잘못된 것을 벌주어 바로잡음.

Ⅹ. 공전工典: 10. 봉사: 교회 안에서 봉사하고 사회 속에 선한 일을
실천함.

Ⅺ. 진황賑荒: 11. 구제와 선교: 어려움에 빠진 성도와 이웃을 돕고 선
교를 나아감.

Ⅻ. 해관解官: 12. 이임과 퇴임: 다른 임지로 나가거나 은퇴함.

목민심서의 구조가 주는 가르침은 공적인 목양자의 삶이 단지 목
양 자체에만 국한되어 있음이 아니라는 것이다. 목회는 목회자의 전
삶의 영역과 관련이 있으며, 무엇보다도 목양자의 사랑의 정신과 맞
닿아 있다. 목민심서의 임금에 대한 봉공과 백성에 대한 애민은 영

적 지도자들이 마음에 가지고 나아가야 할 하나님 사랑과 이웃 사랑의 정신이 필요함을 보여주고 있다. 목회사역은 사랑이라는 목회의 정신에 의하여 관통되어야 한다. 이러한 사랑의 목양정신은 목회세습의 문제를 부끄럽게 만든다.

88 중대형 교회의 목회세습을 차단하는 목민심서의 지혜[2] : 부임하는 목회자는 소명을 재확인하라

목회세습은 하나님과 그리스도의 부르심 대신하여 아버지의 부름으로 바꾸는 것이다. 청빙을 받는 자는 주의 소명이 분명한가를 재삼 확인하여야 한다. 소명의 목적은 하나님 나라를 받들고 이웃을 사랑하려는 것이다. 확실한 소명감은 목회의 난관을 돌파할 힘의 근원이다.

목민관이 임지로 나아가는 것이 자신의 뜻에 따라 하는 것이 아닌 것처럼, 목양자가 목회지에 부임하거나 개척하게 되는 것은 자신의 뜻이 아니라 그리스도의 부르심, 곧 소명에 따름이다. 소명은 자신의 뜻이 아니라 그리스도의 부르심이다. 목회자는 자신의 목회를 함이 아니라, 오직 예수 그리스도의 목회를 위임받아 감당한다. 그리스도의 종이 된 사람은 그러므로 그리스도의 부르심과 인도하심을 구하여야 한다. 아버지의 임지를 이어 받으면서, 이를 그리스도의 부르심으로 오해하거나 착각하지 말아야 한다. 기득권의 확보를 위한 소명이 아니라, 그리스도의 분명한 인도하심을 따르는 것이 목회자에게 있어서 출발점이 된다. 소명의식은 "내가 누구의 종이 될 것인가"를 결정한다. 욕심의 종인가? 아버지의 종인가? 아니면 그리스도의 종인가? 이러한 질문은 목양을 하나님의 뜻으로 알고 나아가는 사람들의 출발점이다.

이 소명감이 우리에게 새 힘을 부여해주면서, 복회의 고난을 이길 수 있는 전기를 만들어준다. 모세의 소명, 여호수아의 소명, 엘리사의 소명, 이사야의 소명, 예레미야의 소명, 아모스의 소명, 그리고 신약시대의 그리스도와 베드로와 다른 제자들의 소명, 그리고 바울 사도의 소명은 분명한 하나님의 지시로 임하게 되며, 이는 스스로의 충성이 아니라 하나님 아버지와 그리스도의 부르심을 향한 순종으로 귀결된다. 소명은 그러므로 왕 되신 하나님께서 목회자에게 부임 赴任을 명하시는 행위이다. 하나님께서는 지금도 하나님의 백성들에게 사모하는 마음과 열정과 구체적인 인도하심을 통하여 자신의 사역에 우리를 사용하신다. 이러한 소명이 비틀어질 때, 우리는 자신의 목회자로서의 정체성에 대한 고심과 아울러 목회의 대상인 성도들에게 심각한 혼돈을 불러일으킬 수가 있다.

목회자가 전임자와의 혈연적 관계에 의하여 부임되었을 때, 그것을 하나님의 뜻이자 소명으로 강변하는 데는 한계가 있다. 특별한 경우 하나님의 섭리적인 인도하심이 있을 수도 있지만, 한국교회의 대부분의 경우는 기득권의 승계라는 질타를 받기 십상이다. 하나님의 사역은 철저히 영성과 소명으로 준비되어야 하는데, 이 소명의 확신이 부족하면 결국은 목회를 직업적인 일로 하게 되며 사명감의 부족과 강력한 임재의식을 상실하게 될 것이다. 더구나 강단의 목회자를 신뢰하고 믿음의 모델로 바라보면서 신앙생활을 하는 성도들이 큰 시험에 들거나 교회를 떠나는 것은 물론, 심지어 믿음에서 멀어지는 사례까지 있다. 한 사람을 실족하게 하는 자는 연자맷돌을 지고 물속으로 들어가라는 예수 그리스도의 지엄한 명령은 바로 목회적 영성으로 제대로 준비되지 아니한 목양자가 주님의 양을 훼손하는 험한 상황에 이르게 되는 것을 일컫는다. "또 누구든지 나를 믿는 이 작은 자들 중 하나라도 실족하게 하면 차라리 연자맷돌이 그 목에 매여 바다에 던져지는 것이 나으리라."막9:42

부임 절차를 받아들이며 주의 일을 감당할 때에 중요한 3가지 요소는 영성수련, 하나님 사랑, 이웃사랑이다. 영적인 사역에 쓰임 받을 수 있도록, 자신을 철저히 쳐서 하나님 앞에 복종시키는 훈련이 필요하다. 자신을 말씀으로 규율하는 목회자는 아버지의 요청이 하나님의 요청인지 아닌지를 분별하여야 할 것이다. 자식에게 목회처소를 물려주려고 하는 아버지는 그것이 하나님의 지시인지 아니면 자신의 부성애父性愛로 말미암은 것인지 분별하여야 할 것이다. 영성훈련을 통과한 목회자는 무엇을 하여야 할지, 말아야 할지를 알 것이다. 자신의 아들을 주의 소명자가 아니라 처음부터 혈연의 연루자가 되어 영성을 흐린 채로 평생의 목회를 하도록 만들지 말 것이다. 더구나 숨기고 싶은 비리와 기득권이 있다면 퇴임과 함께 회개하고 정리하며, 그리스도 앞에 설 때에 책망을 받게 하지 말 것이다.

Ⅱ. 율기律己: 2. 영성훈련: 부덕한 목회자가 되지 않도록 자신의 영
　　　　　　　　성을 수련함.

Ⅲ. 봉공奉公: 3. 천국운동: 목회적 헌신을 통하여 주의 나라를 세움.

Ⅳ. 애민愛民: 4. 성도사랑: 목회자로서 성도 사랑함을 기본으로 삼음.

　소명을 받아 주의 일을 할 때에 이는 사사로운 일이 아니라 공적인
일이다. 특히 목민심서에서 봉공이라 함은 '공적인 일을 받든다'는
의미인데, 이것을 신앙적으로 재해석 한다면 왕이신 하나님의 나라
를 위하여 공적으로 봉사하게 됨을 의미한다. 봉공의 목회자는 하나
님 나라를 사사로운 것으로 만들지 않는다. 그것은 자신의 것이 아
니라 하나님의 나라요 그와 관련된 사역이다. 자신의 요구와 자신의
호, 불호, 그리고 자신의 욕구는 하나님의 의지와 즐거움에 복종되
어야 한다. 요나는 자신의 이데올로기에 갇혀서 하나님의 사랑의 요
청이 니느웨에 미치는 것을 도저히 이해할 수도 없었고, 순종하기는
더더욱 싫었다. 그러나 요나의 생각은 사사로움에 지나지 않는 것
이며, 하나님의 의지는 거대한 도시에 있는 생명을 구하려는 공적인
특성을 가졌다. 요나는 공사公私를 구별하지 못하였다. 그의 생각은
민족의 경계를 넘어서지 못하였고, 그는 민족에 대한 국수주의적 사
사로움을 극복하지 못하였다. 그는 회개하고 나서야 하나님 나라의
공공성을 위하여 겨우 일하게 된다.

89 중대형 교회의 목회세습을 차단하는 목민심서의 지혜[3] : 퇴임을 통하여 자신의 목회사역의 업적과 아름다운 이름이 더욱 빛나게 하라

목회세습은 사실상 자신의 퇴임을 미루어, 한 목회자가 이제 새롭고 맑은 기풍으로 새 시대를 맞이하려는 것을 막는 행위이다. 목회세습은 새로운 후임자가 새로운 변화의 시대를 시작하려는 귀중한 계기를 빼앗는 것이다. 준비된 퇴임으로 오히려 목회의 새로운 발전을 이루라.

성경에서는 목자牧者, pastor라는 아름다운 용어가 나온다. 목자라 함은 대체로 양치는 사람, 목축을 하는 사람들을 의미했지만, 실제로 백성들을 다스리는 사역을 하는 사람을 목자라 하고 이에는 정치지도자와 종교지도자의 두 부류가 있었다. 정치지도자로서 왕은 목자였다. 왕이 전쟁에서 죽고 백성이 흩어진 것을 '목자 없는 양떼와 같다'고 표현하였다. 한편으로는 종교지도자를 목자로 표현하였는데, 선지자와 제사장처럼 하나님의 명령을 전하는 가르치며 치유하는 지도자를 목자라 하였다.

정치지도자들의 퇴임이 아름다워야 국민에게도 기쁨이 된다. 우리의 정치사는 목자의 뒷모습이 얼마나 좋지 않았던 지를 보여준다. 이승만 대통령의 하야 이후의 외국 망명생활, 박정희 대통령의 죽음, 전두환 노태우 대통령의 백담사 유폐와 감옥 생활, 노무현 대통령의 자살과 박근혜 대통령의 탄핵인용은 정치지도자들의 영광의 뒤태가 얼마나 황폐하였는가를 보게 한다. '마지막이 좋아야 다 좋다'는 속담이 있다. 목민관의 삶이 그렇다면 실제로 또 다른 목자, 목양자pastor로 일컬어지는 종교지도자들은 어떠한가? 하나님의 사역을 하는 목회자들의 퇴임 이후, 이임 이후는 얼마나 아름다운가?

소명에 의하여 청빙을 받고 주의 사역을 감당하는 것도 중요하지만, 이임 혹은 퇴임의 순간도 그에 못지않게 매우 중요하다. 퇴임하면서 교회를 무너뜨리거나 퇴임하면서 부임하는 목회자를 어렵게 하는 경우가 너무나 많기 때문이다. 무엇보다도 퇴임하면서 성도를 어렵게 만들고 평생해온 목회를 흩어버린다면 그 얼마나 괴로운 일이 되겠는가? 심판하시는 분은 하나님이시다. 우리의 목회에 대하여 판단하시는 분은 하나님이시다. 하나님을 두려워하면서 목회의 마지막 기간과 그 후에까지 주님 앞에서 소명자의 충성을 내려놓지 말아야 한다.

이점에서 목민심서의 마지막 부분은 우리에게 심금을 울리는 마무리 단계를 가르쳐주고 있는데, 바로 제12책 "해관"解官 즉 관직에서 물러남이다. 다산 선생은 퇴임을 맞이하여 절대로 벼슬을 떠나는 것을 슬퍼하거나 연연해서는 아니 된다고 가르친다. 그는 수령직에는 반드시 퇴임 즉 체임遞任99)이 있게 마련이라고 한다. 다만 가장 영광스럽게 퇴임할 수 있도록 해야 하지만, 벼슬을 잃는 가운데서도 그것에 연연해하지 않으면 백성이 존경할 것이라 말한다.100) 다

---

99) 체임이란 보직이 교체가 되어 다른 곳으로 옮겨가는 것을 의미한다. 영원히 살거나 영원히 관직을 지키지 않는다면 벼슬을 떠나는 순간이 있다는 것은 필연이다.
100) 정약용, 『역주 목민심서』, 해관 6조 제1장, pp.160-163.

산 선생은 지방관이 교체되는 경우를 20가지[101]로 정리한다. 이 같은 20가지의 교체 가능성이 있다는 것은 지방관을 중도에 마치게 만드는 상황이 얼마나 많으며, 그 임지를 가고 옴이 얼마나 뜬구름 같은가를 우리에게 가르쳐준다. 그러므로 목회를 함에 있어서 정년을 마치고 순하게 교체되는 것은 하나님의 특별한 은총이다. 임기 동안 심하게 병들지도 않고, 평안한 가운데 목회함으로 중간에 목회가 중단되지도 않는 것은 흔치 않은 은혜이다. 도덕적이나 사역에서 그리 큰 문제가 없어서 20년 이상의 사역을 마치고 원로목사, 25년 이상의 사역을 마치고 공로목사가 되는 것은 경사이며, 주변의 좋은 모델이다. 이처럼 명예스런 사역을 하였는데, 이 마지막 시점에서 지금까지 영광스럽게 회자되던 존경스러운 이름을 목회세습이나 처우 문제로 말미암은 훼손하거나, 전임자 후임자의 갈등을 통하여 파괴하는 것은 본인에게도 교회에도 너무도 가슴 아픈 일이다.

조선시대의 족벌정치와 세도정치의 실상은 혈연에 의하여 공적인 정치의 현장을 사유화 한 때문이다. 가문의 영향력을 유지하고 확장시키기 위하여 파벌이 나누어져서 싸운 것은 조선시대의 정치에 말할 수 없는 피비린내 나는 당쟁의 원인이 되었다. 이러한 상황에서

---

101) 정약용, 『역주 목민심서』, 해관 6조, 제 1장, pp. 160-161. 목민관의 교체 20가지는 다음과 같다. 무리 없이 좋은 교체가 되는 순체(順遞) 5가지: 임기를 채우고 물러나는 과체, 진급의 승체, 서울로 전근되는 내체(內遞), 임금의 부름으로 가는 소체, 다른 고을과 바꾸는 환체가 있다. 다음의 다섯은 경체로 영전이나 좌천이 아닌 경우의 교체이다. 친인척을 피하기 위한 피체, 상관과 선대의 혐의가 있는 것을 피하는 혐체, 셋째는 새 수령이 갑자기 교체되어 오는 내체(來遞)와 상소를 통한 소체, 말미를 받아 본가로 가서 오지 않는 유체가 있다. 그 다음 5가지 경유에 불미스러움으로 죄체가 있고, 나머지 5가지는 악하고 힘든 5가지의 악체(惡遞)가 있다.

도 1785년 이승훈, 이벽 등에 의하여 시작된 한국의 조직교회는 그 신앙으로 말미암아 신분적 기득권을 버리고 순교의 영광을 맞이하는 교회가 되었다. 1885년 아펜젤러와 언더우드 선교사로 시작된 개신교회 또한 지난 100년 동안 어려운 민중과 삶의 자리를 같이하여 왔고, 한 세대 전까지도 결코 기득권자로 간주되지 않았던 한국교회였다. 그러나 이제는 교권적, 금권적 권세와 소유를 대물림하려는 목회자들이 목회세습을 통하여 자신의 마지막 퇴임을 즈음하여 그리스도의 권세를 사유화하는 중죄重罪를 범하고 있다. 다음은 퇴임을 앞둔 목민관을 향한 정약용 선생의 당부이다.

> 평소에 문부文簿 문서와 장부를 정리해 두어서 내일이라도 곧 떠날 수 있도록 함은 맑은 선비의 기풍이요 문부를 마감하기를 청렴하고 명백하게 하여 후환이 없도록 함은 지혜로운 선비의 행실이다.[102]

목회세습은 사실상 자신의 퇴임을 미루어, 한 목회자가 이제 새롭고 맑은 기풍으로 새 시대를 맞이하려는 것을 막는 행위이다. 목회세습은 새로운 후임자가 새로운 변화의 시대를 시작하려는 귀중한 계기를 앗아가는 것이다. 개혁은 미루어지고 벽에 부딪힌다. 지난 수많은 교회의 일에서 전임자는 선선히 떠나기를 거부하고, 후임자를 전폭적으로 밀어주지 못하는 것이다. 혈연으로 얽힌 아들이나 사위에게 가업을 물리듯이 공적인 공동체를 사적으로 넘겨주는 것이

---

102) 정약용, 『역주 목민심서』, 해관 6조, 제 1장, p. 164.

다. 이미 한국 사회는 정권교체의 전통이 깊어지고 있는데, 교회는 혈연에 매어 개혁대상으로 점차 스스로 내몰리게 만드는 것이 바로 이 목회세습이다. 더욱이 혈육을 지원하여 세습하기를 원하는 마음으로 영향력을 행사한다면, 아버지와 아들 두 사람 모두가 존귀하고 향기로운 이름을 상실할 가능성이 있게 된다. 정약용은 당나라의 한 아버지와 아들이 위주魏州에서 공무원을 연거푸 지내므로 아버지의 명성이 땅에 떨어진 이유를 다음과 같이 밝히고 있다.

> 당나라 적인걸이 위주 자사를 지냈는데, 백성들이 그를 위해 생사당을 세웠다. 뒤에 그의 아들 적경휘가 위주 사공司功이 되었는데 탐욕스럽고 사나와 백성들이 고통을 받게 되자 그 때문에 [백성들은] 그의 아버지의 생사당을 헐어버렸다.[103]

전임자였던 아버지는 그가 재위에 있을 동안에 명성이 자자하여 현직에 있을 동안 백성들이 고맙게 여긴 나머지 사당을 지어 바쳤고, 그곳에서 제를 지내면서 존귀한 이름을 기억하였다. 그러나 대를 이은 아들의 사역은 아버지에 미치지 못하였고, 악하고 탐욕스러워 아버지의 명성을 모두 손상시켜 버렸다. 걸출한 지도자의 자녀가 아비를 따르지 못할 때는 비일비재하다. 전임자인 아버지에 의하

---

103) 인용문에서 생사당이란 목민관이 한 지방에 파견되어 선정을 베푸는 동안 현직을 감당하는 사람이 일하고 있을 때에 사당을 지어 바치는 것을 말한다. 생사당이란 목민관에 대한 최고의 존경의 표시이다. 정약용, 『역주 목민심서』, 해관 6조, 제 6장, p. 218.

여 상처를 받는다든지, 후임자인 아들이나 사위에 의하여 그 존귀한 명성이 훼손될 가능성은 언제나 가능성으로 남아있다. 이는 단지 전임자와 후임자의 심리적 고통으로 끝나는 것이 아니라, 교회 안에서 파벌싸움으로, 신·구파, 혹은 주류와 비주류의 싸움으로 번져 아버지와 아들의 영향력이 오히려 갈등을 일으킴으로 교회 내 불안요소가 되기도 한다. 그러므로 목회세습은 정의로운 목양자로서는 있을 수 없는 일이다. 선하게 목회를 한 그 이름이 너무 존귀하기 때문에, 이 귀한 명예를 지키기 위해서라도 목회세습은 삼가는 것이 좋다. "많은 재물보다 명예를 택할 것이요 은이나 금보다 은총을 더욱 택할 것이니라."잠22:1

90 중대형 교회의 목회세습을 차단하는 목민심서의 지혜[4] : 퇴임을 앞두고 자신의 명예를 높이기 위한 어떤 건물이나 기념물을 만들지 않도록 하라

목양자의 신실함은 하나님이 알아주시고, 조용히 목회를 한 사람이라 하더라도 그 사람이 지나가고 난 다음에 향기로움이 더욱 드러난다면 족할 것이다. 자신이 스스로 자신을 높이는 행위를 버리라. 자신을 낮추고 주님의 높여주심에 자신을 맡기라.

안타깝게도 하나님에게 온전한 충성을 드리지 못했던 사울 왕은 자신을 위하여 기념비를 만들었다. 하나님의 이름보다 자신의 이름을 더욱 귀중히 여긴 것이다. 성적 유혹이나 돈의 유혹을 모두 이긴 목회자가 헛된 명예의 추구로 말미암아, 퇴임에 이르러 어려움을 당하는 경우가 많이 있다. 퇴임을 맞이하여 자신의 이름이 필요 이상으로 부각되어 있는 것은 모두 거두는 것이 좋다. 더욱이 자신이 스스로 자신의 이름을 남기기 위하여, 기념비를 만들거나 조형물을 만들거나 자신의 호가 붙은 건물을 짓는 것조차 그리 바람직하지 않은 일이다. "오직 하나님께 영광"soli Deo gloria을 돌리려는 개혁자들이 자신의 이름을 추구하는 것은 그리 합당하지 못하다. 목양자의 신실함은 하나님이 알아주시고, 조용히 목회를 한 사람이라 하더라도 그 사람이 지나가고 난 다음에 향기로움이 더욱 드러난다면 족할 것이다. 다산 선생은 수령의 재직 시에 빛나는 공이 없어도 떠난 후에 백성들의 사모함이 깊으면, 그 이유는 그가 자신의 공적을 내 세움이 없이 조용히 선정을 베풀었기 때문일 것이라고 말한다. 다산은 조용히 덕스러운 통치를 이루고 후세에 명성을 떨친 사람들의 이야기를 다음과 같이 전한다.

고려 하윤원이 원주를 맡아 다스릴 때 어진 정사가 있었다. 만기가 되어 소환되니 치악산의 중 운감이 시를 지어 부쳤다. "아이가 어미 곁에 즐거이 놀 적에는 은혜와 사랑을 알지 못하더니, 어미가 떠나자 아이가 울부짖으니 추위와 배고픔이 닥쳐서가 아닌가."[104]

---

104) 정약용, 『역주 목민심서』, 해관 6조, 제6장, pp. 227-228.

사람이 다른 사람의 기억으로부터 점차 사라지는 것은 당연한 것이다. 명예는 중요한 것이지만, 다른 사람에게 망각되지 않기 위하여 스스로가 송덕비頌德碑를 세운다든가 기념비를 세우는 것은 이 세상의 사람들이 하는 일이다. 아전에게 목돈을 비용으로 주고, 마치 백성이 덕을 기리는 것처럼 하여 송덕비를 세우는 것은 옳은 일이 아니다. 그러나 전임자가 떠난 후에 남은 백성들이 이전 목민관을 기억하고 기념하여 사당을 짓고 송덕비를 건립하는 것은 아름다운 일이다. 아들이 물려받은 교회에서 아버지의 기념비를 세우는 것은 얼마나 얼굴 뜨거운 일인가? 아들이 아버지의 이름을 기리는 기념관을 짓는 것이 얼마나 구차스러운 일인가? 자신이 자신의 이름으로 기념관을 남기는 것은 얼마나 안타까운 일인가? 향기로운 이름은 아름다운 것이지만, 작위적으로 이름을 내기 위하여 노력할 것은 아니다. 오히려 후대의 사람들이 기억하고 기린다면 그것은 아름다운 일이 될 것이다.

그러므로 모든 목양자들은 누구의 이름을 높일 것인지 생각하여 보아야 한다. 하나님은 존귀한 이름을 주신다. 하나님께서는 자신을 높이기보다는 주의 이름을 위하여 헌신한 자의 이름을 존귀하게 만드신다. 주님의 교회를 대를 이어 섬기는 것은 아름다운 일이다. 림인식 목사님의 경우처럼 한 가문에서 4대의 목회자가 나왔다는 것도 영광이다. 그러나 그 4대가 한 교회에서 목회를 했었다면, 그렇게 영광스럽지는 않았을 것이다. 남들이 가지 않는 선교지, 그곳에 4대가 나가서 희생하였다면 그것이 영광이 될 수는 있으나, 혈육이 연이어 담임목사직을 감당한다면 그 교회가 혹 가족중심의 교회, 한 집안의 혈통이 주류를 이루는 가족교회가 아닌가를 우리는 의심하게 된다. 지역교회에서도 소수의 가문에 의하여 압도적인 영향력이 발휘되는 교회는 바람직하지 않다. 공공성을 상실할 가능성이 많기 때문이다. 한 지방 사람들의 향우회격이 되는 교회도 그렇게 바람직하지 않다. 교회의 복음이 지방색을 넘어서지 못하는 경우도 있기 때문이다. 교회에서 지연이나 지방색이 극복되지 않는다면, 어디서 그러한 배타주의를 넘어서는 공동체를 보게 될 것인가?

교회에서 혈연이 지배하지 못하게 하라. 교회에서 지연이 지배하지 못하게 하라. 교회에서 계급이 지배하지 못하게 하라. 교회는 이 모든 이질적인 것을 품고 소화하여 공적인 기관으로 자라나도록 하라. 이 세상의 이데올로기와 계급과 혈연과 지연과 학연과 모든 배타적 카데고리가 교회에서 사라지게 하라. 오직 복음으로 하나 되게 하라. 이것이 복음 안에서 남자나 여자나 종이나 자유자나 유대인이나 이방인이나 차별이 없는 자유와 화해의 공동체가 되는 것이다.

X

결론적 제언 5개 조항

91 중대형 교회의 목회세습 관련자들은 하나님과 역사 앞에 겸허히 회개하여야 한다

회개한 성도는 소유권이 바뀐 존재, 즉 예수 그리스도의 소유이다. 우리를 자신의 핏 값으로 사서 소유하시는 분이 예수 그리스도이시다. 우리는 이제 청지기가 된 것이다. 우리가 맡은 4가지의 중대한 선물이 있는데, 시간time과 재능talent과 금전treasure과 직함title이다.

예수님의 공생애 사역 중에 첫 말씀은 다음과 같다. "회개하라 천국이 가까이 왔느니라"마4:17 세례요한의 메시지도 동일하게 회개의 촉구이다. 오순절 날 베드로 사도의 첫 번째 메시지 역시 "회개하라"행2:38이다. 회개가 없으면 천국도 없다.[105] 자아에 대한 집착, 혈

---

105) 회개에 대한 다음의 책을 참고하라. Richard Baxter, *A Call to the Unconverted* (Lafayette, IN: Sovereign Grace Publishers, Inc., 2000), 배웅준 역, 『회개했는가』(서울: 규장, 2008), pp. 4-6, 33-39.

연에 대한 집착, 물질에 대한 집착으로부터 회개하지 않으면 천국은 없다. 회개하지 않았기 때문이다. 회개란 자아에 대한 포기이다. 내가 의지하던 것에 대한 포기이다. 그리고 그리스도에 대한 신뢰이다. 내가 왕이 아니라 예수 그리스도께서 나의 왕이 되는 것이다. 그리스도를 영접한다는 것은 그리스도를 왕으로 받아들인다는 것이다.

조선시대 목민관이 왕에게 하직 인사를 하고 행장을 차려 부임하여야 할 지방으로 나아갈 때, 지방에서 그 목민관을 영접하지 않는다면 그것은 왕명을 거역하는 것이다. 그것을 우리는 반역^{rebellion}이라고 한다. 그리고 그 부임하는 목민관이 가진 권한과 소장품을 모두 다 빼앗는 다면, 우리는 그것을 찬탈^{usurpation}이라고 한다. 우리가 전하는 복음은 취미생활의 소개가 아니다. 인상적인 식사 한번 같이하자는 교제의 얕은 차원이 아니다. 복음에 대한 결단은 정치적인 선택이다. 복음의 실존인 예수 그리스도에 대한 결단은 인생을 관통하는 결정적인 선택의 문제이다. 그리스도를 구세주로 받으면 하나님을 영접하는 것이다. 왕이신 그리스도를 버리면 하나님의 은총을 거절하는 것이다.

회개했는가? 회개란 옛것을 버리고 새로운 것을 붙드는 것이다. 나의 우상을 포기하고 주님을 붙드는 것이다. 회개란 해체^{deconstruct}와 재건^{reconstruct}의 반복이다. 지금까지 내가 쌓아놓았던 모든 체계를 일거에 부스러뜨리고, 그리스도를 인간의 가치관, 인생관, 세계관의 최고 정점에 모시고 다른 모든 것을 재건축하려는 것이다. 세상의 모든 우상을 상대화시키는 것이다. 내가 가장 두려워하던 이 세상의 왕을 포기하고 그리스도를 붙드는 것이다. 회개는 버리고 다시 찾는 것이다. 파스칼이 말한 바 "그리스도 이외에 모든 것에 대한 포기"이다. 파스칼의 회개는 그리스도 안에서 새로운 삶은 찾는 회개였다. 그의 명상록, 『팡세』에 나오는 회심의 단장短章 "불, 불, 불"을 보라.

아브라함의 하나님, 이삭의 하나님, 야곱의 하나님.

철학자와 학자의 하나님이 아닙니다.

확신, 확신, 감격, 기쁨, 평화.

예수 그리스도의 하나님.

예수 그리스도의 하나님.

나의 하나님 그리고 너의 하나님.

너의 하나님은 나의 하나님이 되리라.

하나님 이외의 이 세상과 온갖 것에 대한 일체의 망각.

하나님은 오직 복음서에서 가르치신 길에 의하여 알 수 있을 뿐입니다.

인간 영혼의 위대함이여.

의로우신 아버지. 세상이 아버지를 알지 못하여도 나는 아버지를 알았습니다.

기쁨, 기쁨, 기쁨, 기쁨의 눈물

나는 당신에게서 떠나 있었습니다.

생수의 근원이신 하나님을 버렸습니다.

나의 하나님, 어찌하여 나를 버리셨나이까.

이제 나는 영원히 당신을 떠나지 않겠습니다.

영생은 곧 유일하신 참 하나님과 당신이 보내신 자 예수 그리스도
를 아는 것입니다.

예수 그리스도.

예수 그리스도.

나는 당신을 저버리고 피하고 부인하고 십자가에 못박았습니다.

이제 나는 절대로 당신에게서 떠나지 않겠습니다!

일체의 모든 것을 기쁘게 포기합니다.

예수 그리스도와 나의 지도자에게 전적인 순종.

이 땅에서의 잠간의 노력을 통해 얻는 영원한 기쁨.

나는 당신의 말씀을 결코 잊지 않겠습니다.

아멘.[106]

회개한 사람은 이제 남은 삶에서 하나님의 영광을 드러내고 그리
스도의 왕권에 순복함을 보이는 사람들이다. 그리스도를 모퉁이돌
로 삼고 그 돌에 비추어 나의 삶을 조정하고 다스리며 다른 성도들
과 함께 세워져 나가는 거룩한 성전이 되는 것이다. 회개한 사람에
게 주어지는 새로운 인식은 그리스도를 의식하면서 살아간다는 것
이다. 회개한 사람은 주인이 바뀐 사람이다. 머슴에게 주인이 바뀐

---

106) 박철수, 『파스칼의 팡세: 생각하는 갈대』, pp. 34-36.

다는 것은 자신에 대한 소유권이 타자에게로 넘어갔다는 것이다.

회개하였는가? 그러면 우리는 다른 존재에게 속한 것이다. 우리는 예수 그리스도의 것이다. 나의 죄 때문에 나를 자신의 핏 값으로 사신 우리를 소유하시는 분이 예수 그리스도이시다. 우리는 이제 생명 청지기, 금전청지기요 모든 소유의 청지기가 되었다. 우리가 맡은 4가지의 중대한 선물이 있는데, 시간^{time}과 재능^{talent}과 금전^{treasure}과 직함^{title}이다. 그중에서 목회자에게 주신 하나님의 직분은 주님께서 맡겨주신 것이다. 그 목회자 직분을 잘 감당하고, 우리의 자녀들이 목회자 됨을 즐거워하며 대를 이어서 목회자로 결단하게 된다면 얼마나 커다란 복인가? 복음을 위하여 대를 이어서 충성한다면 그 얼마나 커다란 은혜인가? 그러나 그 훌륭한 결단을 한 자녀를 타락시키지 말라. 자녀의 순전한 결단을 기득권으로 채우지 말라. 무엇보다도 청지기로 맡겨주신 공영체, 공동체, 공적 자산이요, 무엇보다도 그리스도의 포도원을 빼앗아 자녀에게 선심 쓴 것을 철저히 회개하라. 주변의 사람을 공범으로 만든 것에 대하여 사과하고, 공적으로 잘못했음을 고백하라. 성령으로 시작한 사역을 육체로 마치지 말라.

회개하였는가? 회개하였으면, 범죄 한 것에 대하여 고백하라. 그리고 하나님 앞에서 근신하고 모든 것을 성령님의 인도하심에 맡긴 채로 떠나라. 성도와 함께 기도하고 하나님의 뜻을 묻도록 하라. 철저하게 회개하고 뉘우치되, 그냥 적당히 돌아갈 생각을 하지 말라. 완전히 모든 것을 내려놓고, 영향력을 행사하는 위치에서 떠나라.

회개하는 자에게 주시는 은혜 속에서 주님의 뜻, 상회의 뜻, 지교회의 뜻을 묻고, 성령님의 인도하심에 따르라. 할 수 있으면, 무엇보다도 가장 낮아지는 방법을 추구하라. 교회의 도움으로 낮아지는 방법을 결정하라. 해당 교회는 이 기회를 소극적인 사과에서 끝나도록 하지 말고, 복음이 더 확산되는 기회를 삼으라. 기독교의 공적 회심이 지역사회에서도 선한 열매를 맺는 방향으로 공헌하도록 함이 아름답다. 삭개오의 선행을 기억하면 도움이 되지 않겠는가?

92 중대형 교회의 목회세습은 목회자의 범죄이다. 묵시의 시대를 두려워하라!

중대형 교회의 목회세습은 부패된 교회의 증상이다. 목회세습은 회개되어야 할 허물이요 죄이다. 이는 사사시대 말 레위인의 타락과 같은 종교지도자의 도덕적 몰락과 궤를 같이하는 것으로서, 이 사회에 악영향을 준다. 목회세습을 하는 목회자가 이 시대와 사회를 어둡게 하고 있다.

종교인의 타락은 시대의 가장 비극적인 징표이다. 이는 멸망의 임박함을 알리는 시대의 마지막 밤에 일어나는 일이다. 그것이 한 두 사람이 아니라 집단으로 일어나는 일이라면, 그 시대는 소망이 없는 묵시적인 시대로 들어왔다는 것을 알리는 징조이다. 목회세습은 그냥 하나의 실수가 아니다. 그것이 한국 교회에 일반적으로 일어나는 현상이 되었다는 것은 이미 교회의 죄악이 깊었다는 징표이며, 이는 종교개혁시대의 면죄부 판매와 같은 타락의 극명한 표현이다. 교회는 정의와 공평의 마지막 보루가 되어야 하는 공동체이다. 교회는 세상의 소금과 빛이라는 예수님의 말씀을 따라 시대가 어두워도 교회가 빛 가운데 있으면 소망이요, 세상이 타락하였어도 그 타락의 물결을 정화시키는 자정기능을 가지고 있다면 사회의 회복이 가능하다. 그러나 교회가 비리와 탈법과 탐욕의 온상이 되면 교회는 타도의 대상이 된다.

지금은 교회가 세상을 향하여 "회개하라 천국이 가까이 왔느니라"는 말을 전하기 힘든 사회가 되었다. 교회가 먼저 회개하여야 하기 때문이다. 형제를 바라보며 네 눈의 티를 빼라고 할 수 없는 상황에 와 있다. 우리 눈에 들보가 있기 때문이다. 교회 지도자들의 무개념과 몰상식, 타락과 윤리적 흠결, 세상에서도 민망한 욕심과 세속화는 시대의 근심거리가 되어가고 있는 중이다. 성경에서는 이러한 종교인의 타락 상황을 극명하게 보여주는 것이 사사시대 레위인의 모습이다. 종교인이 타락한 세상에서 빛은 어디로부터 오는가?

에브라임 산지 구석에 거류하는 레위인은 유다 베들레헴에서 첩을 맞이하였다. 그 첩이 행음하고 남편을 떠나 베들레헴 친정으로 돌아갔다. 넉 달이 지나서 그 남편은 그 여인을 데려오려고 좋은 말로 타일러 돌아온다. 돌아오는 길에 베냐민 지파의 동네 기브아에 이르러 성문 곁에 앉았으나 에브라임 출신의 한 노인을 빼놓고는 집에 거함을 허락하지 않는다. 밤에 휴식하는 중에 기브아의 불량배들이 노인의 집에 모여, '여행객을 끌어내라 우리가 성적 관계를 갖으리라'는 요청을 한다. 불량배들은 이 여인과 문밖에서 행음하고 레위인은 새벽에 이르러 성폭행으로 죽은 첩의 시체를 싣고 에브라임에 이른다. 이 추악한 일로 인하여 베냐민 지파를 징계하려는 전쟁이 일어났고, 이 전쟁으로 수많은 각 지파의 사람들이 죽고, 특히 베냐민 지파의 남자들 600명을 남기고 모든 베냐민 사람이 죽는 비극으로 마쳐진다.

　이 비극적 사건의 핵심에는 레위인이 있다. 레위인은 하나님의 집에서 섬기는 일꾼이다. 스스로가 말하듯이 그는 에브라임에서 하나님의 집을 섬긴다고 말한다. 그 종교인이 타락하여 첩을 얻고 음행한 첩을 다시 데려와 살려는 부도덕한 일을 지속하고 있다. 기브아 사람들은 성적으로 타락하고 나그네를 대접하지 않은 패역한 사람들이었다. 그들은 동성애 이성애 가리지 않고 모든 쾌락을 즐기는 사람이었고, 이 능욕당한 레위인의 첩은 그 생명을 잃는다. 레위인은 성소를 섬기는 지도자로서 자신의 욕심과 불법으로 시작된 이 일을 간절히 회개함으로 해결하지 않고, 분노와 보복으로 해결한다. 시체를 나누어 각지파로 보내어 베냐민 지파에 대한 심판을 유도하는 행위를 통하여 전쟁이 발생한다.

　성소를 돌보는 레위인은 시대적 타락의 징표인 성적 타락의 죄에서 스스로를 지키지 못했다. 그는 제사를 받들어야 하는 사람, 혹은 지방 성소에서 일하는 거룩한 일꾼으로서 명분은 가지고 있지만, 실제적으로는 가정에서 모범을 보이지 못하는 한 아내의 남편 된 자가 아니었다. 정숙하지 아니한 첩의 음행과 도망에 대하여 그가 보인

행위는 성적인 범죄에 대한 아내의 회개와 결단 이후에 아내를 받아야 함에도 불구하고 그대로 데려온다. 그리고 기브아에서 당한 위기의 상황에서 첩을 내어 놓고 죽음에 이르도록 한다. 자신의 생존을 위하여 육체를 정욕을 채우려는 사람들을 위한 제물로 아내를 내어준 것이다. 그 결과 기브아 사람들뿐만 아니라 그들이 속한 베냐민 지파의 사람들이 거의 멸절되는 상황에 까지 이른다.

현재 한국사회의 문제는 고스란히 교회의 문제이다. 교회는 복음에서 속히 떠나고 있다. 교회의 실천은 정의와 상관이 없다. 교회는 더 이상 십자가를 전하지 않는다. 적극적인 사고방식의 반복적인 재판再版인 "긍정의 힘", "잘되는 나"에 대한 환상이 죄에 대한 회개와 눈물과 십자가를 대치하고 있다. 기독교가 "대학교"에 굴복하고 있는 현상이 아이들만 아니라 부모의 대학신앙, 대학숭배로 드러나고 있다. 교회는 십자가의 활력을 잃어버렸고, 십자가의 도전을 상실하였다. 그 결과 소금된 성도들은 맛을 상실하여 밟히게 되었고, 빛은 등경위에서 세상을 밝히는 것이 아니라 말 아래에 냄새를 피우며 꺼져가고 있다. 죄와 타협의 열매를 은혜와 축복의 열매로 착각하고 있다.

교회세습은 그 중에서도 교회의 지도자가 타락하여 범죄한 실례이다. 범죄의 열매를 복이라고 생각하는 것이 얼마나 안타까운 일인가? 훔친 물건을 입에 물고 먹으며, 복을 받았다고 감사한다면 얼마나 무지한 일인가? 교회의 문제는 결국 지도자의 문제이다. 시대의 어두움은 결국 목회자의 어두움이다. 다른 곳에서 빛을 발견하려고 하지 말라. 교회의 지도자가 어두웠으면, 사회의 비전은 어디서 찾을 수 있을까? 사사시대의 마지막 이야기는 이처럼 종교인의 타락으로 특징지어 진다. 지금 한국교회는 시대의 마지막 밤을 지내고 있는 것은 아닌가? 회개가 없는 묵시적인 밤을 통과하는 것은 아닌가? 온전히 회개하면 시대의 마지막 밤을 하나님께서 회복의 전야前夜로 바꾸어주시지 아니하실까? 깨어있는 하나님의 백성들은 개혁의 시대, 예언의 시대를 회개 없이 넘기면, 파국의 시대, 묵시의 시대가 곧 열리는 것을 두려워하라.

93 중대형 교회의 목회세습을 시도하는 아버지 목회자의 요청을 자녀는 단호히 거부하라

중대형 교회의 목회세습 요청에 거부의사를 밝힌 목회자를 위하여 축복하고 기도함이 마땅하고 옳은 일이다. 목회세습을 거부하는 목회자의 바른 결정이 주변에 의하여 손상이 되지 않도록 지원하고 격려하여야 한다.

"집과 재물은 조상에게서 상속하거니와 슬기로운 아내는 여호와께로서 말미암느니라"잠19:14 집과 재물은 조상으로부터 말미암는다고 하였으니, 부모의 재산에서 합법적으로 일정한 정도의 상속을 받는 것은 죄가 아니다. 자유주의 국가는 사적 소유권을 기본권으로 인정한다. 그러나 경제영역에서 사적 소유를 인정하는 것과 목회의 현장에서의 공적 자산을 물려주는 것은 많은 차이가 있다. 목회의 현장에서 목회지를 자녀에게 물려주는 목회세습은 용인할 수 있는 가? 이미 한국 감리교와 장로교 통합측에서는 세습을 불법으로 규정하였으므로, 이에 반하는 결정을 지역교회가 시행하는 것은 도의적으로 법적으로 문제가 된다.

더욱이 교회는 결코 목회자의 소유가 될 수 없다. 그것은 예수 그리스도를 머리로 하고 있는 그리스도의 몸이기 때문이다. 목회자는 일정기간 동안 일하도록 소명을 받은 청지기이다. 심지어는 자신이 개척한 교회도 자신의 것이 아니다. 그 교회를 개척한 목회자의 절대적인 헌신과 노력이 깃들어있는 것을 부정할 수 없다하더라도, 그 교회의 주인은 그리스도이시며 그리스도의 은총 가운데 있는 공동체이다. 교회가 공동체로 시작되지만, 그 공동체는 동시에 공영체이다. 공동의 성도들이 함께 운영, 경영하면서 점차 다수가 함께 일하는 교회로 성장하게 된다. 임기가 지나서까지 전임목회자가 교회에 영향력을 미치는 것은 확실한 월권이다.

무엇보다도 후임자로 거론 중에 있는 전임목회자의 아들이나 사위나 혈연으로 관련된 인척들은 이러한 목회세습의 유혹을 단호하게 거절하여야 한다. 어찌 아버지의 집착과 오해와 월권과 권위주의에 사랑하는 후손들이 걸려들겠는가? 어른을 주안에서 공경하려거든 그 어른으로 실수하지 않게 하는 것이 충정이다. 아버지의 죄에 동참하지 않는 것이 아들의 의요, 진정한 어른에 대한 효도이다. 정의로운 마음으로 가득 차 있는 후대들이 받아들일 수 있는 것은 예수님께서 하나님 아버지의 뜻을 따라 낮아진 것처럼 낮아지는 것이다. 그리스도로 말미암아 낮아진 자는 하나님이 높여주실 것이다. 하나님께서 후대 목회자들의 앞길을 직접 열어주시도록 전임자는 욕심을 내려놓아야 한다.

올해 초 합병 대상이 되는 교회의 당사자인 김하나 목사는 일방적인 명성교회의 요청에 대하여 분명한 거부의 의사를 밝혔다. 명성교회는 새노래명성교회와 서로 다른 법적인 실체이다. 두 다른 교회의 합병에 있어서 가장 중요한 것은 각 교회의 의도와 합병 절차이다. 명성교회는 두 실체 중의 하나로서 합병 결정을 내렸는데, 다른 상대교회는 공동의회를 열지도 않았고, 그 교회의 담임목회자가 새노래명성교회의 성도에게 그런 언질을 주지도 않은 것 같다. 일방적으로 큰 교회에서 작은 교회를 향하여 통합을 결정한 것은 절차 면에서도, 그리고 예우 면에서도 결코 바르다고 할 수 없다. 이에 대하여 김하나 목사는 여러 차례에 걸쳐서, 여러 문제를 이유로 간곡하게 사양했음을 말하고 있다. 김 목사의 말은 다음과 같다.

> 청빙위원회가 우리도 공동의회를 열어서 합병을 해야 한다고 말씀하셨지만, 저는 단호하게 '우리는 공동의회를 할 수 없다'고 말씀드렸다. 합병은 양쪽에서 합의에 의해 하는 것인데, 저희는 그런 면에서 전혀 준비되지 않았다. 따라서 우리는 공동의회를 하지 않는다. 그러니 여러분도 아시고 언론에 귀 기울이지 마시라.[107]

---

107) "새노래명성교회 김하나 목사 '우리는 공동의회 열 수 없다'" 크리스천투데이

그러나 이와 같은 말은 하고 난 후, 8개월이 되지 않아서 결국 우려하던 사태는 저질러지고 말았다. 김삼환 목사나 김하나 목사도 역사적 당위當爲를 잘 알고 있음에도 불구하고, 지교회 합병이라는 방법이 아니라 부자세습이라는 방법을 통하여 목회세습을 완료하였다. 결국 2017년 11월 12일 명성교회는 꾸준히 준비하여 온 목회세습을 이루었다. 명성교회의 목회세습은 김하나 목사가 말로나마 거부하던 이전의 태도가 인격적 확신과 목회철학에서 나온 진정성이 있는 것이 아니었음을 보여준 결과가 되어버렸다. 이에 대한 매스컴의 보도와 논평이 이어지고, 반대운동이 잇달았다. 이로서 명성교회는 교단의 정신을 저버리고, 노회의 행정절차에 손상을 주면서, 일말의 기대를 가지고 의로운 결단을 소망하던 성도들에게 실망을 안겨주었다. 이 사태를 보는 많은 사람들은 명성교회와 전임자와 후임자를 사로잡았던 동기가 정의와 공평을 이루려는 열망이었다고 생각하지는 않는 것 같다. 이는 교회의 사유화, 그리스도의 주권에 대한 찬탈, 교회와 교단의 공적 조직과 절차를 오염시킨 구조적 왜곡, 그리고 개교회주의의 극치와 교회의 공공성에 대한 무지를 보여준 아쉬운 결단이었다고 해석한다. 슬픈 일이다. 한 빛나는 지역교회의 "명성"이 땅에 떨어졌고, 이제는 "새노래"를 바꾸어 슬픈 노래를 불러야 될 것 같다.

(2017년 3월 20일).

94 중대형 교회의 목회세습을 극복하여 목회자의 퇴임과 청빙을 함께 영광스럽게 하라

청빙과 퇴임은 대체로 함께 이루어지는 과정이다. 목회자의 퇴임은 다른 목회자의 청빙과 맞물려 있다. 이 상황은 목회현장에서 가장 영적인 집중이 필요한 시기이다. 이 시기에 지도력의 위기가 올 수 있지만, 긍정적 변화를 일으키는 기회가 되기도 한다.

목민을 하는 사람이 정약용 선생의 목민심서牧民心書에서 배우듯이, 목양의 사역을 하는 사람은 자신의 목양심서牧羊心書를 쓰라. 정약용 선생의 목민심서는 공직을 감당할 사람이 마음에 새겨야할 내용을 정리하여 만들어진 책이다. 다산은 자신의 목민관의 경험과 전남 강진에서 유배생활을 하는 중에 다산초당에서 17년의 연구를 통하여 우리에게 목민관의 교범을 만들어 가르침을 전달하고 있다. 목민심서의 12책을 통하여 말하고 있는 공직자 윤리가 많이 있지만, 처음과 마지막 책은 부임赴任과 해관解官, 즉 목민을 시작하기 위하여 고을에 파견되어 임무를 맡는 것과 모든 사역을 마치고 벼슬에서 놓여나는 것에 대하여 말한다.

목양하는 사역의 처음과 나중은 청빙과 퇴임이다. 목회에 있어서 목회를 하는 것만큼이나 중요한 것은 목회의 처음을 이루는 청빙과 나중에 해당하는 퇴임을 무리 없이 시행하는 일이다. 이 과정이 목회를 하는 것만큼이나 중요한 이유는 청빙이 잘못되면 목회자나 교회가 너무 어려워 교회에 악영향을 미칠 수가 있고, 퇴임이 잘못되면 교회가 흔들리고 약화될 가능성이 많이 있기 때문이다. 청빙과 퇴임은 종종 함께 이루어지는 현상이다. 목회의 현장 속에서 가장 영적인 집중이 필요한 시기가 이취임의 시간인 만큼, 지도력에 균열이 생길 수 있는 엄중한 시기이기도 하다. 그러나 지도자가 바뀌는 것은 새로운 시대의 도래라는 면에서 엄청난 긍정적 변화를 일으킬 수 있는 기회가 될 수도 있다. 이전의 한계와 문제를 새롭게 극복하여 공동체가 쇄신될 수 있는 기회를 만들 수 있는 국면을 개척해 낼 수 있기 때문이다.

한 목회자에게 있어서 목회의 가장 중요한 마무리와 또 다른 목회자의 사역의 시작을 목회세습으로 그르치는 것은 지극히 안타까운 일이다. 이는 전임자의 과오요 후임자의 무지함이다. 전임자는 세습을 통하여 원로목사의 대우를 잘 받을 수 있을는지는 모른다. 그러나 그의 사역과 도덕성은 이미 목회세습을 통하여 퇴색되고 명예는 땅에 떨어지게 된다. 후임자가 당하는 문제도 적지 않다. 아버지 혹은 장인의 후광에 의하여 세워진 목회자이기에 자신에게 주어진 하나님으로부터의 소명과 개성과 창의성으로 목회를 하는 것은 쉽지 않다. 평생 동안 주홍글씨를 붙이고 다니는 목회자로서 수근거림과 비윤리의 표상이 될 것을 예상하여야 한다. 목회세습이란 결국 청빙도 퇴임도 한꺼번에 부도덕한 행위로 만들어버리는 상황을 불러일으킨다. 조선시대의 목민관의 눈에도 관직을 자녀에게 위임시키면 불의가 되는 터이라 지극히 조심해야 할 것을 알리고 있는데,

목회의 현장에서 유교적 사회인 조선의 관료보다도 더 못한 도덕성으로 교회를 지도하는 것이 어찌 제대로 된 행위라고 할 수 있을까?

95 중대형 교회의 목회세습을 극복하고 진정성 있는 맺음과 떠남을 위해 다음을 준비하라

교회는 떠날 목회자를 위하여 재정적인 준비를 하여야 하고, 떠나는 목회자는 미래의 사역을 위하여 미리 준비하여야 한다. 퇴임 시에 목사나 교회가 준비 없이 금전적인 문제로 어려워하거나 힘들어하는 것은 바람직하지도 덕스럽지 않다.

제대로 된 맺음과 떠남을 위하여 이에 부응하는 실제적인 준비가 필요하다. 그것은 새로운 삶의 양식과 재정을 준비하는 것이며, 이 둘은 긴밀한 관계를 가지고 있다. 은퇴 후에 남은 삶에 대한 아무 경제적 대책도 없는 사람을 향하여 일하지 말라는 것은 살지 말라는 말과 실제적으로는 비슷하기 때문이다. 목회의 퇴임을 앞둔 사람은 따라서 목회의 맺음을 위하여 다음의 것을 생각하고 준비하지 않으면 아니된다.

첫째로는 후임목사의 목회에 참여하기보다 내가 꼭 해야 할 새로운 일을 준비하여야 한다. 김의환 교수는 장로교 합동 측 원로목사들의 은퇴 이후의 삶을 기술하는 중에, 청량리교회 박명수 목사는 은퇴 후에 농어촌선교를 위하여 여생을 다 바쳤다고 한다. 동도교회 최훈 목사는 은퇴 후에 천마산기도원에서 전국에서 모여든 성도들의 영적 지도에 헌신하였다고 한다. 대전 중부교회를 은퇴한 박요한 목사는 즉시 서울로 이사하셨고 남해안 섬 지방 선교에 여념이 없었다고 하며, 은퇴하신 후에도 박형용, 박윤선 교수님은 집필에 전념하여 더욱 많은 저서를 남겨 한국교회를 위한 공헌을 하였다고 한다.[108]

둘째로는 재정적 준비를 고려하여야 한다. 미국의 개신교 본줄기 mainline에 속해 있는 장로교, 침례교, 성공회, 감리교, 루터란, 개혁교회와 그리스도의 제자 및 그리스도의 교회 등은 대체로 퇴임 이후의 연금제도가 비교적 잘 되어있다. 그러나 한국교회에서는 소수의 교단을 빼놓고는 교역자 퇴임 후의 생계를 돌보아주는 경우가 많지도 않고 교회조차도 그러한 준비를 하는 경우가 드물다. 미국의 경우는 교역자가 세금을 낸 분량과 기간에 따라 국가의 연금혜택을 받을 수 있으나 한국의 경우는 최근까지 교역자가 세금을 낸 것이 없으므로 연금이나 사회보장을 받기는 쉽지 않는 형편일 것이다. 그러나 능력이 있는 중대형 교회의 경우는 담임목사가 목회를 시작할 때, 교역자의 은퇴와 퇴직금에 대한 준비를 하여 마지막 순간에 피차간의 상처가 되지 않도록 함이 덕스럽다. 이 과정에서 목회자는 지나치게 욕심을 내어서도 아니 되고, 또 교회에서 사정이 허락하는데도 인색하게 처리함은 잘못이다. 상식선의 범위에서 합의하여 준비함

---

108) 김의환, 『현대목회와 선교의 과제』(서울: 총신대학교출판부, 2001), pp. 243-244.

이 좋을 것이나 과도한 것은 좋지 않다.[109]

오랜 담임목회를 훌륭하게 마치고 은퇴에 들어가는 담임목사를 보는 것과 또 그를 환송하는 후임목사의 감사가 있는 교회는 행복한 교회이다. 아울러 후임자가 새로이 사역을 시작하여 성실하게 전임자의 사역을 발전시키고 교회가 건강해지는 것은 전임자의 영광이자 온 교회의 즐거움이다. 어디 그것이 목회자뿐이랴? 이는 성도들에게 있어서도 즐거움이고 귀한 영적인 체험이다. 영적인 지도자들의 성숙한 인도와 동역, 그리고 오직 사심 없는 헌신이 빚어낸 이임과 취임은 교회의 경사이다. 이러한 의미에서 우리는 목회세습을 피하고 훌륭한 리더십 교체를 이룬 전임자를 배나 존경할 자로서 대우하여야 한다. 그와 같은 역사가 지속된 교회의 성도는 평안한 가정에서 건실한 양육을 받고 자라난 건강한 청년과 같을 것이다. 떠나는 목회자가 그러므로 한 지역교회에서의 모든 믿음의 여정을 마치면서 마음에 두어야 할 10가지의 계명이 있다.[110]

첫째는 너는 떠날 때가 있음을 알지어다. "범사에 기한이 있고 천하만사가 다 때가 있나니"전3:1 목회자는 대부분 나이에 의하여 퇴임 날짜가 정하여 지기 때문에 레임덕 현상이 일어나지 않도록 단속하여야 하겠지만, 퇴임의 날짜가 다가오면 중대한 조치들을 하나씩 취

---

109) 김의환, 『현대목회와 선교의 과제』, 특히 제 7장 "목회 후계자를 어떻게 세울 것인가"를 참고하라. pp. 239-245.

110) 이 열 가지 계명은 은퇴로 떠나는 사람과 다른 여러 가지 이유로 떠나는 사람의 아름다운 이임을 위한 제안인데, 여기서는 은퇴목사에게 초점을 맞추어 정리하였다. 다음의 책을 보라. Lawrence W. Farris, *Ten Commandments for Pastors Leaving a Congregation* (Grand Rapids: Eerdmans, 2006).

하여야 한다. 대략 2년 전에 후임자 청빙단계를 완료하고 일 년 정도 함께 공동목회를 하게 된다면, 많은 어려움과 시행착오를 줄일 수 있다.

둘째는 너는 떠나는 이유에 대하여 설명할지어다. "멜기세덱에 관하여는 우리가 할 말이 많으나 너희가 듣는 것이 둔하므로 설명하기 어려우니라"히5:11 은퇴의 경우는 가장 설명하기 쉬운 경우이다. 그러나 많은 경우 타교회로 떠나게 될 때에는, 섬세하고 자세한 설명이 필요할 경우가 있다. 모든 질문에 다 대답할 수는 없지만, 전임자의 은퇴와 후임자의 취임이 아름다운 잔치가 되게 하려면, 회중이 충분히 이해하고 마음의 준비를 하도록 하여야 한다.

셋째는 너는 절대 몰래 떠나지steal away 말지어다. "도적질하지steal 말지어다"출20:15 목민심서에는 떠나는 것을 거부하는 사람들을 피하여 밤에 몰래 떠나는 경우도 있었다.[111] 많은 목회자의 경우 잘못 때문에 몰래 떠나는 경우도 있다. 특별히 청빙을 받아 떠나게 되었는데도 회중의 반대와 압박과 이전의 약속을 저버리는 어려움 때문에 도망치듯 떠나는 경우가 있는데, 이러한 경우에는 성도들에게 많은 상처를 줄 수가 있으므로 극단적인 상황이 되지 아니하도록 주의하여야 한다. 목회자가 잘못으로 도망치듯 떠나는 것은 좋은 일이라고 볼 수는 없다. 그 직분이 공직이기 때문이다.

넷째는 너는 네 회중의 사역을 인정하라. "우리가 너희 모두로 말미암아 항상 하나님께 감사하며 기도할 때에 너희를 기억함은 너희

---

111) 정약용, 『역주 목민심서』, 해관 6조 제3장, pp. 183~186.

의 믿음의 역사와 사랑의 수고와 우리 주 예수 그리스도에 대한 소망의 인내를 우리 하나님 아버지 앞에서 끊임없이 기억함이니"살전1:2-3 퇴임할 때까지 목회자와 동역하여온 회중들의 노고에 대하여 인정하고 긍정하여야 한다. 감사한 마음으로 가득차서 떠나는 전임자와 감사 속에 부임하는 후임자의 긍정적인 마음은 이, 취임식을 잔치로 만든다.

다섯째는 너는 담장을 고치려고 노력할지어다. "모든 것이 하나님께로서 났으며 그가 그리스도로 말미암아 우리를 자기와 화목하게 하시고 또 우리에게 화목하게 하는 직분을 주셨으니"고후5:19 떠날 때가 되어 마음에 남는 사람이 있을 수 있다. 아직 화해하지 못한 사람, 감정적인 앙금이 남아있는 사람, 또한 목회자에게 반대하였던 사람들 모두를 만나고 감정적 앙금과 상처 난 마음을 치유하고 떠나는 것이 선하다. 목회자는 다시금 그 일로 후회하지 않게 될 것이며, 성도는 그 공동체에 마음의 상처에도 불구하고 남아있었음으로, 그리고 하나님에게 기억되었다는 것을 알고 교회를 사랑하게 될 것이다.

여섯째는 너는 네 후임자가 좋은 시작을 할 수 있도록 배려할지니라. "여호와께서 내게 대답하여 이르시되 너는 이 묵시를 기록하여 판에 명백히 새기되 달려가면서도 읽을 수 있게 하라"합2:2 후임자가 생소하지 않게 목회를 시작할 수 있게 하는 것이 최선이다. 그와 함께 동역할 수 있는 시간을 최소한 6개월이라도 함께 가질 수 있다면 많은 시행착오를 줄여갈 수 있을 것이다. 전임자는 상담내용에 대하여는 비밀을 지키되, 문서로 구체적인 교회의 역사와 과정과 현황을 남겨 줄 수 있으면 최선이다. 자신이 처음 시작하려고 한 계획과 목회를 하면서 남은 과제를 이야기함도 좋은 도움이 될 것이다. 성공뿐 아니라 실패의 이야기도 하여주라. 그러면 그것조차도 많은 경험이 될 것이다. 새로이 시작하는 목회자가 즐거움으로 시작할 수 있도록 퇴임 이전에 모든 목회에 필요한 정보를 다 넘겨주는 것이 좋다.112)

첫째로부터 여섯 번째에 이르는 사항을 지키는 과정은 매우 어렵고 많은 노력을 필요로 하는 부분이다. 이것은 업무와 관련된 것이며, 성도들과 관련된 것이기 때문에 함께 풀어가야 할 성질의 것이다. 그러나 이제 일곱 번째 이후의 항목은 목회자 개인이 정리하여야 할 부분들이다. 목회자는 자기 자신에 대하여 돌봄을 베풀고 치유하여야 한다. 공적인 관리자로 행한 부분과 함께 자신에 대하여 정리하고 새로운 시간과 에너지를 축적하면서 목회 이후의 삶을 어떻게 살아갈 것인지를 준비하여야 한다.

일곱 번째는 너는 너 자신을 너그러이 여길지어다. "둘째도 그와 같으니 네 이웃을 네 자신 같이 사랑하라"마22:39 교역자는 자신도 배

---

112) 물려주어야 할 정보에는 지역교회의 교회사, 교인 명부, 세례교인 명부, 재정장부, 당회록, 교회에 대한 목회자로서의 파악, 장단점, 교회의 파송 선교사 정보와 선교지, 교회의 재산, 교회 건물과 재산에 대한 소유권의 이전, 남은 성도들 중의 지속적인 목회적 배려가 필요한 성도들, 한 해 동안의 목회적 흐름과 강조점, 성도들을 위한 양육과정의 구조, 선교행정과 선교여행, 교육부, 영어부 등의 부설기관들, 커뮤니티를 위한 활동들, 성도들 중의 사업가, 의사, 중개인 등의 정보와 목회적 차원에서 도움을 청할 수 인력자원에 관한 것들이 포함될 것이다.

려하여야 한다. 공무에 과도한 투자를 한 사람은 휴식이 필요할 뿐만 아니라 자신의 여러 부분을 다시 강건하게 하여야 할 필요성이 있다. 그의 육체, 감성, 지성, 영성의 회복과 치유는 이제 퇴임 이후의 삶을 위하여 매우 중요하게 돌아보아야 할 부분이다. 퇴임에 이르기까지 목회자는 주변의 많은 요구와 요청에 부응하느라, 또한 목회자 자신의 기준과 요구에 부응하느라, 자신을 이리 저리로 몰아쳐왔다. 그리고 자신의 기대에 못 미치는 자신을 종종 비난해 왔다. 이제는 자신을 용서하고 용납하여야 한다. 잘못한 자신을 용서하고 풀어주어야 한다.

여덟 번째로 너는 네 가정에 정성을 쏟아야 한다. "너희 중에 누가 아들이 떡을 달라 하는데 돌을 주며 생선을 달라 하는데 뱀을 줄 사람이 있겠느냐"마7:9-10 임지를 떠나는 목회자와 함께 목회자의 가족들도 많은 감정적 부담을 가져왔던 것이 사실이다. 목회자의 과로와 집중으로 인하여 아내와 자녀들은 분노와 슬픔으로, 흥분과 후회로, 그리고 고뇌와 우울함으로 많은 감정적 어려움을 느낀다. 목회지에서 퇴임하는 목회자는 가정의 식구들을 배려하여 그 동안의 노고를 위로하고 감사의 표현을 하도록 하면 선하다. 가정의 구성원들이 공동의 의무감으로 가져왔던 많은 부담에 대하여 치하하고 격려하고 위로하여야 한다.

아홉 번째로 너는 네가 떠나온 곳을 멀리 할지어다. "롯의 아내는 뒤를 돌아보았으므로 소금 기둥이 되었더라"창19:26 교단에 따라서 후임자의 허락이 없이 전임자가 사람들과 만나거나 방문하거나 결혼이나 장례를 집례하는 것과 같이 목회에 참여하는 것을 엄격하게 규제하는 교단이 있다. 그러나 어떤 교단은 이러한 행위에 대하여 후임자의 지도력과 교회에 별 문제를 만들지 않는다면 크게 규제하지 않는 경우도 있다. 그러나 항상 이 점에는 유혹이 있을 가능성을 분별하여 일정한 거리두기를 하는 것이 중요하다. 당연히 새로운 목회자는 온 성도들과 함께 한 공동체를 이루어 지도력의 누수가 없는 통일된 목회를 하도록 배려함이 윤리적이다. 그렇지 않으면 자신도 모르는 사이에 담임목사에게 부담을 주며, 혹 불만세력의 의도적인 접근을 무의식중에 허용할 수 있다. 심지어 부지중에 담임목사 반대파의 핵심에 서있을 가능성도 있으며, 자신이 세운 사람이 자신의 영향력으로 인하여 물러날 수도 있다. 간간히 특별한 행사가 있을 때 후임자가 불러준다면 오랜 친구를 만난 것 같은 기쁨으로 나아가, 후임자와 또 새로운 회중을 축복하며 함께 서로 기뻐하게 될 것이다.

열 번째로 슬퍼할지어다. "형제들아 자는 자들에 관하여는 너희가 알지 못함을 우리가 원하지 아니하노니 이는 소망 없는 다른 이와 같이 슬퍼하지 않게 하려 함이라"살전4:13 우리는 슬퍼하지 말라는 세상 속에 살고 있다. 국가의 재난이 일어나서 온 국가적인 애도를 마치고 난 후에도, 우리는 이제 슬퍼하지 말고 다시 일상생활로 돌아가라는 제안을 받는다. 은퇴하고 후임자에게 모든 일을 맡긴 교역자는 그러나 이제는 사랑과 추억과 감정적 유대紐帶와 책임이 사실 상 다 끝났다는 포기와 체념에 이르러야 한다. 이제 결정권을 행사하는 위치에 다시 설 수 없다는 것, 이제는 자신이 잊혀지고 새로운 지도자가 기억되어야 한다는 것, 이제 나는 의도적으로 성도들의 심중에서 사라져가야 한다는 것은 슬픈 일이다. 한 지역교회의 일과 성도에 대한 의무에서 벗어나 이제 동일한 위치에서 다시 사용될 수 없다는 것을 인식하고, 체념하고, 진정으로 슬퍼하여야, 다시 새로운 소망의 계기를 찾을 수 있다. 미련을 두지 말고 이제 새로운 즐거움을 찾아야 한다. 이제 마음으로 이전 교회와의 거리두기를 어느 정도 소화할 수 있어야 할 것이다. 이 슬픔이야 말로 떠나는 슬픔이며, 정리하는 슬픔이다. 회중을 넘겨주었다는 슬픔과 확인이 있는 다음에, 이제는 새로운 또 다른 사역의 가능성을 찾아 나가야 할 것이다.

XI

나오는 말

목회세습은 교회의 중증 복합 병리현상이다

현재 한국의 주요 교단인 감리교나 장로교단은 스스로 목회세습을 거부하기 위해 제도적, 법적인 장치로 만드는 놀라운 자아 포기의 결단을 한 바 있다. 한국의 감리교와 장로교의 대표적 교단이 교단 차원에서 법적 규범을 만들어 목회세습을 막으려는 노력은 아름답고 훌륭한 것이다. 그러나 감리교의 결단은 중요한 대형교회들이 세습을 모두 결행하고 난 다음에 이루어졌으며, 장로교 통합 측에서는 이미 법적인 결정이 내려졌음에도 불구하고 변칙세습이 자행되고 있고, 합동 측에서는 교단의 지도방침이 목회세습을 불허하는 결정을 채택하였음에도 불구하고 개교회의 목회세습은 근절되지 않고 있다.

한국교회의 주요교단이 목회세습에 저항하는 개혁적 결정을 한 때로부터 수년이 지난 지금에도, 한국교회는 이 문제로부터 자유롭지 않고 그 상황은 해제되지 않았다. 대형교회의 목회세습에 이어,

중형교회도 세습을 계속하려는 시도를 하고 있다. 법적 방어벽을 무효화시키거나 우회하는 변칙적인 세습도 지속적으로 이루어지고 있다. 더욱 문제가 되는 것은 이제는 목회세습이 관행이 되는 것이다. 한국교회의 교세가 축소되면서 목회지의 숫자는 점차 줄어들고, 이에 따라 아들이나 사위를 목사로 둔 담임목회자는 자신의 목회현장을 자녀에게 물려주려는 경향이 점차 저변으로 확대되는 것으로 여겨진다.

대형교회의 목회세습은 한국 교회가 가지고 있는 여러 문제 중의 하나가 아니다. 이는 한국교회가 심각하게 타락하였다는 것을 보여주는 극명한 증거이다. 마치 커다란 빙산의 90퍼센트가 물속에 숨겨져 있는 상황에서, 물 밖으로 현저하게 드러난 부분이 목회세습의 문제로 여겨진다. 악창이 익어 고름이 터져 나오는 것처럼 썩고 부패한 한국 교회의 여러 복합적 병리현상이 목회세습이라는 모습으로 현저하게 대중 앞에 떠오른 것이다. 그러므로 이 목회세습의 문제는 단순히 교회의 병리현상 중 하나로 볼 것이 아니라, 한국교회의 뿌리 깊은 다른 병리현상과 함께 얽혀져 있다고 생각함이 옳을 것이다. 이는 중세의 면죄부 사건이 타락한 중세 교회의 하나의 문제가 아니라 여러 부정적 증상의 현저한 예로 나온 것과 같다.

우리가 "한국교회의 다른 부분은 아직도 괜찮다"고 말하기 전에, 교회가 전반적으로 얼마나 타락하였기에, 가장 중요한 교회의 과제 중의 하나인 목회자의 교체, 리더십의 교체라는 문제가 이처럼 심각한 부패에 봉착하게 되었는가를 직시하여야 한다. 그리고 이 목회세습의 문제는 교회의 모든 병리현상과 연결하여 종합적으로 분석함이 필요한 것으로 보인다. 목회세습의 문제는 목회자 영성의 타락, 교인의 무관심과 수동성, 교회지도부의 안일함과 타협, 사회에 대한 무책임과 비윤리, 그리고 그리스도의 주권에 대한 몰이해 등의 매우 복합적인 문제의 소산이다. 따라서 이에 대한 진단과 처방도 다양한 차원에서 이루어지는 것이 당연하다.

지금까지 제기한 목회세습에 대한 반박문 95개조는 다양한 관점에서 바라본 목회세습에 대한 비판적 고찰과 그에 대한 처방이다. 죄는 지적되어야 한다. 지적된 죄는 회개되어야 한다. 하나님 앞에서의 죄는 실존적인 차원에서 시작되어 사회적인 차원에서 악이 되는 경우가 많다. 우상숭배라는 하나님 앞에서의 심각한 죄는 종교다원주의 사회에서 사회적으로는 악이라고 규정할 수 없는 경우도 있다. 그러나 목회세습은 개인적으로만 아니라 사회적으로도 문제가된다. 재벌기업도 상속이 공적으로 수용가능하게 되기 위하여 많은 법적 윤리적 고려를 하고 있는 모습을 우리는 본다. 그 사회적 기준에 어긋날 때, 여론의 질타를 받는 것을 흔히 본다. 목회세습은 교회 내적으로뿐 아니라 사회적으로 문제가 되는 행위를 저지른 것으로, 교회의 사회적 책임도 무시한 채 기득권을 위하여 자행한 목회자의 무리수이다. 따라서 목회세습의 문제는 사회적, 성경적, 역사적, 신학적, 윤리적, 선교적 차원의 다양한 면을 고려하여 그 실책이 폭로되어야 했다. 이에 대한 대안도 다양한 부분을 거론하지 않을 수 없다.

공동체의 토대를 이룬 사람들

중증 병리현상인 목회세습이 소위 교회적 기득권이 몰려있는 경인지역에서 지난 20년간 빠르게 확산되었다. 그러나 아직도 숨겨져 있는 수많은 목회자들은 공회의 공공성을 인식하고 고귀한 목회 소명을 기득권으로 삼지 않고 목회세습을 거부하고 있다. 하나님의 법과 양심의 가르침에 따라 성공적으로 목회를 하신 목회자들의 영광스런 이름을 우리는 하나님의 생명책에서 볼 것이다. 반대로 우리는 "행위록"에 적힌 목회세습의 구체적 사건개요를 그리스도의 심판대 앞에 섰을 때 다시 보게 될 것이다. 그리고 이에 대한 분명한 판단을 받게 될 것이다.^{단7:9-10, 롬14:10, 고후5:10, 계20:12} 그러므로 우리는 목회세습의 문제를 이 세상의 법정에 올리려는 것이 아니라, 결국 앞으로 하늘 법정에서 거론될 일이므로 미리 그 논의를 하면서 준비하자는 것이다. 앞으로 행위록에 거명될 사안을 그 이름을 다 밝히지는 못하더라도 최소한의 거명을 하면서 사건의 진상을 논의하여 보자는 것이다.

이 땅의 한 모퉁이에도 수치스런 이름이 아니라 영광스런 이름이 적혀있는 곳이 있다. 그곳은 무덤이다. 잠시 고국에 들렀을 때, 영광스런 이름들이 있는 두 군데의 장소를 방문하였다. 한 군데는 서울 동작동의 현충원 국립묘지였고, 다른 한 군데는 양화진 외국인선교사 묘원이었다. 친구 목사가 말하기를 "조국에 왔는데 국립묘지를 참배하여야 하지 않겠는가"하여, 더운 여름날 의외의 제안에 너털웃음을 지으면서 그와 함께 동작동 국립묘지를 방문하였다. 6.25전쟁 중에 돌아가신 장병들, 그리고 군에서 순직한 분들의 수많은 이름을 보았다. 그리고 해병장교로 백령도에서 돌아가신 친 외삼촌의 묘소도 수십 년 만에 찾아보았다. 그곳에서 멀지 않은 곳에 있는, 구한말과 미국 이민사회에 들어와 독립운동을 하셨던 송재 서재필 선생님의 묘소를 처음으로 참배하였다.

국립묘지에 안장되어 있는 무명의 용사로부터 장병들, 경찰과 순국선열들의 묘지를 돌아보면서 "이렇게 생명을 버리면서 나라를 위하여 싸운 사람이 없었으면 이 나라의 현재가 어떻게 있을 수 있었겠는가" 묵상을 하였다. 애국을 말로 부르짖음이 아니라, 국가를 위하여 생명을 바쳐 헌신하다가 죽어간 사람 덕분에 지금의 이 나라가 있구나 생각이 들었다. 생명을 버리면서 나라를 세운 사람은 조국의 척추backbone에 해당되는 분들이다. 이처럼 헌신된 사람들이 많은 공동체는 건강한 공동체이며, 현재의 평화는 이들의 헌신과 공헌에 의하여 주어진 것이다. 미래의 영광도 국가를 위하여 이처럼 헌신되어진 사람들이 얼마나 많은가에 의하여 결정될 것이다. 국가로부터 혜택을 누리는 사람의 숫자가 아니라 국가를 위하여 헌신하는 사람들, 곧 피와 땀과 눈물과 기름을 바친 자에게 국가의 미래가 달려있다

고국에 있던 중, 아내가 꼭 양화진의 선교사 묘원을 방문하자고 강권하여, 그 소원을 풀어주려 그 장소를 찾았다. 폭염 속에서 지하철 2호선 합정역에 내렸다. 물어물어 찾아간 곳에는 선교사 묘원과 기독교100주년 기념관이 있었다. 우리는 천천히 경내를 걸으며, 낳은 지 1살이 아니 되어 죽은 선교사의 자제들의 무덤을 보았다. 자녀

를 잃고 눈물을 흘리면서 사역을 하던 선교사 부부의 얼굴이 연상이 되었다. 몇 대에 걸쳐서 우리나라에 들어와 장로교 선교사로 일하신 언더우드 선교사님과 그 가문, 아펜젤러 감리교 선교사님의 묘지와 스크랜튼, 토마스 홀 등의 선교사 무덤을 찾아보며 묵상했다. 그들은 한국 개신교의 척추를 형성시킨 사람들이다. 배를 타고 들어와서 미국의 유복한 문명을 버리고 척박한 조선을 걸어 다니며 전도했던 선교사들의 모습을 떠올리면 저절로 고개가 숙여졌다.

이 세상의 나라나 하나님 나라는 거저 세워지는 것이 아니다. 국립묘지에는 나라를 위하여 희생한 수많은 사람들의 이름이 있었고, 이곳 양화진에는 잘 알지도 못했던 흑암의 나라에 도착하여 생명을 바치면서 교회를 세우려 했던 사람들의 순교적 흔적이 남아있었다. '심는 대로 거둔다'는 하나님의 법칙에 따라, 하나님께서는 선교사들의 헌신과 순교자의 피 위에 한국교회를 세웠다. 피 흘려 싸운 사람들의 노력으로 지금의 대한민국이라는 민족공동체가 있게 만드셨다.

피와 땀과 눈물을 흘리던 선열先烈이 한숨짓지 않는 대한민국의 미래가 되었으면 좋겠다. 한강을 내려다보고 북한산을 올려다보던 선교사님들의 보람이 시름이 되지 않았으면 좋겠다. 고난의 터전 위에 세워진 조국과 한국교회의 역사를 망각하지 않았으면 좋겠다. 절두산을 돌아서 홍대입구까지 아내와 함께 한참을 걸었다. 즐거워하는 젊은이들의 파도를 보며, "현재의 평화를 이룬 조국의 피 흘린 과거를 잊지 않도록 하소서." 캠퍼스 부근을 지나며 나는 기도처럼 되뇌

이지 않을 수 없었다.

어떤 공동체나 누리는 사람이 많고 헌신하는 사람이 없으면 파산하게 된다. 땀 흘리는 사람이 적고 선심성 분배와 무임승차에 익숙한 사람이 많아지면, 결국 나라나 교회나 저장된 재화는 바닥에 이르고 만다. 목회자에게 사상의 수입보다 담화의 지출이 많으면 그것은 불행한 파산이다. 교회를 위한 헌신과 봉사보다 교회에서 취한 대가의 총량이 많으면 교회는 약화되거나 내리막길을 걷게 된다. 선교사들의 숫자는 조국의 신자 수에 비하면 그리 많은 것은 아니다. 그러나 그들의 헌신의 능력과 그들을 사로잡은 정신은 우리 후대의 신자들에게 오랜 동안 유지되는 영적인 골격을 이룬 것이다. 영적 투자를 위하여 사선死線을 넘어선 사람들의 정신은 우리나라의 신앙의 선조들에게 고난을 넘어서는 불요불굴의 전통으로 계승되어 왔던 것이다.

여러해 전, 그리스를 돌아보던 중에 페르시아의 대군을 맞서 장렬하게 전사한 300명의 그리스 용사들이 싸우던 "테르모필레"라는 해변에 가보았던 적이 있다. 승리에 전혀 뒤지지 않는 패배가 있었다. 300명의 용사들의 죽음의 소식은 흩어진 전 그리스 도시국가를 군사적으로 단합시켰고, 그들의 결사항전은 페르시아의 대군을 막아낼 뿐 아니라 세계사의 중심 추를 아시아에서 유럽으로 옮겼다. 이것이 어찌 피가 튀고 살이 찢기는 전쟁만을 말하는 것일까? 목회세습은 아니라고 고개를 흔들며 가만히 거부할 사람이 더 많이 필요하다. 새로운 역사를 위하여 외치고 쓰고 전파하는 300, 나아가 3,000

의 사람이 필요하다. 아직도 테르모필레의 온천물은 방울을 내며 땅
에서 솟구쳐 나와 흐르고 있다.

테르모필레

땅의 열기가 터져 나온 곳,
나라 사랑의 열기가 솟구친 곳,
그 열정의 시내,
수천 년 동안
폭포가 되어 흐르다.

수십만의 페르시아 대군을 맞이한
300명의 용사.
승리의 소망보다도
죽기를 원하였다.

"아들을 가진 자만이 300에 가담하라."
"스파르타의 왕 나 레오니다스
너희 죽음의 길에 동행하리라."

해변과 절벽이 만난
그 좁은 통로를 지키며

300의 모든 몸이 부서지기까지
70여 시간 동안 인간 바위가 되다.

실패가 된 성공이 있는 것처럼
성공이 된 실패가 있다.
사람의 몸은 부서졌지만,
그 용맹은
민족의 영원한 영혼이 되다.

땅의 열기가 방울져 나오는 곳,
나라 사랑의 열기가 흐르는 곳,
그 열정의 시내,
폭포가 되어 온 누리에 흐르다.

　　　　　　　　　　　－ 민종기, 테르모필레에서 －

연구의 한계, 의미 그리고 남은 과제

　내 자신의 경력을 약간 소개하는 것이 바로 글의 한계가 무엇인지를 짐작하도록 할 것이라는 생각이 든다. 먼저 나는 무엇보다도 먼저 목회자임을 밝히고 싶다. 그것도 이민교회의 목회자이다. 이민교회라고 하지만, 이제는 너무 쉽게 가고 올 수 있는 장소가 되었다. 바야흐로 세상이 하나의 지구촌이 된 이때에, 필자는 우리 이민이 가장 많이 사는 가장 한국적인 도시 로스 엔젤레스에서 15년 이상 한 지역교회를 목회한 현직 담임목회자이다. 외국의 도시에서 목회를 하면서 한국의 목회상황에 대하여 설익은 비판하였다는 비판을 받을 수 있음을 인정한다. 그러나 종종 우회하는 것이 지름길이 될 수 있다. 종종 전혀 다른 타인을 경유하여 자신을 더욱 깊이 알 수 있는 경우도 있다. 유학을 하는 10년 동안 외국의 경험한 것이 우리나라를 다른 나라와 비교하여 보다 객관적으로 보도록 하는 "거리두기"의 기회가 되었음을 알았다. 10년의 유학 후 돌아와서 고국에서 약 5년의 교편을 잡고 살다가, 다시 목회를 위하여 미국으로 들어왔다. 그 이후에 다시 16년이 흘러가고 있다. 고국에서 옮겨져 생각의 유목민이 된 상황에서 쓴 글이 혹 현장에 대한 부족한 비판이 될 수도 있지만, 또 한편으로는 객관적 관찰자의 입장이 될 수 있기를 소망한다.

이민사회의 사람들로부터 우리는 모국어도 못하고 영어도 못한다는 이야기를 종종 듣는다. 그러나 종종 어떤 탁월한 자녀들은 우리말과 영어를 유창하게 구사하는 경우를 본다. 필자인 나는 솔직히 전자에 더 가깝다는 생각을 하게 된다. 한국교회에 대한 관심도 그렇다. 생각은 무성하나, 무성한 생각만큼 깊이 연구를 할 수 있는 학자의 삶을 살지는 못했기 때문이다. 이것이 나의 두 번째 한계이다. 목회세습을 반대하는 파토스^{pathos} 만큼 오랫동안 깊이 있는 로고스^{logos}적인 성찰을 갖추지 못한 것 같다. 학문적 관심은 여러 면에 퍼져있으나 깊이를 상실하지 않았는가 걱정이 된다. 또 바쁜 목회현장에서의 자신의 올곧은 심성 곧 에토스^{ethos}를 함양하는 노력은 게으르지 않았나 자성하게 된다. 그래서 쉽지 않은 목회를 하는 사람의 마음을 손상시키지 않았을까 조심이 된다. 목회세습에 대한 반대 입장을 주장하는 나의 학문적인 관심은 정치철학, 윤리학, 성경신학, 조직신학, 교회사, 실천신학 등에 광범위하게 퍼져있다. 지평은 다양하나 넓게 펴신 관심사가 어쩔 수 없는 한계를 드러냈을 수도 있다.

그러나 이미 목회세습을 논한 위의 여러 영역의 학자들과 목회자들이 남겨놓은 연구와 글은 이러한 논의를 펼쳐가는 데에 많은 도움이 되었다. 어떤 때에는 내 마음에 드는 주장을 읽고서는 내 생각과 같다는 마음에서, 학술적인 논문을 쓰는 것처럼 철저한 각주를 달지 않은 채로 그분들의 고견을 발전시킨 경우도 있다. 그러나 학문적 엄정성에 대한 결여나 본의 아닌 의견의 왜곡이 있다면, 그것은 이전의 연구자의 문제가 아니라 전적인 나의 책임일 것이다.

여러 한계와 부족함에도 불구하고 이 글이 가진 주장의 가장 간단한 핵심은 "목회세습은 크게 잘못된 것"이라는 주장이다. 경쟁이 가능하지 않은 어려운 선교지나 난관을 가진 목회지와 같은 특별한 상황이 있음을 배제하지는 못할 것이다. 그런 경우가 아니라면 목회지를 혈연에게 물려주는 목회세습과 변칙세습은 나는 분명한 윤리적 범죄라고 확신한다. 목회자를 구하기 어려운 상황이더라도 가능한 한 목회세습은 피하는 것이 정의라고 생각한다.

나는 면죄부는 항상 옳지 않았다고 생각한다. '목회세습이나 편법세습도 그 정도의 일인가' 생각할 때, 면죄부와 같이 "동일한 죄"라고 생각하고 싶지는 않다. 면죄부는 구원론이나 칭의론과 연결된 기독교 신앙의 심장에 해당하는 문제이기 때문이다. 면죄부는 결국 그리스도의 공로를 약화시키기에 신학의 심장학인 기독론을 무너뜨린다.

그렇다면 목회세습은 어떠한 면에서 죄인가? 정통신앙을 말하는 사람이 정통적 행위를 가지지 않는 것은 윤리적 허물이다. 반복적인 윤리적 실패, 그리고 윤리적 실패에 대한 양심의 가책을 가지지 않는 것은 결국 참다운 행위의 열매가 없다는 면에서 죽은 신앙이 아닌가? 죽은 신앙은 구원받는 신앙이 아니다. 우리가 행위로 구원을 얻지는 않지만, 정통적 행위는 정통적 신앙이 살아있다는 가장 탁월한 증거이다. 그러므로 목회세습이 칭의론과 구원론과 기독론이라는 결정적인 교리적 잘못은 아니라 하더라도, 신앙에 대하여 확실히 맺어야 하는 열매라는 입장에서 볼 때 그 중요성이 드러난다. 열매 없는 믿음은 죽은 믿음이기에, 그리스도의 주권과 소유권을 찬탈하는 목회세습은 그 신앙의 부패와 죽음을 보여주는 증거라 생각됨으로 두려운 일이다. 교회공동체를 사유화하면서 그리스도를 대적하여 일어난 목회세습은 그 윤리적인 과실의 정도나 교회에 대한 파괴력으로 볼 때, 면죄부와 비교하여 어느 것이 더 오류가 큰지 우열을 가릴 수 없다고 본다. 정통신앙과 정통행위가 우리 믿음의 이상이라면, 교리적 엄정성이나 윤리의 밝음은 어느 하나 포기할 수 없는 믿음의 요소이다. 행함이 없는 믿음은 죽은 믿음이기 때문이다. 그 신앙의 철저함은 행위로 표현되어야 하기 때문이다.

사회윤리, 정치윤리, 공공신학, 정치신학에 대한 관심의 시각에서 볼 때, 목회세습의 문제점은 더욱 확실히 나타난다. 구원론과 같은 교의신학이나 세습이라는 성서신학적 주제를 기초로 하여 목회세습을 논의하는 것보다 윤리학과 실천신학과 교회론의 차원에서 논의하는 것이 목회세습의 파괴적 영향력을 간파하기가 좀 더 용이했다고 생각한다. 그런 맥락에서 이 작업이 아마도 약간의 윤리학적, 사회신학적 경도가 있음을 인정하여야 할지도 모르겠다. 이것이 사회윤리를 전공한 윤리학자로서의 이 글이 가진 또 다른 특징이자 한계가 될 수 있다. 철저하게 객관적이고 중립적인 존재는 아마 하나님 빼놓고는 없을 것이다. 인간은 어쩔 수 없이 부분적이라는 한계 속에서, 많은 신학적 성찰의 다양한 영역을 충분히 반영하지 못하는 면이 없지 않았을 것이다.

　구조적인 한계도 거론될 수 있다. 루터의 95개 조항을 모델로 삼고, 목회세습에 관한 주제를 95개항으로 나누어 한 항목씩 적당한 양을 써나가다 보니 더 쓰고 싶은 곳에서도 마음을 접어야 할 때가 많았다. 그만큼 한 주제를 천착하여 논리적으로 충분히 발전시키지 못했다는 생각이 든다. 다양한 조항에 대한, 다양한 신학분야에 대한 언급이 이러한 문제를 담보하고 시작한 일인지도 모른다. 부족한 면을 채울 더 많은 연구가 있었으면 좋겠다. 목회세습에 대한 반대와 반박이라는 결연한 입장은 나의 한계와 부족에도 불구하고 후퇴시키고 싶지 않다. 한계를 극복하는 다른 목회자와 신학자의 연구를 기다리며, 무엇보다도 목회세습의 현상을 부끄러워하고 목회세습을 철회하는 목회자들이 얼마라도 나오게 되기를 기대한다. 이 졸고를 조국 교회 지도자들의 마음의 재판정 위에 올려놓는다. 그리고 나는 무엇보다도 하늘의 법정에 목회세습이라는 현상을 올려놓고 싶다.

오직 주께서 판단하소서.

코람 데오.